普通高等教育"十一五"国家级规划教材

应用型高等院校经管类创新规划教材

（第二版）

经济法基础

主编 孙华章 燕妮

武汉大学出版社

图书在版编目(CIP)数据

经济法基础/孙华章,燕妮主编. —2 版. —武汉:武汉大学出版社,2018.8
应用型高等院校经管类创新规划教材　普通高等教育"十一五"国家级规划教材
ISBN 978-7-307-20393-8

Ⅰ.经…　Ⅱ.①孙…　②燕…　Ⅲ.经济法—中国—高等学校—教材　Ⅳ.D922.29

中国版本图书馆 CIP 数据核字(2018)第 162178 号

责任编辑:聂勇军　　责任校对:李孟潇　　版式设计:汪冰滢

出版发行:**武汉大学出版社**　(430072　武昌　珞珈山)
（电子邮件:cbs22@whu.edu.cn　网址:www.wdp.com.cn）
印刷:湖北金海印务有限公司
开本:720×1000　1/16　印张:17.25　字数:307 千字　插页:1
版次:2007 年 8 月第 1 版　　2018 年 8 月第 2 版
2018 年 8 月第 2 版第 1 次印刷
ISBN 978-7-307-20393-8　　定价:36.00 元

版权所有,不得翻印;凡购买我社的图书,如有质量问题,请与当地图书销售部门联系调换。

前　　言

　　本书是普通高等教育"十一五"国家级规划教材，是"应用型高等院校经管类创新规划教材"的重要组成部分。本教材共分九章，具有如下特点：第一，体现了经管类专业人才培养的目标及要求；第二，吸收了我国近年来颁布并实施的经济法律、法规的最新成果，使教材具有时效性、先进性；第三，对教材中的重难点进行了举例分析和说明，使教材具有启发性、应用性和可操作性；第四，既注意全面阐述本学科的基本理论、基本知识，又使之与我国现代企业管理知识内容相衔接，使教材具有完整性和广泛适用性。

　　在本教材的编写过程中，我们努力使之体现如下特点：

　　（1）体现高校经管类专业人才培养的目标及规格要求。在本教材编写过程中，我们结合高校经管类专业教学的特点，充分考虑了该专业的生源状况和培养目标及规格的要求，重点阐述了经济法的基本理论、基本知识，具有针对性、适用性和可接受性。

　　（2）吸收了我国近年来颁布并实施的经济法律、法规的最新成果，使教材具有时效性、先进性。2013年12月28日，第十二届全国人民代表大会常务委员会第六次会议对《公司法》进行较大规模修订后重新颁布，并于2014年3月1日起施行；2006年8月27日，第十届全国人民代表大会常务委员会第二十三次会议审议通过了修订的《合伙企业法》，并于2007年6月1日起施行；2006年8月27日，第十届全国人民代表大会常务委员会第二十三次会议通过了《企业破产法》，并于2007年6月1日起施行；2014年8月31日，第十二届全国人大常委会第十次会议审议通过了重新修订的《证券法》并于2014年8月31日起施行。针对上述经济法律、法规的修订结果，我们对本教材第二章第二节《合伙企业法》、第三章《公司法》、第五章《企业破产法》、第八章第四节《证券法》进行了重新编写。对其他章节的内容也进行了修改和补充。

　　（3）为了更好地培养学生运用所学理论分析问题、解决问题的能力，我们对教材中的重难点问题举例进行了分析和说明，使教材具有启发性、应用性和可操作性。

本教材原由马京林教授和孙华章副教授担任主编，负责教材整体框架设计，拟订编写大纲，对全书进行总纂。由荣凤英、王小兵、张时春、周仔荣担任副主编，协助主编完成总纂工作。由于教材编写时间久远，许多法律知识已经更新，为了适应时代的需要，这次应武汉大学出版社的要求，由孙华章、燕妮在原有的教材基础上进行了大幅修订，在此，对原有的编写者致以敬意！

由于编写时间十分仓促，书中难免会存在一些不妥、疏漏甚至错误之处，敬请广大读者批评指正。

编　者

2018 年 6 月

目　　录

第一章　经济法基础理论 …………………………………… 1
　　第一节　法与经济法概述 …………………………………… 1
　　第二节　经济法律关系 ……………………………………… 7
　　第三节　经济法的实施 ……………………………………… 14

第二章　个人独资企业法和合伙企业法 …………………… 23
　　第一节　个人独资企业法 ………………………………… 23
　　第二节　合伙企业法 ……………………………………… 30

第三章　公司法 ……………………………………………… 53
　　第一节　公司法概述 ……………………………………… 53
　　第二节　有限责任公司的设立和组织机构 ……………… 55
　　第三节　股份有限公司的设立及组织机构 ……………… 63
　　第四节　公司的财务会计 ………………………………… 67
　　第五节　公司的合并、分立与解散、清算 ……………… 71
　　第六节　违反《公司法》的法律责任 …………………… 72

第四章　外商投资企业法 …………………………………… 75
　　第一节　中外合资经营企业法 …………………………… 75
　　第二节　中外合作经营企业法 …………………………… 82
　　第三节　外资企业法 ……………………………………… 88

第五章　企业破产法 ………………………………………… 94
　　第一节　企业破产法概述 ………………………………… 94
　　第二节　破产申请和受理 ………………………………… 96

第三节　破产管理人 …………………………………… 99
　　第四节　债务人财产 …………………………………… 104
　　第五节　破产费用和共益债务 ………………………… 111
　　第六节　债权申报 ……………………………………… 114
　　第七节　债权人会议 …………………………………… 116
　　第八节　重整与和解 …………………………………… 121
　　第九节　破产清算 ……………………………………… 125

第六章　会计法 …………………………………………………… 132
　　第一节　会计法概述 …………………………………… 132
　　第二节　会计核算 ……………………………………… 135
　　第三节　会计监督 ……………………………………… 147
　　第四节　会计机构和会计人员的法律规定 …………… 151
　　第五节　违反《会计法》的法律责任 ………………… 157

第七章　合同法 …………………………………………………… 161
　　第一节　合同与合同法概述 …………………………… 161
　　第二节　合同的订立 …………………………………… 165
　　第三节　合同的效力 …………………………………… 173
　　第四节　合同的履行 …………………………………… 181
　　第五节　合同的担保 …………………………………… 186
　　第六节　合同的变更、转让及终止 …………………… 191
　　第七节　违约责任 ……………………………………… 197

第八章　金融法律制度 …………………………………………… 202
　　第一节　金融法律制度概述 …………………………… 202
　　第二节　现金管理法律制度 …………………………… 205
　　第三节　支付结算的法律规定 ………………………… 207
　　第四节　证券法 ………………………………………… 225

第九章　税法 ……………………………………………………… 238
　　第一节　税法的概述 …………………………………… 238

第二节　增值税法……………………………………………… 242
第三节　消费税法……………………………………………… 251
第四节　企业所得税法………………………………………… 257

参考文献………………………………………………………… 269

第一章 经济法基础理论

【教学目的与要求】

通过本章的教学,要求学生了解经济法、经济法律关系、经济法律的主体、经济法律关系的内容、经济法律关系的客体等概念,重点掌握经济法调整的对象、经济法律关系的构成要素、经济法律关系发生、变更、终止的条件和解决经济纠纷的主要途径。

第一节 法与经济法概述

一、法与经济法概述

(一) 法的概念

法是通过国家制定或认可,并由国家的强制力来保证实施的,反映着统治阶级意志的规范体系。这一意志的内容是由统治阶级的物质生活条件决定的,它通过规定人们在社会关系中的权利和义务,确认保护和发展有利于统治阶级的社会关系和社会秩序。

(二) 法的基本特征

法具有以下基本特征:
1. 法是通过国家制定或认可才得以形成的行为规范

所谓制定,就是指有权制定法律的国家机关在其权限范围内,按一定的法定程序创制不同的规范性文件。而认可则是指国家机关把社会上已经存在着的、有利于统治阶级的行为规范赋予一定的法律效力。制定和认可是国家创制法律的两种形式,国家意志的属性是法律不同于其他社会规范所独有的特征。

2. 法是凭借国家强制力的保证而获得普遍遵行的行为规范

法是通过国家强制力来保证实施的，如果没有相应的军队、警察、法庭、监狱等国家的暴力机关即国家强制力的保障，法在全社会范围内得以实施就将成为一句空话。

3. 法律规范具有高度的概括性、规范性和普遍性

法的概括性是指法的适用对象是一般的人和抽象的人，并非具体的人和特定的人，在同样的条件下可反复适用，而不仅仅适用一次。法的规范性，是指法律规定人们可以这样行为、应该这样行为或不应该这样行为，对何种行为予以保护，对何种行为予以制裁等，从而为人们的行为规定出一个模式。法的普遍性则是指在国家权力管辖和法所界定的范围之内，具有普遍的约束力，任何人的违法行为都将受到法律的制裁。

4. 法是确定人们在社会关系中的权利和义务的行为规范

法是以权利和义务为其主要内容，它通过规定社会关系参加者的权利和义务，确认、保护和发展有利于统治阶级的社会关系和社会秩序。

二、经济法概述

(一) 经济法的概念

"经济法"这一概念，最早是由法国空想社会主义者摩莱里在1755年出版的《自然法典》一书中提出来的。他将经济法看成是处理社会分配关系的法。到了1843年，德萨米在《公有法典》中更进一步地强化了经济法在分配关系中的作用，更强调了公平分配。以后蒲鲁东、赫德曼等都对经济法下过定义。到了资本主义时代，德国、法国、日本、瑞士等国家的学者，也都从不同的角度对经济法的概念作了阐述，其核心都是从公法的立场出发，把它视为带有国家干预成分的法律。如日本丹宗昭信认为，"现代经济法的核心是垄断禁止法"。再如法国学者罗柏萨维认为，经济法是保持国家利益和私人经济利益平衡的规则的总称。

我国"经济法"概念因学术之争而形成了多种学派和观点，如综合经济法论、经济行政法论、学科经济法论、纵向经济法论、纵横经济法论等。这些观点的形成与发展，与我国从计划经济走向有计划的商品经济直至社会主义市场经济的发展过程有关，也与我国法学界对经济法理论研讨的深入程度有关，还与国家立法机关对于法律学科的认识和归类有关。我们认为，经济法是调整

国家在管理与协调经济运行过程中发生的经济关系的法律规范的总称。

(二) 经济法的调整对象

经济法的调整对象是国家在管理与协调经济运行过程中发生的经济关系。具体包括：

(1) 市场主体调控关系。市场的主体是企业，市场主体调控关系是指国家在对企业的活动进行管理以及企业自身运行过程中所发生的经济关系。

(2) 市场运行调控关系，即国家为了建立和维护社会主义市场经济秩序，规范市场主体行为，在行使管理职能时与市场主体发生的关系。这种关系与前一种关系不同，它只是在市场调节失灵的情况下才发生的，例如竞争关系、产品质量关系、价格关系、经济联合关系等。该部分关系主要依靠市场规律的作用来自发地调整，但一旦超出了国家法律、政策所允许的范围，国家就必须采取必要的干预手段，以保障市场经济的正常运行。

(3) 宏观经济调控关系，是指国家从长远和社会公共利益出发，对关系国计民生的重大经济因素，在实行全局性的管理过程中与其他社会组织所发生的具有隶属性或指导性的经济关系。

(4) 社会分配调控关系，是指国家在国民收入进行初次分配和再分配过程中所发生的经济关系。

(三) 经济法的本质

同任何法律一样，经济法的本质是由制定法律的统治阶级及其产生的社会政治、经济制度所决定的。因此，我国经济法是建立在社会主义经济基础之上的统治阶级意志和利益的体现，它的服务目标是保证社会主义市场经济的建立和巩固。

应当说，经济法从其诞生之初就将国家利益、社会利益（公共利益）与社会关系联系在一起，它更直接地反映了统治阶级对国家整体利益维护和发展的要求。因此，它是对于传统民法、行政法观念及体系的冲击，客观上呈现出与民法、行政法相互交叉、相互影响的现象。但是，无论如何，在任何国家中，这种法律已经深入到社会经济生活各个领域的各个层面，已经越来越广泛地发挥着作用，并越来越被各国统治阶级所重视。从根本上说，经济法是从社会责任本位出发去调节、平衡各种经济关系的，这与民法以私人权利为本位和行政法以行政权力为本位有着原则性的区别，只要一种经济关系不符合国家或社会整体利益的需要，就应当受到国家的干预。故此，在现代经济社会中，经济法作为国家领导、组织、管理和协调经济关系的手段,具有相当重要的法律地位。

(四) 经济法的作用

经济法的作用是与经济法的本质和服务目标相一致的,它主要体现在:

(1) 维护和发展社会主义市场经济秩序,保证国家经济发展整体目标的实现。

(2) 确立和维护企业的法律地位,为对外开放、对内搞活创造条件。

(五) 经济法的地位

经济法的地位,是指经济法在整个法律体系中所处的位置,换言之,就是经济法能否成为一个独立的法律。对此,在法学界有长期而激烈的争论。我们认为,经济法是仅次于宪法的调整特定经济关系的基本法,是我国法律体系中最重要的组成部分,因为,任何法律存在的标志是有其独特的调整对象,经济法既然有着特定的调整对象,就自然成为一个独立的法律,而且,这些调整对象与民法、行政法等都有明显的区别。除此之外,从客观经济现状来分析,经济法在我国经济生活中已经发挥着越来越重要的作用,其调整的范围、深度、方法、途径等已与其他法律有明显的区别,是其他法律无法取代的。因此,如果仍墨守成规,拘泥于原有的法律框架和观念来看待经济法是不对的。当然,经济法理论体系也尚需不断地修正、健全和完善。

1. 经济法与民法的关系

经济法与民法的关系最为密切。其联系主要表现在:

(1) 二者都是调整经济关系的,都有直接为社会主义市场经济服务的共同目标。

(2) 二者的作用是交叉或并行的,对同一类经济关系有时需要同时运用经济法和民法才能有效地进行调整。

(3) 二者的某些基本概念和原则是共同的,如法人的概念、等价有偿的原则等。

总之,由于经济法脱胎于民法,故此二者有相互交叉和渗透的一面。

经济法与民法的区别主要表现在:

(1) 调整对象不同。民法调整平等主体之间的财产关系和人身关系;经济法调整国家经济管理关系、市场运行管理关系和组织内部的管理关系。

(2) 主体范围不同。民法的主体是法人、合伙人和公民;经济法的主体除法人、合伙人和公民之外，还有社会组织的内部机构。

（3）当事人地位不同。民法中当事人的法律地位是完全平等的；经济法中当事人的地位在管理关系中不是平等的，有命令与服从的性质。

（4）调整的原则不同。民法完全采取平等自愿、等价有偿、诚实信用原则处理民事关系；经济法除在一定条件下采取这些原则外，还采用命令与服从的原则处理经济关系，反映了国家对经济生活的强制性干预和调节。

（5）调整的方法不同。民法采取民事制裁方法；经济法采取综合性的调整方法，即民事、行政、刑事等多种方法，共同调整某一种经济关系。

2. 经济法与行政法的关系

经济法与行政法的关系主要表现在：

（1）二者都调整具有管理性质的社会关系。

（2）二者都具有国家干预或管理社会经济生活的性质。

（3）二者都要采取命令与服从的原则处理社会关系。

因此，在学术界，有人称经济法为"经济行政法"，这从一个侧面反映了经济法与行政法的密切联系。

经济法与行政法的主要区别是：

（1）调整对象不同。行政法主要调整不带有经济内容的行政关系，如公安、人事任免等产生的关系；经济法调整的是经济关系。

（2）主体范围不同。行政法主体主要是国家的非经济管理机关、企事业单位、社会团体和公民；经济法主体包括国家权力机关、行政机关、司法机关、企事业单位、社会团体和公民，范围较行政法要宽。

（3）调整的原则不同。行政法单纯采取命令与服从的原则处理行政关系；经济法则除了采取这一原则之外还采用平等协商、等价有偿、诚实信用等原则处理经济关系。

（4）调整的方法不同。行政法采用行政制裁和刑事制裁的方法；经济法采用行政、刑事以及民事等多种制裁方法。

（5）法律适用程序和受理案件的部门不同。行政案件适用行政诉讼程序并由行政审判庭受理；经济案件适用民事诉讼程序并由经济审判庭受理。

此外，经济法与刑法也有联系。虽然它们分别调整经济关系和刑事关系，但是经济关系有时要转化为刑事关系，因此要同时运用经济法和刑法来解决。其中经济法认定其具体的事实，刑法则规定是否构成犯罪和怎样科以刑罚。此外，经济法与民事诉讼法、行政诉讼法、刑事诉讼法在一定条件下即发生诉讼时也要产生联系。这些都反映了经济法综合性的特点。

(六) 经济法的基本原则

经济法的基本原则，是指贯穿于经济立法、经济执法、经济司法、经济守法以及经济法学研究整个过程中的根本指导思想或规则。就我国而言，这些原则即起到一种指导作用，又可以在一定条件下起到弥补法律政策不足的适用作用。

1. 保障、促进社会主义市场经济的形成和发展的原则

社会主义市场经济是一个崭新的概念，毫无疑问，它不同于完全靠市场机制本身的作用来调节的资本主义经济，更不同于我国原来墨守几十年的计划经济。衡量社会主义市场经济成功的标志，是看其生产力是否得到了极大的发展，人民是否不断富裕，国力是否得到了增强。因此，在与原有旧体制或旧经济管理模式的冲突中，经济法必须发挥应有的作用。凡是有利于市场经济发育成长的，就应当予以保护；凡是阻碍或破坏市场经济发育成长的，就应当予以排除或制裁。同时应当注意，我国的市场经济并不能与资本主义市场经济画等号，它是对资本主义市场经济的一种扬弃。因此，国家必须对以发展市场经济为名行损害国家、社会利益之实的各种非法经济行为进行管理，即适度地干预经济生活。这是国家宏观管理的需要，否则会造成经济生活的失控，破坏整个国家经济发展的稳定，影响社会主义市场经济体制的形成。

2. 保障各种经济形式公平竞争、合法发展的原则

我国现有经济是以公有制经济（包括国有经济和集体经济）为主体，私营经济、外资经济为重要内容的所有制架构。在社会主义初级阶段，各种经济形式将长期共存，共同发展。在实际经济生活中，确实出现了各种经济形式相互融合的特点，如不同所有制企业之间进行横向经济联合，外国企业与中国企业进行合资经营、合作经营等。这些不同所有制的企业相互之间都有着不同的优势和劣势，形成了一种相互竞争、相互合作的态势，对促进社会主义市场经济是极为有利的。因此，经济法要从公平的角度出发，平等地维护各种经济形式企业的经济利益，保障它们的合法地位，不能因其所有制不同而区别对待。但是也应该强调，公有制仍然是我国经济中的主导力量，因此仍然要充分维护公有制经济的地位，保证国有资产不流失，使公有制经济不断得到巩固和壮大。

3. 责权利效相统一的原则

责权利效相统一，是经济法所特有的原则。

责，是指经济法确定的义务主体的义务和责任；权，是指经济法主体依法

享有的职权或权利;利,是指经济法主体依法应当取得的各种物质利益;效,是指经济法主体的活动所产生的社会效益和经济效益。这四者的关系是:责字当先,以责定权,以责定利,责到权到,责到利生,效为中心。这一原则是我国经济体制改革以来的经验总结。它既强调要以经济效益为中心,同时又不能忽视社会效益;还要求将经济责任与经济利益和权利相联系,在要求企业承担经济责任的同时,也要保证企业能充分地享有自主权,获得应当获得的利益。所以,经济法在各个方面都要体现这一原则精神,既要防止企业不顾社会利益,损人利己,又要依法维护企业应有的权利。只有这样,才能保证社会经济的协调发展。

除以上三个基本原则之外,经济法还应贯彻遵循价值规律的原则、经济民主与公开的原则等。

第二节 经济法律关系

一、经济法律关系的概念

(一) 法律关系与经济法律关系

法律关系是由法律规范所确认的当事人之间的具有权利义务内容的社会关系。不同的社会关系经不同的法律调整形成不同的法律关系,经济法律关系是其中的一种,它是指经济法主体之间依照经济法的规定在进行经济活动时所形成的权利义务关系。

(二) 经济法律关系与经济关系

经济法律关系是以经济法的存在为前提,而经济法则是以客观存在的经济关系为前提。因此,经济法律关系实质上是已被国家认可并法律化的一种经济关系。它既要反映当事人的主观意志,更要反映国家的意志;而且,当事人的意志不能与国家意志相违背。故此,经济法律关系是国家认可并给予保障的思想社会关系。不过,这种思想社会关系也不是随意制造的,而是客观存在的一定经济关系的反映。所以,经济关系是经济法律关系的客观物质基础,经济法律关系则是经济关系在法律上的反映,并对经济关系的存续有很大的反作用。

二、经济法律关系的构成要素

法律关系的构成要素是指当事人之间构成权利和义务关系必备的基本条件，即主体、内容和客体，亦即法律关系的"三要素"。因此，经济法律关系也是由经济法律关系的主体、内容和客体这三个要素构成的，三者缺一不可。

（一）经济法律关系的主体

1. 经济法律关系的主体概念

经济法律关系的主体简称经济法主体，是指依法参与经济法律关系享有经济权利和承担经济义务的当事人。其中，享有经济权利的一方称为权利主体，承担义务的一方称为义务主体。

2. 经济法主体资格的取得

经济法主体资格是指经济法主体依法具有的参与一定经济法律关系的权利能力和行为能力。经济法主体资格取得的途径有两种：

（1）法定取得，即某种主体依照法律的规定，不通过其他程序而直接具备经济法主体资格。这类主体，是指国家机关和事业单位，它们的职责、职权等在法律中已有直接和明确的规定，不需要任何审批机关进行审核和批准，可以直接从事各种经济活动。

（2）授权取得，即某种主体符合法律规定的条件而被国家审批机关授予其具备经济法律关系的主体资格。这类主体是指企业及其他经济组织，也包括社会团体和具有特定身份的公民。在经济法律关系中，它们与因法定取得享有主体资格的国家机关相比，是处于被管理者的地位；但它们彼此之间，则处于平等的法律地位。此外，它们的权利能力和行为能力也因国家授权的不同而不同，其活动范围和方式都有一定的限制。

3. 经济法主体的分类

（1）国家机关，包括国家权力机关、国家行政机关、国家司法机关等。作为经济法主体的国家机关主要是指国家行政机关中的经济管理机关。经济管理机关可分为综合性经济管理机关、行业性经济管理机关和专业职能部门。在一般情况下，国家行政机关中的经济管理机关是以管理主体身份出现参与经济法律关系的，但在有偿的经济活动中，则以平等主体身份参与经济法律关系。

（2）企业和其他社会组织。企业是指从事生产、流通或服务性经济活动，自主经营、自负盈亏、独立核算的商品经济组织。它具有营利性，这是它与其他社会组织的根本区别。在经济活动中，它是最主要的主体，其活动同时受到国家的监督和管理。其他社会组织是指不具有营利性，主要从事公益性事业的事业单位和社会组织，例如学校、科研机构、政党、学术团体等。它们是整个社会经济活动中不可缺少的组成部分，其主体资格由其自身的性质和章程等规定。有的还需要进行必要的登记（如学术团体需由民政部门进行登记注册）才能取得主体资格。

（3）企业的内部组织。企业的内部组织是指企业所属的不具有独立法人资格的职能机构或分支机构。如工厂的车间、科室等，在一般情况下，它们不能以企业本身的名义从事生产经营活动，但如得到了企业的授权，仍可在授权范围内以企业的名义从事生产经营活动，并承担相应的法律责任。此外，根据企业内部的管理制度以及承包制、经济责任制等，它们与企业之间亦形成内部的权利义务关系，其自身亦具有相对独立的法律地位。因此，它们可以成为经济法律关系的主体，这是经济法主体与民法主体在分类上的最大区别。

（4）个体工商户、农户和公民。个体工商户是指公民在法律允许的范围内，依法经核准登记，以营利为目的从事工商业经营的个体经济。农户是指农村中从事农、林、牧、副、渔等生产经营的专业户、承包户等。公民个人也是很重要的经济法律关系参与者，其参与的经济法律关系主要是税收、工商管理、竞争法律关系等。例如，公民依法向税务机关缴纳个人所得税时，即税收法律关系的主体。

（二）经济法律关系的内容

经济法律关系的内容是指经济法主体依法享有的经济权利和承担的经济义务。它是联系经济法主体之间以及主体与客体之间的纽带，是经济法律关系实质的核心。

1. 经济权利和经济义务的概念

经济权利是指经济法主体依法享有的自己为或不为一定行为和要求他人为或不为一定行为的资格。它包括以下含义：

（1）经济法主体可以自己为一定行为。如国家工商行政管理机关可以对企业是否合法生产经营进行检查。

（2）经济法主体可以自己不为一定行为。如企业可以依法拒绝非法的摊派行为。

（3）经济法主体可以要求他人为一定行为。如企业要求其他企业依照合同规定按时、按质、按量交货。

（4）经济法主体可以要求他人不为一定行为。如税务机关可以要求企业如实、完整地提交账册，不得有隐瞒、毁坏的行为。

上述行为必须符合法律所规定的条件。同时，这些权利是一种可能而非现实，如要变成现实的行为，必须通过一定的形式才能实现。

经济义务是指经济法主体依法或依合同，为实现他人利益而必须为一定行为和不为一定行为的责任。它包括如下含义：

（1）经济法主体必须为一定行为。如企业必须接受物价、税收检查，必须对用户和消费者负责等。

（2）经济法主体必须不为一定行为。如上级主管部门不得随意干涉企业正常的生产经营活动，企业不得挥霍浪费国家的财产等。

经济义务是义务主体根据权利主体的要求而做出的，同时也要符合法定或合同约定的范围。不履行这种义务必然要承担相应的法律责任。

经济权利和经济义务是经济法律关系内容的两个不可缺少的组成部分，它们之间互有区别，但又紧密联系，相辅相成。经济法主体之间互有权利和义务，而不存在单方面的权利和义务关系。

2. 经济权利的内容

经济权利因经济法主体地位的不同而不同。这些权利主要包括：

（1）经济职权。经济职权是指国家经济管理机关履行经济管理职能时依法享有的职权。它具有命令与服从的性质，是国家干预经济生活的主要形式。它的产生基于国家授权或法律的直接规定，不依赖于当事人之间的约定。此外，经济职权对国家经济管理机关而言既是权利又是义务，不允许随意转让、放弃或抛弃，否则构成违法。经济职权的表现形式有立法权、决策权、命令权、禁止权、许可权、撤销权、调节权、监督权等。行使这些职权的经济法主体是特定的主体，其行使职权的范围都受到其权利能力的限制。

（2）财产所有权和其他物权。财产所有权是指财产所有人依法对其财产享有的占有、使用、收益和处分的权利。其中的占有，指对财产的实际控制；使用，指对财产按其性能或性质加以利用；收益，指通过利用财产而产生的利益；处分，指决定财产在事实上和法律上的命运。故此，占有权、使用权、收益权和处分权构成所有权的四项基本权能，而处分权是其中的核心内容。财产所有权与民法中的所有权是一致的，民法中有关所有权的制度也同样适用于经济法的所有权制度。因此，所有权具有排他性、独占性的特点，财产所有人可以据此维护自己的权利并取得相应的利益。其他物权是指所有权以外的物权，它是在所有权与所有权人发生分离的基础上产生的，其他物权人对物享有一定程度的直接支配权。

（3）法人财产权。法人财产权指企业法人对企业所有者投资所设企业的全部财产在经营活动中所享有的占有、使用、收益和处分的权利。法人财产权亦可理解为企业或公司法人对企业或公司财产所拥有的经营管理权。确立法人财产权，对于明确我国国有企业或公司中作为出资者的国家与作为管理者的企业法人之间的权责关系，具有重要的经济和法律意义。

（4）债权。债权是指按照合同约定或法律规定，在当事人之间产生的特定的权利。债权是一种请求权，其义务是特定的。

（5）知识产权。知识产权即商标权、专利权、著作权等，是智力成果的创造人依法享有的权利和生产经营活动中标记所有人依法享有的权利的总称。

3. 经济义务的内容

经济义务相对于经济权利而存在，其目的是满足权利主体的要求。经济义务因经济法主体的性质和地位而不同，对此，学术界有不同争议，我们认为应当包括如下几类：

（1）履行经济职责。国家机关在行使经济职权的同时，也是在履行经济职责。这种职责是国家机关对国家承担的法定责任，不能转让、放弃，更不能抛弃。

（2）依法保护财产。保护财产是任何经济法主体的共同任务，尤其是国有企业，不能浪费、挥霍国有资产。但在保护自身财产的同时，不能损害国家利益、社会公共利益和他人的合法权益。

（3）依法从事经营。经济组织必须为财产增值而努力改善生产经营，提高经济效益，创造社会财富。为此，必须依法行使经营管理权，不允许以非法手段达到营利的目的，如逃税。

（4）接受合法监督。任何经济法主体必须自觉接受有关经济管理部门或其他国家机关的监督检查，如实提供所需的各种资料或证据。不允许弄虚作假，混淆是非，更不允许肆意阻挠、妨碍公务行为的发生。

（5）承担法律责任。经济法主体必须为自己的违法行为付出代价，即承担相应的民事责任、行政责任和刑事责任。

（三）经济法律关系的客体

经济法律关系的客体简称为经济法客体，是指经济法主体享有的经济权利和承担的经济义务所共同指向的对象。换言之，就是经济法主体所追求的具体的经济目的或利益。没有经济法律关系的客体，经济法律关系就失去了必要的依附。

经济法律关系客体的分类：

1. 物

物是指能被经济法主体事实上或法律上控制和支配，具有一定经济价值的实物形态的物品，包括自然存在的物品、人类劳动生产的物品、货币和有价证券等。

2. 行为

行为是指经济法主体为达到一定经济目的而进行的有意识的活动。它可分为管理主体的行为和被管理主体的行为，前者因主体本身具有管理权而产生，后者则因主体本身具有接受管理的义务而产生。

（1）管理行为。凡具有国家经济管理职权的主体以及具有企业内部经营管理权的主体，根据法律规定或企业内部依法形成的规则章程等，都可从事这种行为。例如，企业作为发包方要求承包方按期上交承包费并保证企业财产的增值，就是一种内部管理监督行为。

（2）经营行为。即为实现经济法主体的某种利益或满足他人要求而进行的行为，可分为两种：一是完成一定工作的行为，即经济法主体运用自己的资金、设备、智力等为对方完成约定的工作任务，对方为此支付报酬的行为。在工程施工、建筑安装、加工承揽等合同关系中产生的行为，都属于此类行为。二是履行一定劳务的行为，即经济法主体运用自己的资金、设备、智力等为对方提供某种劳务，对方为此支付报酬的行为。如在运输、保管合同关系中产生的行为，便属于此类行为。

3. 智力成果

智力成果是指因人的脑力劳动而创造的非物质财富，如商标权、专利权、专有技术、著作权等。

三、经济法律关系的发生、变更和终止

（一）经济法律关系的发生、变更和终止

经济法律关系的发生、变更和终止就是经济法律关系的运作过程，这一过程是以经济法律事实的存在作为前提条件的。

经济法律关系的发生，是指由于经济法律事实的出现而在经济法主体之间产生经济权利和经济义务关系。例如通过签订合同在合同当事人之间产生合同

权利义务关系。

经济法律关系的变更，是指由于经济法律事实的出现而使原有的经济法律关系的主体、内容、客体发生变化。主体的变化是主体本身改变或数量的增减；内容的变化是原来的权利义务出现新的变化；客体的变化是客体的质量、性质、范围等的变化，例如发生严重自然灾害使粮食购销合同被迫推迟履行。

经济法律关系的终止，是指由于经济法律事实的出现使经济主体现有的权利和义务关系归于消灭。

(二) 经济法律关系发生、变更和终止的条件

经济法律关系的发生、变更和终止需要具备以下三个条件。

1. 有经济法律依据

经济法律依据是指经济法律关系发生、变更和消灭的依据。

2. 有经济法律主体

经济法律主体是指权利与义务的实际承担者。

3. 有经济法律事实的出现

经济法律事实是指能引起经济法律关系产生、变更和终止的客观情况。

经济法律事实可分为两类：法律事件和法律行为。

(1) 法律事件。法律事件是指不以人的主观意志为转移，能够引起经济法律关系的发生、变更和终止的客观现象。它包括两种情况：一是自然现象，它是因自然原因引起的，如地震、火灾等自然灾害；二是社会现象，它是因当事人以外的其他人为的原因引起的，如战争、重大政策的改变等。这两种现象都会导致经济法律关系的变更或消灭。

(2) 法律行为。法律行为是指以经济法主体意志为转移，能够引起法律后果，即引起法律关系发生、变更和终止的人们有意识的活动。法律行为按其性质可分为合法行为和违法行为。

合法行为，是指符合经济法律规范的行为。它要求当事人具备法定资格，意思表示必须真实，行为的内容合乎法律要求，形式和手续符合法律规定，这样才能得到法律的保护。经济合法行为表现形式很多，如前所述的经济管理行为、经营行为、经济仲裁行为、法院判决行为等，都属于法律保护的范围。

违法行为，是指违反经济法律规范的行为，如国家机关滥用权力的行为，经济组织侵犯他人财产权或违反合同的行为等。违法行为也可以引起各种经济法律关系的发生。

第三节　经济法的实施

一、经济法实施的概念

经济法的实施,是指经济法主体实现经济法的活动。通常包括经济守法、经济执法和经济司法。

经济守法,是指经济法主体遵守经济法的活动。

经济执法,是指国家行政机关(或国家授权单位)按照法定职权和程序执行经济法的活动。

经济司法,是指国家司法机关依法对经济纠纷案件和经济犯罪案件进行经济检察和经济审判的活动。

二、违反经济法的法律责任

(一)法律责任的概念

法律责任,是指法律关系主体由于违法行为、违约行为或者由于法律规定而应承受的某种不利的法律后果。

产生法律责任的原因有三种:

(1)侵权行为,也就是违法行为,侵犯他人的财产权利、人身权利等。

(2)违约行为,即违反合同规定,没有履行合同法律关系中作为的义务或不作为的义务。

(3)法律规定,又称无过错责任或严格责任,即从表面上看,责任人并没有侵犯任何人权利的行为,也没有违反任何契约义务的行为,只是由于出现了法律所规定的法律事实,就要承担某种赔偿责任。

(二)法律责任的种类

根据我国经济法的有关规定,违反经济法律、法规应当承担的法律责任可分为民事责任、行政责任和刑事责任三种。

1. 民事责任

民事责任是指由于违反民事法律、违约或者根据法律规定所应承担的不利民事法律后果。根据《中华人民共和国民法通则》的规定，承担民事责任的主要形式有：①停止侵害；②排除妨碍；③消除危险；④返还财产；⑤恢复原状；⑥修理、重做、更换；⑦赔偿损失；⑧支付违约金；⑨消除影响、恢复名誉；⑩赔礼道歉。

2. 行政责任

行政责任是指违反经济法律法规规定的单位和个人所应承受的由国家行政机关或国家授权单位对其依行政程序所给予的制裁。行政责任大体可以分为行政处分和行政处罚。单位承担行政责任的具体形式主要有：警告、限期停业整顿、吊销营业执照、勒令关闭、罚款等；个人承担行政责任的具体形式有：警告、记过、记大过、降级、降职、撤职、留用、察看、开除等。

3. 刑事责任

刑事责任是指触犯国家刑法的犯罪人所应承受的由国家审判机关即人民法院给予的制裁后果。根据我国刑法规定，刑事责任分为主刑和附加刑两类。主刑有管制、拘役、有期徒刑、无期徒刑和死刑五种；附加刑有罚金、剥夺政治权利、没收财产。

三、经济纠纷的解决途径

经济纠纷是指经济法律关系主体之间因经济权利和经济义务的矛盾而引起的争议。为了保护当事人的合法权益，维持社会经济秩序，必须利用有效手段，及时处理解决各种经济纠纷。在我国，解决经济纠纷的途径主要有仲裁、行政复议和诉讼。

(一) 仲裁

仲裁是指由经济纠纷的各方当事人共同选定的仲裁机构对纠纷依法定程序作出具有约束力的裁决活动。1994年8月31日第八届全国人大常委会第九次会议通过，自1995年9月1日起施行的《中华人民共和国仲裁法》（以下简称《仲裁法》）是仲裁活动进行的基本法律依据。

1. 仲裁的适用范围

根据《仲裁法》规定，平等主体的公民、法人和其他组织之间发生的合同纠纷和其他财产权益纠纷，可以仲裁；关于婚姻、收养、监护、抚养、继承纠纷不能仲裁；依法应当由行政机关处理的行政争议也不能仲裁。

2. 仲裁的基本原则

（1）自愿原则。当事人采用仲裁方式解决纠纷，应当双方自愿，达成仲裁协议。没有仲裁协议，一方申请仲裁的，仲裁委员会不予受理。

（2）以事实为根据，以法律为准绳，公平合理解决纠纷的原则。仲裁组织应当根据事实和法律规定，公平合理地解决纠纷。

（3）仲裁组织依法独立行使仲裁权原则。仲裁由仲裁组织依法独立进行，不受任何行政机关、社会团体或个人的干涉。

（4）一裁终局原则。裁决作出后，当事人就同一纠纷再申请仲裁或者向人民法院起诉的，仲裁委员会或者人民法院不予受理。

3. 仲裁机构

仲裁机构包括仲裁协会和仲裁委员会。

仲裁协会是社会团体法人。仲裁委员会是中国仲裁协会的法定会员。仲裁协会是仲裁委员会的自律性组织，根据由全国会员大会制定的章程对仲裁委员会及其组成人员、仲裁员的违纪行为进行监督。

4. 仲裁必须具备的条件

当事人申请仲裁必须符合下列条件：

（1）有仲裁协议。

（2）有具体的仲裁请求、事实和理由。

（3）属于仲裁委员会的受理范围。

仲裁协议独立存在，合同的变更、解除、终止或者无效，不影响仲裁协议的效力。

（二）行政复议

1. 行政复议的概念

行政复议是指公民、法人和其他组织认为的具体行政行为侵犯其合法权益，依法向特定行政机关提出申请，由受理该申请的行政机关对原具体行政行为依法进行审查并作出行政复议决定的活动。行政复议是现代国家保护公民免受行政机关具体行政行为不法侵害的一种重要的法律制度。

2. 行政复议的范围

行政复议法规定，有下列情形之一的，公民、法人或其他组织可以申请行政复议：

（1）对行政机关作出的警告、罚款、没收违法所得、没收非法财物、责令停产停业、暂扣或吊销许可证、暂扣或吊销执照、行政拘留等处罚决定不服的。

（2）对行政机关作出的限制人身自由或查封、扣押、冻结财产等行政强制措施决定不服的。

（3）对行政机关作出的有关许可证、执照、资质证、资格证等证书变更、中止、撤销的决定不服的。

（4）对行政机关作出的关于确认土地、矿藏、水流、森林、山岭、草原、荒地、滩涂、海域等自然资源的所有权或使用权的决定不服的。

（5）认为行政机关侵犯合法的经营自主权的。

（6）认为行政机关变更或废止农业承包合同、侵犯合法权益的。

（7）认为行政机关违法集资、征收财物、摊派费用或违法要求履行其他义务的。

（8）认为符合法定条件，申请行政机关颁发许可证、执照、资质证、资格证等证书，或申请行政机关审批、登记有关事项，行政机关没有依法办理的。

（9）申请行政机关履行保护人身权利、财产权利、受教育权利的法定职责，行政机关没有依法履行的。

（10）申请行政机关依法发放抚恤金、社会保险金或最低生活保障费，行政机关没有依法发放的。

（11）认为行政机关的其他具体行政行为侵犯其合法权益的。

3. 不能申请行政复议的范围

下列几项不能申请行政复议：

（1）不服行政机关作出的行政处分或者其他人事处分决定的，不能申请行政复议，但可依照有关法律、行政法规的有关规定提出申诉。

（2）不服行政机关对民事纠纷作出的调解或者其他处理，不能申请行政复议，但可依法申请仲裁或者向人民法院提起诉讼。

4. 行政复议的程序

（1）行政复议申请。依法申请行政复议的公民、法人或者其他组织是申请人，作出具体行政行为的行政机关是被申请人，同申请行政复议的具体行政行为有利害关系的其他公民、法人或者其他组织，可以作为第三人参加行政复议。

公民、法人或者其他组织认为具体行政行为侵犯其合法权益的，可以自知道该具体行政行为之日起60日内提出行政复议申请，但是法律规定的申请期限超过60日的除外。因不可抗力或其他正当理由耽误法定申请期限的，申请期限自障碍消除之日起继续计算。申请可以是书面的，也可以是口头的。

行政复议法规定，当事人不能既申请行政复议又同时向法院起诉，即行政复议申请已被行政复议机关依法受理的或法律、法规规定应当先向复议机关申请行政复议，对行政复议决定不服再向人民法院提起行政诉讼的，在法定行政复议期限内不得向人民法院提起行政诉讼。

申请人向人民法院提起行政诉讼，人民法院已经依法受理的，不得申请行政复议。

（2）行政复议受理。行政复议机关收到行政复议申请后，应当在5日内进行审查，对不符合法律规定的行政复议申请，决定不予受理的，应书面告知申请人；对符合法律规定，但是不属于本机关受理的行政复议申请，应当告知申请人向有关行政复议机关提出。除以上情况外，行政复议申请自行政复议机关负责法制工作的机构收到之日起即为受理。

申请人提出行政复议申请，行政复议机关无正当理由不予受理的，上级行政机关应当责令其受理；必要时上级行政机关也可以直接受理。

法律法规规定应当先向行政复议机关申请行政复议、对行政复议决定不服再向人民法院提起行政诉讼的，行政复议机关决定不予受理或受理后超过行政复议期限不作答复的，公民、法人或其他组织可以自收到不予受理决定书之日起或者行政复议期满之日起15日内，依法向人民法院提起行政诉讼。

除有特殊情况外，行政复议期间具体行政行为不停止执行。行政复议机关受理行政复议申请，不得向申请人收取任何费用。行政复议所需经费，由本级财政予以保障。

（3）行政复议决定。行政复议机关应当自受理申请之日起60日内作出行政复议决定；但是法律规定的行政复议期限少于60日的除外。情况复杂，不能在规定期限内作出行政复议决定的，经行政复议机关的负责人批准，可以适当延长，并告知申请人和被申请人；但是延长期限最多不超过30日。

行政复议机关负责法制工作的机构应当对被申请人作出的具体行政行为进行审查，提出意见，经行政复议机关的负责人同意或集体讨论通过后，按照下列规定作出行政复议决定：①具体行政行为认定事实清楚、证据确凿，适用依据正确，程序合法，内容适当的，决定维持；②被申请人不履行法定职责的，决定其在一定期限内履行；③具体行政行为有主要事实不清、证据不足，适用依据错误，违反法定程序，超越或滥用职权，具体行政行为明显不当等情形之一的，决定撤销、变更或确认该具体行政行为违法，其中决定撤销或确认具体行政行为违法的，可以责令被申请人在一定期限内重新作出具体行政行为；④

被申请人不按法定期限提出书面答复,提交当初作出具体行政行为的证据、依据和其他有关材料的,视为该具体行政行为没有证据、依据,决定撤销该具体行政行为。

行政复议机关作出行政复议决定,应当制作行政复议决定书,并加盖印章。行政复议决定书一经送达即发生法律效力。被申请人应当履行行政复议决定,不履行或无正当理由拖延履行的,行政复议机关或有关上级行政机关应当责令其限期履行。

(三) 诉讼

诉讼是指国家审判机关即人民法院依照法律规定,在当事人和其他诉讼参与人的参加下,依法解决诉争的活动。

1. 当事人提起诉讼必须具备的条件

根据《中华人民共和国民事诉讼法》的规定,当事人提起诉讼必须符合下列条件:

(1) 原告是与本案有直接利害关系的公民、法人和其他组织;

(2) 有明确的被告;

(3) 有具体的诉讼请求和事实、理由;

(4) 属于人民法院受理民事诉讼的范围和受诉人民法院管辖。

2. 经济审判机构的设置

我国受理经济诉讼案件的审判机构为各级人民法院的经济审判庭以及铁路运输法院、海事法院等。

3. 审判制度

(1) 合议制度。即由三名以上审判人员组成审判组织,代表人民法院行使审判权,对案件进行审理并作出裁判的制度。我国民事诉讼法规定,人民法院审理第一审民事案件,除适用简易程序审理的民事案件由审判员一人独任审理外,一律由审判员、陪审员共同组成合议庭或者由审判员组成合议庭。人民法院审理第二审民事案件,由审判员组成合议庭。

(2) 回避制度。即承办人员遇有法律规定的情形时,退出对某一案件的审理或诉讼活动的制度。

(3) 公开审判制度。法律规定人民法院审理民事案件,除涉及国家秘密、个人隐私或者法律另有规定的以外,应当公开进行。

(4) 两审终审制度。即一个诉讼案件经过两级人民法院审理即终结的制度。我国人民法院分为四级:最高人民法院、高级人民法院、中级人民法院、基层人民法院。按照两审终审制，一个案件经第一审人民法院审判后，当事人如果不服，有权在法定期限内向上一级人民法院提起上诉，由该上一级人民法院进行第二审。当事人不服第一审裁定的，有权在裁定书送达之日起10日内向上一级人民法院提起上诉。当事人不服第一审判决的，有权在判决书送达之日起15日内向上一级人民法院提起上诉。二审法院作出的判决、裁定为终审的判决和裁定，当事人不得再行上诉。如果发现终审判决确有错误，可以通过审判监督程序予以纠正。

4. 诉讼管辖

诉讼管辖指各级人民法院之间以及不同地区的同级人民法院之间，受理第一审民事案件、经济纠纷案件的职权范围和具体分工。管辖可以分为级别管辖和地域管辖。

（1）级别管辖。即根据案件性质、案情繁简、影响范围，来确定上、下级法院受理第一审案件的分工和权限。我国人民法院分为基层人民法院、中级人民法院、高级人民法院和最高人民法院四级。此外还有专门法院，包括军事法院、海事法院和铁路运输法院。

（2）地域管辖。按照人民法院的辖区，确定同级法院之间受理第一审民事案件的分工和权限，称为地域管辖。地域管辖又分为一般地域管辖和特殊地域管辖。

一般地域管辖是按照当事人的所在地划分案件管辖法院，也叫普通管辖。一般地域管辖通常实行原告就被告原则，即由被告住所地人民法院管辖。

特殊地域管辖是以诉讼标的所在地或者引起法律关系发生、变更、消灭的法律事实所在地为标准划分管辖法院。如法律规定，①因合同纠纷提起的诉讼，由被告住所地或者合同履行地人民法院管辖。合同的双方当事人可以在书面合同中协议选择被告住所地、合同履行地、合同签订地、原告住所地、标的物所在地的人民法院管辖，但不得违反民事诉讼法对级别管辖和专属管辖的规定。②因票据纠纷提起的诉讼，由票据兑付地或者被告住所地人民法院管辖。③因不动产纠纷提起的诉讼，由不动产所在地人民法院专属管辖。④因侵权行为提起的诉讼，由侵权行为地（包括侵权行为实施地、侵权结果发生地）或者被告住所地人民法院管辖。

5. 审判程序

（1）起诉和受理。当一切公民、法人或者其他组织认为其民事权益受到损害或者与他人发生争议时，即可向人民法院提起诉讼，请求人民法院依法审判，给予法律保护。起诉应当向人民法院递交起诉状，并按照被告人数提供副本。书写起诉状确有困难的，可以口头起诉。人民法院收到起诉状或者口头起诉，经审查，认为符合起诉条件的，应当在 7 日内立案，并通知当事人；认为不符合起诉条件的，应当在 7 日内裁定不予受理；原告对裁定不服的，可以提起上诉。

（2）审理前的准备。人民法院应当在立案之日起 5 日内将起诉状副本发送被告，被告在收到之日起 15 日内提出答辩状。被告提出答辩状的，人民法院应当在收到答辩状之日起 5 日内将答辩状副本发送原告。被告不提出答辩状的，不影响人民法院审理。在审理之前，人民法院应当组成审判组织——合议庭。合议庭组成人员确定后，应当在 3 日内告知当事人。审判人员必须认真审核诉讼材料，调查收集必要的证据。

（3）开庭审理。开庭审理分为四个阶段：准备阶段，法庭调查，法庭辩论，宣告判决。人民法院对公开审理或者不公开审理的案件，一律公开宣告判决。

【例 1-1】2018 年 5 月，洪山区老马与武昌区小孙签订了一份大米购销合同。合同内容如下：2018 年 6 月 20 日，老马向小孙提供 10 吨优质大米，6 月 27 日小孙按每斤 2 元的价格一次性付清 4 万元货款。合同未履行前，由于优质大米价格上涨，6 月 10 日，老马提出了变更合同的要求，要求按每斤 2.5 元供货，否则终止合同。小孙不同意变更合同，坚持按合同约定的价格付款。为了解决合同纠纷，双方一致同意到仲裁委员会进行仲裁。

请回答下列问题并说明理由。

（1）此案中经济法律关系的主体、客体和内容是什么？

（2）老马与小孙的经济纠纷能否申请仲裁，为什么？若能申请仲裁，必须具备什么条件？

（3）如果老马不同意仲裁，并且单方终止合同，小孙决定通过诉讼解决此纠纷，他应到哪个法院起诉？

（4）起诉后如果小孙对一审判决不服，还可以通过什么办法维护自己的权益？

解析：

（1）经济法律关系的主体是老马和小孙，因老马和小孙是依法享有权利和承担义务的当事人。10 吨大米和 4 万元货款是此案中经济法律关系的客体，因为 10 吨大米和 4 万元货款是老马和小孙享有的权利和承担的义务所共同指向的对象。

2018 年 6 月 20 日老马向小孙提供 10 吨大米是老马的义务，同时是小孙的权利；而 6 月 27 日小孙付给老马 4 万元货款是小孙的义务、老马的权利。

（2）老马和小孙的经济纠纷可以申请仲裁，因为他们之间的纠纷是平等主体之间的合同纠纷。申请仲裁必须具备以下条件：①有仲裁协议；②具体的仲裁请求和事实；③属于仲裁委员会的受理范围。

（3）小孙应到洪山区人民法院起诉，因一般地域管辖通常实行原告就被告原则，即由被告住所地人民法院管辖。

（4）如果小孙对一审判决不服，有权在收到判决书之日起 15 日内向上级人民法院上诉。

【思考题】

1. 经济法调整的对象是什么？它包括哪些具体内容？
2. 经济法律关系包括哪些要素？每个要素包括哪些主要内容？
3. 行政复议的范围有哪些？
4. 什么是诉讼管辖？它有哪些种类？
5. 可以仲裁的范围和不能仲裁的范围分别包括哪些？
6. 引起经济法律关系的发生、变更和终止的条件有哪些？

第二章　个人独资企业法和合伙企业法

【教学目的与要求】

通过本章的学习，要求学生掌握设立个人独资企业的条件、程序、事务的管理以及个人独资企业的解散清算；合伙企业的分类、设立的条件及程序、合伙企业事务的管理、合伙企业与第三人的关系、有限合伙企业。

第一节　个人独资企业法

一、个人独资企业法概述

（一）个人独资企业的概念和特点

个人独资企业是指按照《中华人民共和国个人独资企业法》（以下简称《个人独资企业法》）的规定，在中国境内设立，由一个自然人投资，财产为投资人个人所有，投资人以其个人财产对企业债务承担无限责任的经营实体。个人独资企业具有以下特征：

1. 个人独资企业是由一个自然人投资的企业

根据《个人独资企业法》的规定，设立个人独资企业只能是一个自然人，国家机关、国家授权投资的机构或者国家授权的部门、企业、事业单位都不能成为个人独资企业的设立人。这里讲的自然人仅指中国公民。自然人并无国籍的含义，也就是说，自然人这一概念，既包括中国公民，也应包括外国公民，但是《个人独资企业法》规定，外商独资企业不适用本法，因此，《个人独资企业法》中讲的自然人指中国公民。

2. 个人独资企业的投资人对企业的债务承担无限责任

由于个人独资企业的投资人是一个自然人，对企业的出资多少、是否追加资金或减少资金、采取什么样的经营方式等事项均由投资人一人做主，从权利和义务上看，出资人与企业是不可分割的。投资人对企业的债务承担无限责任，即当企业的资产不足以清偿到期债务时，投资人应以自己个人的全部财产用于清偿到期债务时，投资人就以自己个人的全部财产用于清偿，这实际上将企业的责任与投资人的责任连为一体。

3. 个人独资企业的内部机构设置简单，经营管理方式灵活性较大

个人独资企业的投资人既是企业的所有者，又是企业的经营者，因此，法律对其内部机构和经营管理方式不像其他企业那样加以严格的规定。

4. 个人独资企业是非法人企业

个人独资企业由一个自然人出资，投资人对企业的债务承担无限责任，在权利义务上，企业和个人融为一体，企业的责任即是投资人个人的责任，企业的财产即是投资人的财产。因此，个人独资企业不具有法人资格，但却是独立的民事主体，可以自己的名义从事民事活动。

（二）个人独资企业法的概念

个人独资企业法有广义和狭义之分。广义的个人独资企业法，指国家关于个人独资企业的各种法律规范的总称；狭义的个人独资企业法是指1999年8月30日第九届全国人大常委会第十一次会议通过的《中华人民共和国个人独资企业法》。制定该法的目的，是为了规范个人独资企业的行为，保护个人独资企业投资人和债权人的合法权益，维护社会经济秩序，促进社会主义市场经济的发展。该法共六章四十八条。

二、个人独资企业的设立

（一）个人独资企业的设立条件

设立个人独资企业应当具备下列条件：
(1) 投资人为一个自然人，且只能是一个中国公民。
(2) 有合法的企业名称。名称是企业的标志，企业必须有相应的名称，并要符合法律、法规的要求。个人独资企业的名称不得使用"有限"、"有限责任"或者"公司"字样，个人独资企业的名称可以是厂、店、部、中心、工作室等。
(3) 有投资人申报的出资。《个人独资企业法》对设立个人独资企业的出资数额未作限制，只是规定要有出资。设立个人独资企业可以用货币出资，也

可以用实物、土地使用权、知识产权或者其他财产权利出资,但不能用个人劳务作价出资,也不能用个人信誉或者名誉作价出资。采取实物、土地使用权、知识产权或者其他财产权利出资的,应将其折算成货币数额,投资人申报的出资额应当与企业的生产经营规模相适应。投资人可以个人财产出资,也可以家庭共有财产作为个人出资。以家庭财产作为个人出资的,投资人应当在设立(变更)登记说明书上予以注明。

(4) 有固定的生产经营场所和必要的生产经营条件。

(5) 有必要的从业人员,即要有与其生产经营范围、规模相适应的从业人员。

(二) 个人独资企业的设立程序

1. 提出申请

申请设立个人独资企业,应当由投资人或其委托的代理人向个人独资企业所在地的登记机关提出设立申请。投资人申请设立登记,应当向登记机关提交下列文件:

(1) 投资人签署的个人独资企业设立申请书。设立申请书应当载明的事项有:企业的名称和住所,投资人的姓名和居所,投资人的出资额和出资方式,经营范围及方式。个人独资企业投资人以个人财产出资或者以其家庭共有财产作为个人出资的,应当在设立申请书中予以明确。

(2) 投资人身份证明,主要是身份证和其他有关证明材料。

(3) 企业住所证明和生产经营场所使用证明等文件,如土地使用证明、房屋产权证或租赁合同等。

(4) 委托代理人申请设立登记的,应当提交投资人的委托书和代理人的身份证明或者资格证明。

(5) 国家工商行政管理局规定提交的其他文件。从事法律、行政法规规定须经有关部门审批的业务的,应当提交有关部门的批准文件。

2. 工商登记

登记机关应当在收到设立申请文件之日起 15 日内,对符合《个人独资企业法》规定条件的予以登记,发给营业执照;对不符合《个人独资企业法》规定条件的,不予登记,并发给企业登记驳回通知书。个人独资企业的营业执照的签发日期,为个人独资企业成立日期。在领取个人独资企业营业执照前,投资人不得以个人独资企业名义从事经营活动。

【例 2-1】根据《个人独资企业法》的规定,分析判断下列哪些属于个人独资企业设立的必备条件：A. 投资人只能是自然人；B. 投资人需具有完全民事行为能力；C. 须有企业章程；D. 有符合规定的法定最低注册资本。

解析：

根据《个人独资企业法》的规定，个人独资企业的投资人只能是自然人。投资人以其个人财产对企业债务承担无限责任，就必然要求投资人需具有完全民事行为能力，所以，A、B属于设立个人独资企业的必备条件。

根据《个人独资企业法》的规定，设立个人独资企业不需要最低注册资金和企业章程，所以，C、D不属于设立个人独资企业的必备条件。

三、个人独资企业的投资人及事务管理

（一）个人独资企业投资人的条件、权利及责任

根据《个人独资企业法》的规定，个人独资企业的投资人为一个具有中国国籍的自然人，但法律、行政法规禁止从事营利活动的人，不得作为投资人申请设立个人独资企业。根据我国有关法律、行政法规规定，国家公务员、党政机关领导干部、警官、法官、检察官、商业银行工作人员，不得作为投资人申请设立个人独资企业。

个人独资企业投资人对本企业的财产依法享有所有权，其有关权利可以依法进行转让或继承。企业的财产不论是投资人的原始投入，还是经营所得均归投资人所有。代人保管的财产不在投资人所有之列。虽然个人独资企业投资人对企业的债务要承担无限责任，而企业的投资人只有一个，但是，投资人的财产和企业财产仍有划分的必要：一是《个人独资企业法》明确规定，投资人申办个人独资企业，要申报出资，这一出资的财产是与投资人的其他财产不同的；二是企业应有一定的稳定独立的资金，这是企业生产经营的需要；三是将两者的财产加以区别，有利于计算企业生产经营成果。

个人独资企业投资人在申请企业设立登记时，明确以其家庭共有财产作为个人出资的，应当依法以家庭共有财产对企业债务承担无限责任。

（二）受委托或被聘用管理个人独资企业事务人员的义务

（1）个人独资企业投资人可以自行管理企业事务，也可以委托或者聘用其他具有民事行为能力的人负责企业的事务管理。投资人委托或者聘用他人管理个人独资企业事务，应当与受托人或者被聘用的人签订书面合同。合同应订

明委托的具体内容、授予的权利范围、委托人或者被聘用的人应履行的义务、报酬和责任。受托人或者被聘用的人员应当履行诚信、勤勉义务，以诚实守信的态度对待投资人，尽其所能依法保障企业利益，按照与投资人签订的合同负责个人独资企业的事务管理。

投资人对受托人或被聘用的人员职权的限制，不得对抗善意第三人。这里讲的第三人是指投资人或被聘用的人员以外与企业发生经济业务关系的人。所谓善意第三人是指第三人在就有关经济业务事项交往中，没有从事与受托人或者被聘用的人员串通，故意损害投资人的利益的人。个人独资企业的投资人与受托人或者被聘用的人员之间有关权利义务的限制只对受托人或者被聘用的人员有效，对第三人并无约束力。

（2）禁止受托人或者被聘用的人员实施的行为。我国《个人独资企业法》规定，投资人委托或者聘用的管理个人独资企业事务的人员不得有下列行为：①利用职务上的便利，索取或者收受贿赂；②利用职务或者工作上的便利侵占企业财产；③挪用企业的资金归个人使用或者借贷给他人；④擅自将企业资金以个人名义或者以他人名义开立账户储存；⑤擅自以企业财产提供担保；⑥未经投资人同意，从事与本企业相竞争的业务；⑦未经投资人同意，同本企业订立合同或者进行交易；⑧未经投资人同意，擅自将企业商标或者其他知识产权转让给他人使用；⑨泄露本企业的商业秘密；⑩法律、行政法规禁止的其他行为。

【例 2-2】2017 年 5 月 25 日，甲出资 5 万元设立 A 个人独资企业。甲聘请乙管理企业事务，同时对乙的职权予以限制，凡乙对外签订标的额超过 10 万元以上的合同，须经甲同意。8 月 20 日，乙未经甲同意，以 A 企业的名义向善意第三人丙购买价值 12 万元的货物。要求分析乙以 A 企业名义向丙购入价值 12 万元货物的行为是否有效。

解析：

乙以 A 企业名义向丙购买价值 12 万元货物的行为有效。根据《个人独资企业法》的规定，投资人对被聘用的人员职权的限制，不得对抗善意第三人，因此，该行为有效。

(三) 个人独资企业的事务管理

1. 会计事务管理

个人独资企业应当依法设置会计账簿，进行会计核算。根据会计法的规定，各单位应当按照国家统一会计制度的规定和会计业务的需要设置会计账簿。各单位必须根据实际发生的经济业务事项进行会计核算，填制会计凭证，登记会计账簿，编制财务会计报告。任何单位不得以虚假的经济业务事项或者资料进行会计核算。企业发生的下列经济业务事项，应当办理会计手续，进行会计核算：①款项和有价证券的收付；②财物的收发、增减和使用；③债权债务的发生和结算；④资本、基金的增减；⑤收入、支出、费用、成本的计算；⑥财务成果的计算和处理；⑦需要办理会计手续、进行会计核算的其他事项。

2. 用工管理事务

个人独资企业招用职工的，应当依法与职工签订劳动合同，保障职工的劳动安全，按时、足额发放职工工资。个人独资企业应严格按照劳动法及有关规定招用职工。企业招用职工应与职工签订劳动合同，劳动合同必须遵循平等自愿、协商一致的原则，并不得违反国家法律、法规和有关政策规定。

3. 社会保险事务

个人独资企业应当按照国家规定参加社会保险，为职工交纳社会保险费。社会保险是指职工在年老、患病、丧失劳动能力、失业、工伤、生育等情况下有权获得物质帮助，其基本生活能得到保障的一种制度。社会保险基金由国家、企业、职工三者共同负担。根据我国法律、法规规定，我国目前设有五种强制性的社会保险，即养老保险、工伤保险、医疗保险、失业保险和企业职工生育保险。

四、个人独资企业的权利和工商管理

（一）个人独资企业的权利

《个人独资企业法》对个人独资企业规定了四个方面的权利，具体内容如下：

1. 依法申请贷款

个人独资企业可以根据《商业银行法》《合同法》和中国人民银行发布的《贷款通则》等一系列法律、法规的规定申请贷款，以供企业生产经营之用。

2. 依法取得土地使用权

《个人独资企业法》规定，个人独资企业可以依法取得土地使用权。

3. 拒绝摊派权

《个人独资企业法》规定，任何单位和个人不得违反法律、行政法规的规定，以任何方式强制个人独资企业提供财力、物力、人力；对于违法强制提供财力、物力、人力的行为，个人独资企业有权拒绝。

4. 法律、行政法规规定的其他权利

个人独资企业除享有上述权利外，还依法享有十分广泛的权利，如企业可以依法取得外贸经营权或根据业务需要，委托具有外贸经营权的单位代为办理进出口业务；企业可以取得商标保护等。

（二）个人独资企业的工商管理

根据《个人独资企业登记管理办法》的规定，个人独资企业存续期间登记事项发生变更的还应当办理变更登记。个人独资企业存续期间登记事项发生变更的，应当在作出变更决定之日起的 15 日内依法向登记机关申请办理变更登记。个人独资企业变更企业名称、企业住所、经营范围及方式，应当在作出变更决定之日起 15 日内向原登记机关申请变更登记。个人独资企业变更投资人姓名和居所、出资额和出资方式，应当在变更事由发生之日起 15 日内向原登记机关申请变更登记。个人独资企业申请变更登记，应当向登记机关提交下列文件：①投资人签署变更登记申请书；②国家工商行政管理局规定提交的其他文件。从事法律、行政法规规定须报经有关部门审批业务的，应当提交有关部门的批准文件。

登记机关应当在收到按规定提交的全部文件之日起 15 日内，作出核准或者不予登记的决定。予以核准的，换发营业执照或发给变更登记通知书；不予核准的，发给企业登记驳回通知书。个人独资企业变更住所跨登记机关辖区的，应当向迁入地登记机关申请变更登记。迁入地登记机关受理的，由原登记机关将企业档案移送迁入地登记机关。个人独资企业因转让或者继承致使投资人变化的，个人独资企业向原登记机关提交转让协议书或者法定继承文件，申请变更登记。个人独资企业改变出资方式致使个人财产与家庭共有财产变换的，个人独资企业可向原登记机关提交改变出资方式文件，申请变更登记。

根据《个人独资企业登记管理办法》的规定，个人独资企业应当按照登记机关的要求，在规定的时间内接受年度检查。

五、个人独资企业的解散和清算

（一）个人独资企业的解散

根据《个人独资企业法》的规定，个人独资企业有下列情形之一时，应当解散：

(1) 投资人决定解散；

(2) 投资人死亡或者被宣告死亡，无继承人或者继承人决定放弃继承；

(3) 被依法吊销营业执照；

(4) 法律、行政法规规定的其他情形。

(二) 个人独资企业的清算

个人独资企业解散的，应当进行清算。《个人独资企业法》对个人独资企业清算作了如下规定：

个人独资企业解散，由投资人自行清算或者由债权人申请人民法院指定清算人进行清算。投资人自行清算的，应当在清算前15日内书面通知债权人，无法通知的，应当予以公告。债权人应当在接到通知之日起30日内，未接到通知的应当在公告之日起60日内，向投资人申报债权。

个人独资企业解散的，财产应当按照下列顺序清偿：①所欠职工工资和社会保险费用；②所欠税款；③其他债务。个人独资企业财产不足以清偿债务的，投资人应当以其个人的其他财产予以清偿。

清算期间，个人独资企业不得开展与清算目的无关的经营活动，在按上述财产清偿顺序清偿债务前，投资人不得转移、隐匿财产。

个人独资企业解散后，原投资人对个人独资企业存续期间的债务仍承担偿还责任，但债权人在5年内未向债务人提出偿债请求的，该责任消灭。

个人独资企业清算结束后，投资人或者人民法院指定的清算人应当编制清算报告，并于15日内到登记机关办理注销登记。

第二节　合伙企业法

一、合伙企业法概述

(一) 合伙的概念

合伙是两个以上的人为了共同目的，相互约定共同出资、共同经营、共享收益、共担风险的自愿联合。

（二）合伙企业的概念及分类

1. 合伙企业的概念

我国《合伙企业法》规定：本法所称合伙企业，是指自然人、法人和其他组织依照本法在中国境内设立的普通合伙企业和有限合伙企业。

2. 合伙企业的分类

合伙企业分为普通合伙企业和有限合伙企业。普通合伙企业由普通合伙人组成，合伙人对合伙企业债务承担无限连带责任。有限合伙企业由普通合伙人和有限合伙人组成，普通合伙人对合伙企业债务承担无限连带责任，有限合伙人以其认缴的出资额为限对合伙企业债务承担责任。

（三）合伙企业法的概念及其适用

合伙企业法有广义和狭义之分。狭义的合伙企业法是指由国家最高立法机关依法制定的、规范合伙企业合伙关系的专门法律，即《合伙企业法》。该法由第八届全国人民代表大会常务委员会第二十四次会议于1997年2月23日通过，自1997年8月1日起施行，2006年8月27日第十届全国人民代表大会常务委员会第二十三次会议修订。广义的合伙企业法是指国家立法机关或者其他有权机关依法制定的、调整合伙企业合伙关系的各种法律规范的总称。

根据《合伙企业法》及全国人大法律委员会关于《中华人民共和国合伙企业法》审议结果的报告，《合伙企业法》仅适用于其规定的合伙企业。在理解和掌握我国《合伙企业法》的适用时，需要注意以下几个问题：

第一，该法不适用于不具备企业形态的契约型合伙。合伙企业与契约型合伙的主要区别在于：①合伙企业必须具有较为长期稳定的营业，而契约型合伙的营业往往是临时性的；②合伙企业必须向企业登记机关申请登记，而契约型合伙则只要订立合伙合同即为成立。

第二，该法规定的合伙企业，仅限于按照现行行政管理划分规定，应由工商行政管理机关登记管理的企业。对采用合伙制的律师事务所、会计师事务所、医生诊所等组织，由于其归其他行政主管部门登记管理，尽管它们也具有营利性质，但不适用于合伙企业法。

二、普通合伙企业

（一）普通合伙企业的概念

普通合伙企业，是指由普通合伙人组成，合伙人对合伙企业债务依照

《合伙企业法》规定承担无限连带责任的一种合伙企业。它具有以下几个特征：

1. 由两个以上普通合伙人组成

这是一项法律原则，合伙企业不是单个人的行为，而是多个人的联合。也就是说，一个普通合伙企业至少有两个以上的普通合伙人。所谓的普通合伙人，是指在合伙企业中对合伙企业债务承担无限连带责任的自然人、法人和其他组织。《合伙企业法》规定，国有独资公司、国有企业、上市公司，以及公益性的事业单位、社会团体不得成为普通合伙人。

2. 以合伙协议为法律基础

合伙协议是合伙人建立合伙关系，确定合伙人各自的权利和义务，使合伙企业得以设立的前提，也是合伙企业的基础。如果没有合伙协议，合伙人之间未形成合伙关系，合伙企业便不能成立。

3. 内部关系属于合伙关系

所谓合伙关系，就是共同出资、共同经营、共享收益、共担风险的关系。尽管不同合伙企业订立的合伙协议有很大差别，但是必须遵循上述基本准则。

4. 合伙人对合伙企业债务承担无限连带责任

合伙企业是以合伙人个人财产为基础建立的，合伙人的共同出资构成合伙财产。合伙财产虽然由合伙企业使用与管理，但它属于合伙人所共有，仍然与合伙人的个人财产密切联系，所以，各合伙人必须以其个人财产承担合伙企业的债务，即当合伙人的财产不足以清偿债务时，合伙人应当以自己的个人财产承担该不足部分的清偿责任。

（二）合伙企业的设立

1. 合伙企业的设立条件

根据《合伙企业法》第十四条规定，设立合伙企业应当具备下列条件：

（1）有两个以上的合伙人。合伙企业合伙人至少为两人以上，这是最低的限额。对于合伙企业的合伙人数的最高限额，我国《合伙企业法》未作出规定。关于合伙人的资格，《合伙企业法》作了以下限定：①合伙人可以是自然人，也可以是法人或者其他组织。②合伙人为自然人，应当为具有完全民事行为能力的人。无民事行为能力人和限制民事行为能力的人不得成为合伙企业设立时的合伙人。③国有独资公司、国有企业、上市公司，以及公益性的事业单位、社会团体不得成为普通合伙人。

（2）有书面合伙协议。合伙协议是由各合伙人通过协商，共同决定相互间的权利义务，达成的具有法律约束力的协议。合伙协议应当由全体合伙人协商一致，以书面形式订立。

合伙协议应当载明下列事项：①合伙企业的名称和主要经营场所的地点；②合伙目的和合伙企业的经营范围；③合伙人的姓名及其住所；④合伙人的出资方式、数额和缴付出资的期限；⑤利润分配和亏损分担办法；⑥合伙企业事务的执行；⑦入伙与退伙；⑧合伙企业的解散与清算；⑨违约责任。以上事项为合伙协议的必要记载事项。此外，《合伙企业法》规定，合伙协议可以载明合伙企业的经营期限和合伙人争议的解决方式。这些事项属于合伙协议的任意记载事项，合伙人可以在合伙协议中加以规定，也可以不加以规定。合伙协议经全体合伙人签名、盖章后生效。合伙人依照合伙协议享有权利、承担责任。合伙协议生效后，全体合伙人可以在协商一致的基础上，对该合伙协议加以修改或者补充。

（3）有各合伙人实际缴付的出资。合伙协议生效后，合伙人应当依照合伙协议的规定缴纳出资。根据《合伙企业法》的规定，合伙人可以用货币、实物、土地使用权、知识产权或者其他财产权利缴纳出资。合伙人对于自己用于缴纳出资的财产或者财产权，应当拥有合法的处分权，合伙人不得将自己无权处分的财产或财产权用于缴纳出资。此外，经全体合伙人协商一致，合伙人也可以用劳务出资，即合伙人以自己未来付出的能够给合伙企业带来利益的劳务，或者自己已经付出的确实给合伙企业带来利益的劳务，作为出资。合伙人的出资作为财产投入合伙企业，必须对该出资进行评估。具体而言，对货币出资不需要评估，有关事项依法执行；对货币以外的出资需要评估作价的，可以由全体合伙人协商自行确定，也可以由全体合伙人委托法定评估机构进行评估。对劳务出资，其评估办法由全体合伙人协商确定，这是因为，劳务出资的内容、形式多种多样，如何评估，如何与合伙人参加经营相区分，都较为具体、复杂，不宜统一规定，而全体合伙人共同协商确定办法，不但可行，也符合合伙人的利益。合伙人应当按照合伙协议约定的出资方式、数额和缴付出资的期限，履行出资义务。各合伙人按照合伙协议实际缴付的出资，为对合伙企业的出资。

（4）有合伙企业名称。合伙人在成立合伙企业时，必须确定其合伙企业名称。根据有关规定，在确定合伙企业的名称时，应注意以下几点：①企业名称应当在企业申请登记时，由企业名称登记主管机关即各级工商行政管理机关加以核定；②企业只准登记使用一个名称，在登记主管机关辖区内不得与已登记的同行业其他企业的名称相同或近似；③企业名称一般应由企业所在地行政区划名称、字号（商号）、行业或者经营特点、组织形式等部分组成；④合伙企业在其名称中不得使用"有限"或者"有限责任"的字样。

（5）有营业场所和从事合伙经营的必要条件。

2. 合伙企业的设立登记

合伙企业的设立登记，应按如下程序进行：

（1）向企业登记机关提交相关文件，该文件有：①全体合伙人签署的合伙申请书；②全体合伙人的身份证明；③全体合伙人指定的代表或者共同委托的代理人的委托书；④合伙协议；⑤出资权属证明；⑥经营场所证明；⑦国务院工商行政管理部门规定提交的其他文件。此外，法律、行政法规规定的设立合伙企业须报经有关部门审批的，还应当提交有关批准文件。合伙协议约定或者全体合伙人决定，委托一名或数名合伙人执行合伙事务的，还应提交全体合伙人的委托书。

（2）企业登记机关自收到申请登记文件之日起30日内，作出是否登记的决定。对符合《合伙企业法》规定条件的，予以登记，发给营业执照；对不符合规定条件的，不予登记，并应当给予书面答复，说明理由。合伙企业如果确定了执行事务的合伙人或者设立分支机构，登记事项中还应当包括执行事务的合伙人或者分支机构的情况。

合伙企业的营业执照签发日期，为合伙企业的成立日期。合伙企业领取营业执照前，合伙人不得以合伙企业的名义从事经营活动。合伙企业设立分支机构，应当向分支机构所在地企业登记机关申请登记，领取营业执照。

【例2-3】 甲、乙、丙订立了一份合伙协议，部分内容如下：（1）甲的出资为现金1万元和劳务作价5万元；（2）乙的出资为现金5万元，于合伙企业成立后半年内缴付；（3）丙的出资为作价8万元的房屋一栋，不办理房屋产权变更登记，且丙保留对该房屋的处分权；（4）合伙企业的经营期限，于合伙企业成立满1年时再协商确定。要求分析该协议的上述四项内容是否符合《合伙企业法》的规定。

解析：

（1）根据《合伙企业法》的规定，合伙人可以用货币、实物、土地使用权、知识产权或者其他财产权利缴纳出资。合伙人对于自己用于缴纳出资的财产或者财产权，应当拥有合法的处分权，合伙人不得将自己无权处分的财产或者财产权用于缴纳出资。经全体合伙人协商一致，合伙人也可以用劳务出资。因此，甲以现金和劳务出资，符合《合伙企业法》的规定。

（2）根据《合伙企业法》的规定，合伙协议应当载明下列事项：①合伙企业的名称和主要经营场所的地点；②合伙目的和合伙企业的经营范围；③合伙人的姓名及其住所；④合伙人出资的方式、数额和缴付出资的期限；⑤利润分配和亏损分担办法；⑥合伙企业事务的执行；⑦入伙与退伙；⑧合伙企业的解散与清算；⑨违约责任。从合伙协议应当载明合伙人缴付出资的期限的规定，可以推导出合伙人可以在合伙企业成立后缴纳出资。

另外，《合伙企业法》规定，合伙人应当按照合伙协议约定的出资方式、数额和缴付出资的期限，履行出资义务。从"缴付出资的期限"，也可以推导出《合伙企业法》允许合伙人在企业成立后缴纳出资。因此，该项内容符合《合伙企业法》的规定。

（3）根据《合伙企业法》的规定，合伙企业存续期间，合伙人的出资和所有以合伙企业名义取得的收益均为合伙企业的财产，合伙企业的财产由全体合伙人依照《合伙企业法》的规定共同管理和使用。丙以房屋出资，但不办理房屋产权变更登记，且保留对该房屋的处分权，则该房屋并未成为合伙企业的财产。因此，丙的出资不符合《合伙企业法》规定。

（4）根据《合伙企业法》的规定，合伙协议可以载明合伙企业的经营期限和合伙人争议的解决方式。因此，合伙企业的经营期限并不一定要在合伙企业成立时确定，该项内容符合《合伙企业法》的规定。

(三) 合伙企业财产

1. 合伙企业财产的构成

合伙企业存续期间，合伙人的出资和所有以合伙企业名义取得的收益均为合伙企业的财产。合伙企业财产由以下两部分构成：

（1）合伙人的出资。合伙人可以用货币、实物、土地使用权、知识产权或者其他产权出资，经全体合伙人协商一致，也可以用劳务出资。当合伙人的出资转入合伙企业时，就构成合伙企业的财产。

（2）以合伙企业名义取得的收益。合伙企业作为一个独立的经济实体，可以有自己的独立利益。因此，以其名义取得的收益作为合伙企业获得的财产，当然归属于企业，成为合伙财产的一部分。以合伙企业名义取得的收益，主要体现为合伙企业的营业利润、投资净收益及营业外收支净额。

2. 合伙企业财产的性质

合伙企业的财产只能由全体合伙人共同管理和使用；在合伙企业存续期间，除非有合伙人退伙等法定事由，合伙人不得请求分割合伙企业的财产。因此，合伙企业的合伙财产，具有共有财产性质，即由合伙人共同共有。对合伙财产的占有、使用、收益和处分，均应当依据全体合伙人的共同意志进行。

3. 合伙企业财产的转让

合伙企业财产的转让是指合伙人将自己在合伙企业中的财产份额转让给他人。由于合伙企业是由各合伙人共同出资、合伙经营、共享收益、共担风险，并对合伙企业债务承担无限连带责任的营利性组织，合伙企业财产的转让，将会影响到合伙企业以及各合伙人的切身利益，因此，《合伙企业法》对合伙企业财产的转让作了以下限制性规定：

（1）合伙企业的存续期间，合伙人向合伙人以外的人转让其在合伙企业中的全部或者部分财产份额时，须经其他合伙人一致同意。这一规定，包括以下三层意思：一是凡在合伙企业存续期间，属于合伙企业财产组成部分的，合伙人对其所占有的份额，如果转让给合伙人以外的他人时，则须经其他合伙人同意；二是其他合伙人的同意，必须一致同意，而不是少数服从多数的决定；三是合伙人所转让的合伙财产，无论是全部转让还是部分转让，都必须取得其他合伙人一致同意。

（2）合伙人之间转让在合伙企业中的全部或者部分财产份额时，应当通知其他合伙人。

（3）合伙人依法转让其财产份额时，在同等条件下，其他合伙人有优先受让的权利。

经全体合伙人同意，合伙人以外的人依法受让合伙企业财产份额时，经修改合伙协议即成为合伙企业新的合伙人，合伙企业的各合伙人依照修改后的合伙协议享有权利和承担责任。

此外，由于合伙人以财产份额出质可能导致该财产份额依法发生权利转移，《合伙企业法》第二十五条为此规定，合伙人以其在合伙企业中的财产份额出质的，须经其他合伙人一致同意，未经其他合伙人一致同意，其行为无效，由此给善意第三人造成损失的，由行为人依法承担赔偿责任。

（四）合伙企业的事务执行

1. 合伙事务执行的形式

根据《合伙企业法》的规定，合伙人执行合伙企业事务，可以有两种形式：第一，全体合伙人执行合伙事务。这是合伙企业事务执行的基本形式，尤其是在合伙人较少的情况下更为适宜。在采取这种形式的合伙企业中，按照合伙协议的约定，各个合伙人都直接参与经营，处理合伙企业的事务，对外代表合伙企业。第二，委托一名或者数名合伙人执行合伙企业事务。这种形式是在各合伙人共同执行合伙事务的基础上引申而来。在合伙企业中，有权执行合伙企业事务的合伙人并且都愿意行使这种权利，而愿意委托其中的一人或者数人执行合伙事务，从而就从共同执行合伙事务的基本形式中，引申出了共同委托一部分人去执行合伙事务的形式。全体合伙人通过合伙协议约定或者作出决定，可以委托一名或者数名合伙人执行合伙企业事务，对外代表合伙企业。

当合伙事务委托给一名或者数名合伙人执行时，其他未接受委托的合伙人是否还可以再执行合伙企业事务，《合伙企业法》对此作了明确规定，即未接受委托执行合伙企业事务的其他合伙人，不再执行合伙企业事务。合伙人可以将合伙企业事务委托一名或数名合伙人执行，但并非所有合伙事务都可以委托部分合伙人决定。根据规定，合伙企业的下列事务必须经全体合伙人一致同意：①处分合伙企业的不动产；②改变合伙企业名称；③转让或者处分合伙企业的知识产权和其他财产权利；④向企业登记机关申请办理变更登记手续；⑤以合伙企业名义为他人提供担保；⑥聘任合伙人以外的人担任合伙企业的经营管理人员；⑦依照合伙协议约定的有关事项。

2. 合伙人在执行合伙事务中的权利和义务

（1）合伙人在执行合伙事务中的权利主要包括以下内容：

①合伙人平等享有合伙事务执行权。合伙企业的重要特点之一就是合伙经营，各合伙人无论其出资多少，都有权平等享有执行合伙企业事务的权利。

②执行合伙事务的合伙人对外代表合伙企业。《合伙企业法》规定，执行合伙企业事务的合伙人，对外代表合伙企业。合伙人在代表合伙企业事务时，不是以个人的名义从事一定的民事行为，而是以企业事务执行人的身份组织实施企业的生产经营活动。

合伙企业事务执行人与代理人不同，代理人以被代理人名义行事，代理权源于被代理人的授权；而合伙企业事务执行人虽以企业名义活动，但其权利来自法律的直接规定。合伙企业事务执行人与法人的法定代表人也不同，法定代表人是法律规定的并经过一定的登记手续而产生的法人单位的代表，他不一定是该法人单位的出资者；而合伙企业事务执行人则是因其出资行为取得合伙人身份，并可以对外代表合伙企业。

③不参加执行事务的合伙人享有监督权。在委托执行合伙事务的情况下，不参加执行事务的合伙人享有对事务执行人的监督权。《合伙企业法》规定，不参加执行事务的合伙人有权监督执行事务的合伙人，检查其执行合伙企业事务的情况。这一规定有利于维护全体合伙人的共同权益，同时也可以促进合伙事务执行人更加认真谨慎地处理合伙企业事务。

④合伙人查阅账簿权。无论是全体合伙人共同执行合伙事务，还是委托一名或数名合伙人执行合伙事务，各合伙人均有权随时了解有关合伙事务和合伙财产的一切情况，包括有权查阅合伙企业账簿和其他有关文件。

⑤合伙人提出异议权和撤销委托执行事务权。在合伙人分别执行合伙事务的情况下，由于合伙事务执行人的行为所产生的亏损和责任要由全体合伙人承担，因此，《合伙企业法》规定，合伙协议约定或者经全体合伙人决定，合伙人分别执行合伙企业事务时，合伙人可以对其他合伙人执行的事务提出异议。提出异议时，应暂停该事务的执行。如果发生争议，可由全体合伙人共同决定。被委托执行合伙事务的合伙人不按照合伙协议或者全体合伙人的决定执行事务的，其他合伙人可以决定撤销该委托。

（2）合伙人在合伙事务执行中的义务主要包括以下内容：

①合伙事务执行人向不参加执行事务的合伙人报告企业经营状况和财务状况。《合伙企业法》规定了合伙事务执行人的报告义务，即由一名或者数名合伙人执行合伙企业事务的，应当依照约定向其他不参加执行事务的合伙人报告事务执行情况以及合伙企业的经营状况和财务状况。

②合伙人不得自营或者同他人合作经营与本合伙企业相竞争的业务。各合伙人组建合伙企业是为了合伙经营、共享收益，如果某合伙人自己又从事或者与他人合作从事与合伙企业相竞争的业务，势必影响合伙企业的效益，背离合伙的初衷；同时还可能导致不正当竞争，使合伙企业处于不利地位，损害其他合伙人的利益。

③合伙人不得同本合伙企业进行交易。合伙企业中每一合伙人都是合伙企业的投资者，如果自己与合伙企业交易，就包含了与自己交易，也包含了与别的合伙人交易，而这种交易极易损害他人利益。

④合伙人不得从事损害本合伙企业利益的活动。合伙人在执行合伙事务过程中，不得为了自己的私利，坑害其他合伙人的利益，也不得与其他人恶意串通，损害合伙企业的利益。

3. 合伙事务执行的决议办法

合伙人依法或者按照合伙协议对合伙企业有关事项作出决议时，除《合伙企业法》另有规定或者合伙协议中另有约定外，经全体合伙人决定可以实行一人一票的表决办法。这一规定确定了合伙事务执行决议的三种法定办法：

（1）依照《合伙企业法》的规定作出决议。如《合伙企业法》第二十六条规定，可以由全体合伙人决定，委托一名或数名合伙人执行合伙企业事务；又如《合伙企业法》第三十一条规定，处分合伙企业的不动产、改变合伙企业的名称等,必须经全体合伙人同意,等等。

(2) 由合伙协议对决议办法作出约定。这种约定有两个前提:一是不与法律相抵触,即法律有规定的按照法律规定执行,法律未作规定的在合伙协议中约定。二是在合伙协议中作出的约定,应当由全体合伙人协商一致共同作出。至于在合伙协议中所约定的决议办法,是采取 2/3 以上多数通过,或者采取其他办法,由全体合伙人视所决议的事项轻重而作出约定。

(3) 经全体合伙人决定实行一人一票的表决办法。这种办法也有两个前提:一是《合伙企业法》规定或者合伙协议约定;二是必须经全体合伙人决定。以此而论,对各合伙人,不论其在合伙企业中所占的财产份额多少,也不论其在合伙企业中所起的作用大小,都具有同样的表决权。这与公司法规定的公司股东按照出资比例或股份行使表决权不同。

4. 合伙企业的损益分配

(1) 合伙损益。合伙损益包括两方面的内容:①合伙利润,是指以合伙企业的名义所取得的经济利益,它反映了合伙企业在一定期间的经营成果。合伙利润包括营业利润、投资净收益和营业外收支净额。②合伙亏损,是指以合伙企业名义从事经营活动所形成的亏损。亏损与利润是相对的。合伙企业在一定期间,各种收入减去各项费用支出,结果为负数就是亏损。合伙亏损是合伙人所共同面临的风险,或者说是共同承担的经济责任。

(2) 合伙损益分配原则。合伙损益分配包括合伙企业的利润分配与亏损分担两个方面,合伙损益分配原则主要内容为:

①合伙损益由合伙人依照合伙约定的比例分配和分担。这是合伙损益分配的一般原则。这项原则表明,合伙损益分配办法由全体合伙人作出,并体现在合伙协议之中。

②合伙协议未约定合伙损益分配比例的,由各合伙人平均分配和分担。这是合伙损益分配的特别规定。这项特别规定,首先是一种补充性的规定,是对合伙协议中没有对合伙损益分配比例作出约定的一种补充,从而解决了在合伙协议中未能确定的问题;其次是一种必要性的选择,因为各合伙人在合伙协议中没有作出有差别的分配方法,那么作为补充性的规定就应以平均分配为原则。

③合伙协议不得约定将全部利润分配给部分合伙人或者由部分合伙人承担全部责任。这是合伙损益分配的公平原则。这项原则表明,合伙企业的利润是全体合伙人的,而不是属于部分人;合伙企业的亏损应当由全体合伙人共同负担,不能只由部分人承担。

(3) 合伙损益分配的具体形式。《合伙企业法》规定，合伙企业年度的或者一定时期的利润分配或者亏损分担的具体方案，由全体合伙人协商决定或者按照合伙协议约定的办法决定。这项决议包括两个方面的内容：一是对合伙损益分配的时间作了灵活的规定，既可以按年度进行分配，也可以在一定时期内进行分配；二是对合伙损益分配的具体方案，由全体合伙人共同决定。

5. 非合伙人参与经营管理

在合伙企业中，往往由于合伙人经营管理能力不足，需要在合伙人共同经营之外，聘任非合伙人担任合伙企业的经营管理工作。根据《合伙企业法》规定，经全体合伙人同意，可以聘任合伙人以外的人担任合伙企业的经营管理人员。这项法律规定表明了以下含义：

(1) 合伙企业可以从合伙人之外聘任经营管理人员；

(2) 聘任非合伙人的经营管理人员必须经全体合伙人同意；

(3) 被聘任的经营管理人员，仅是合伙企业的经营管理人员，不是合伙企业的合伙人，因而不具有合伙人的资格。

【例 2-4】甲、乙、丙、丁共同投资设立合伙企业，约定利润比例为：4：3：2：1。现甲、乙已退伙，丙、丁未就现有合伙企业的利润分配约定新的比例。要求分析现该合伙企业利润在丙、丁之间应如何分配。

解析：

《合伙企业法》规定，合伙企业的利润和亏损，由合伙人依照合伙协议约定的比例分配和分担；合伙协议未约定利润分配和亏损分担比例的，由各合伙人平均分配和分担。甲、乙退伙后，丙、丁之间的合伙就视为一个新的合伙关系。丙、丁未就利润分配约定新的比例，则不能按照原来约定的 2：1 分配利润，而应平均分配合伙企业的利润。

(五) 合伙企业与第三人关系

合伙企业与第三人关系，实际是指有关合伙企业的对外关系，涉及合伙企业对外代表权的效力，合伙企业和合伙人的债务清偿等问题。

1. 对外代表权的效力

合伙企业在运作过程中，必然与第三人发生关系，这就会产生合伙企业的对外代表权问题。《合伙企业法》规定，执行合伙企业事务的合伙人，对外代表合伙企业。依此规定，可以取得合伙企业对外代表权的合伙人主要有三种情况：

(1) 由全体合伙人共同执行合伙企业事务的，全体合伙人都有权对外代表合伙企业，即全体合伙人都取得了合伙企业的对外代表权。

（2）由部分合伙人执行合伙企业事务的，只有受委托执行合伙企业事务的那一部分合伙人有权对外代表合伙企业，而不参加执行合伙企业事务的合伙人则不具有对外代表合伙企业的权利。

（3）由于特别授权在单项合伙事务上有执行权的合伙人，依照授权范围可以对外代表合伙企业。执行合伙企业事务的合伙人，在取得对外代表权后，即可以以合伙企业的名义进行经营活动，在其授权范围内作出法律行为。这种行为对合伙企业有法律效力，由此而产生的效益应当归合伙企业所有，成为合伙财产的来源，带来的风险，也应当由合伙人承担，构成合伙企业的债务。

合伙人执行合伙事务的权利和对外代表合伙企业的权利，都会受到一定的内部限制。如果这种内部限制对第三人发生效力，必须以第三人知道这一情况为条件，否则，该内部限制不对该第三人发生抗辩力。《合伙企业法》对此作了规定，即合伙企业对合伙人执行合伙企业事务以及对外代表合伙企业权利的限制，不得对抗不知情的善意第三人。这里所指的合伙人，是指在合伙企业中有合伙事务执行权与对外代表权的合伙人；这里所指的限制，是指合伙企业对合伙人所享有的事务执行权与对外代表权权利能力的一种界定；这里所指的对抗，是指企业否定第三人的某些权利，拒绝承担某些责任；这里所指的不知情，是指与合伙企业有经济联系的第三人不知道合伙企业所作的内部限制，或者不知道合伙企业对合伙人行使权利所作限制的事实；这里所指的善意第三人，是指本着合法交易的目的，诚实地通过合伙企业的事务执行人，与合伙企业之间建立民事、商事法律关系的法人、非法人团体或自然人。如果第三人与合伙企业事务执行人恶意串通、损害合伙企业利益，则不属善意之情形。

2. 合伙企业和合伙人的债务清偿

（1）合伙企业的债务清偿与合伙人的关系

①合伙人的连带清偿责任。《合伙企业法》规定，合伙企业对其债务，应先以其全部财产进行清偿。合伙企业财产不足清偿到期债务的，各合伙人应当承担无限连带清偿责任。这一法律规定包括以下三层含义：

第一，债务清偿的标的，必须是合伙企业到期债务。

第二，债务清偿的顺序，必须是先以合伙企业的全部财产进行清偿，只有当合伙企业财产不足以清偿时，才由合伙人以其个人财产进行清偿。也就是说，当合伙企业财产能够清偿债务时，债权人不得向合伙人追索。

第三，各合伙人承担无限连带清偿责任。各合伙人所有个人的财产，除去依法不可执行的财产，如合伙人及其家属的生活必需品，已设定抵押权的财产等，均可用于清偿。

②合伙人之间的债务分担和追偿。《合伙企业法》规定，以合伙企业财产清偿企业债务时，其不足的部分，由各合伙人按照合伙协议约定分担亏损的比例，用其在合伙企业出资以外的财产承担清偿责任。这一规定在重申合伙人对合伙债务负无限连带责任的基础上，明确了合伙人分担合伙债务的比例，以合伙企业分担亏损的比例为准。关于合伙企业亏损分担比例，《合伙企业法》规定，合伙协议约定的，按照合伙协议约定的比例分担；合伙协议未约定的，由各合伙人平均分担。

合伙人之间的分担比例对债权人没有约束力。债权人可以根据自己的清偿利益，请求全体合伙人中的一人或数人承担全部清偿责任，也可以按照自己确定的比例向各合伙人分别追索。如果合伙人实际支付的清偿数额超过了其依照既定比例所应承担的数额，依规定，该合伙人有权就该超过部分，向其他未支付或未足额支付应承担数额的合伙人追偿。但合伙人的这种追偿权，应具有以下三项条件：一是追偿人已经实际承担连带责任，并且其清偿数额超过了他应该承担的数额；二是被追偿人未实际承担或者未足额承担其应当承担的数额；三是追偿的数额不得超过追偿人超额清偿部分的数额和被追偿人未足额清偿部分的数额。

（2）合伙人的债务清偿与合伙企业的关系。在合伙企业存续期间，可能发生个别合伙人因不能偿还其私人债务而被追索的情况。由于合伙人在合伙企业中拥有财产利益，合伙人的债权人可能向合伙企业提出各种清偿请求。为了保护合伙企业和其他合伙人的合法权益，同时也为了保护债权人的合法权益，《合伙企业法》作了如下规定：

①合伙企业中某一合伙人的债权人，不得以该债权抵消其对合伙企业的债务，因为，该债权人对合伙企业的负债，实质上是对全体合伙人的负债；而合伙企业某一合伙人对该债权人的负债，只限于该合伙人个人。如果允许两者抵消，就等于强迫合伙企业的其他合伙人对个别合伙人的个人债务承担责任。

②合伙人个人负有债务，其债权人不得代位行使合伙人在合伙企业中的权利，因为，合伙具有人合性质，合伙人之间相互了解和信任是合伙关系稳定的基础。如果允许个别合伙人的债权人代位行使该合伙人在合伙企业中的权利，如参与管理权、事务执行权等，则不利于合伙关系的稳定和合伙企业的正常运营；况且，该债权人因无合伙身份，其行使合伙人的权利而不承担无限连带责任，这无异于允许他将自己行为的责任风险转嫁于合伙企业的全体合伙人，这显然是不公平的。

③合伙人个人财产不足以清偿其个人所负债务的，该合伙人只能以其从合伙企业中分取的收益用于清偿；债权人也可依法请求人民法院强制执行该合伙人在合伙企业中的财产份额用于清偿。这既保护了债权人的清偿利益，也无损于全体合伙人的合法权益，因为，在债权人取得其债务人在合伙企业中分取的收益用来清偿的情况下，该债权人并不能参与合伙企业的内部事务，也不妨碍其债务人作为合伙人正常行使其正当的权利。而在债权人依法请求人民法院强制执行债务人在合伙企业中的财产份额作为清偿的情况下，该债权人因取得财产份额而成为合伙企业合伙人，这无异于合伙份额的转让，因此，债权人取得合伙人地位后，就要承担与其他合伙人同样的责任，因而不存在转嫁责任风险的问题。

在以合伙人的财产份额清偿其个人债务的情况下，需要注意以下两点：

第一，这种清偿必须通过民事诉讼法规定的强制执行程序进行，债权人不得自行接管债务人在合伙企业中的财产份额。

第二，在强制执行个别合伙人在合伙企业中的财产份额时，其他合伙人有优先受让的权利。也就是说，如果其他合伙人不愿意接受该债权人成为其合伙企业新的合伙人，可以由他们中的任何一人或数人行使优先受让权，取得该债务人的财产份额。受让人支付的价款，用于向该债权人清偿债务。

(六) 入伙与退伙

1. 入伙

入伙，是指在合伙企业存续期间，合伙人以外的第三人加入合伙，从而取得合伙人的资格。

(1) 入伙的条件和程序。新合伙人入伙时，应当经全体合伙人同意，并依法订立书面入伙协议。订立入伙协议时，原合伙人应当向新合伙人告知原合伙企业经营状况和财务状况。这一规定包括三项规则：①新合伙人入伙，必须以全体合伙人一致同意为条件，未获得一致同意的，不得入伙；②新合伙人入伙，应当订立书面入伙协议，入伙协议应当以原合伙协议为基础，并对原合伙协议事项作相应变更；③新合伙人入伙时，原合伙人应当就原合伙企业经营状况和财务状况履行告知义务。

(2) 新合伙人的权利和责任。一般来讲，入伙的新合伙人与原合伙人享有同等的权利，承担同等的责任。但是，如果原合伙人愿意以更优越的条件吸引新合伙人入伙，或者新合伙人愿意以较为不利的条件入伙，也可以在入伙协议中另行约定。关于新入伙人对入伙企业的债务承担问题，《合伙企业法》规定，入伙的新合伙人对入伙前合伙企业债务承担连带责任。

2. 退伙

退伙，是指合伙人退出合伙企业，从而丧失合伙人资格。

（1）退伙的原因。合伙人退伙，一般有两种原因：一是自愿退伙；二是法定退伙。

①自愿退伙，指合伙人基于自愿的意思表示而退伙。自愿退伙的表现形式可以分为协议退伙和通知退伙两种。

关于协议退伙，《合伙企业法》规定，合伙协议约定合伙企业的经营期限的，有下列情形之一时，合伙人可以退伙：

- 合伙协议约定的退伙事由出现
- 经全体合伙人同意退伙
- 发生合伙人难以继续参加合伙企业的事由
- 其他合伙人严重违反合伙协议约定的义务

合伙人违反上述规定擅自退伙的，应当赔偿由此给其他合伙人造成的损失。

关于通知退伙，《合伙企业法》规定，合伙协议未约定合伙企业经营期限的，合伙人在不给合伙企业事务执行造成不利影响的情况下，可以退伙，但应当提前30日通知其他合伙人。由此可见，法律对通知退伙有一定的限制，即附有以下三项条件：

- 必须是合伙协议未约定合伙企业的经营期限
- 必须是合伙人的退伙不给合伙企业事务执行造成不利影响
- 必须提前30日通知其他合伙人

这三项条件必须同时具备，缺一不可。

合伙人违反上述规定擅自退伙的，应当赔偿由此给其他合伙人造成的损失。

②法定退伙，指合伙人因出现法律规定的事由而退伙。法定退伙分为两类：一是当然退伙；二是除名。

关于当然退伙，《合伙企业法》规定，合伙人有下列情形之一的，当然退伙：

- 死亡或者被依法宣告死亡
- 被依法宣告为无民事行为能力人
- 个人丧失偿债能力

- 被人民法院强制执行在合伙企业中的全部财产份额

当然退伙以法定事由实际发生之日为退伙生效日

关于除名，《合伙企业法》规定，合伙人有下列情形之一的，经其他合伙人一致同意，可以决议将其除名：

- 未履行出资义务
- 因故意或者重大过失给合伙企业造成损失
- 执行合伙企业事务时有不正当行为
- 合伙协议约定的其他事由

对合伙人的除名决议应当书面通知被除名人。被除名人自接到除名通知之日起，除名生效，被除名人退伙。被除名人对除名决议有异议的，可以在接到除名通知之日起 30 日内，向人民法院起诉。

（2）退伙的效果。退伙的效果，指退伙时退伙人在合伙企业中的财产份额和民事责任的归属变动，分为两种情况：一是财产继承；二是退伙结算。

关于财产继承，《合伙企业法》规定，合伙人死亡或者被依法宣告死亡的，对该合伙人在合伙企业中的财产份额享有合法继承权的继承人，依照合伙协议的约定或者经全体合伙人同意，从继承开始之日起，即取得该合伙企业的合伙人资格。合法继承人不愿意成为该合伙企业的合伙人的，合伙企业应退还其依法继承的财产份额。合法继承人为未成年人的，经其他合伙人一致同意，可以在其未成年时由监护人代行其权利。这一法律规定，实际上对继承人取得合伙人资格规定了三项条件：①有合法继承权；②有合伙协议的约定或者全体合伙人的一致同意；③继承人愿意。

关于退伙结算，除合伙人死亡或者被依法宣告死亡的情形外，《合伙企业法》对退伙结算作了以下规定：

①合伙人退伙的，其他合伙人应当与该退伙人按照退伙时的合伙企业的财产状况进行结算，退还退伙人的财产份额。退伙时有未了结的合伙企业事务的，待了结后进行结算。

②退伙人在合伙企业中财产份额的退还办法，由合伙协议约定或者由全体合伙人决定，可以退还货币，也可以退还实物。

③合伙人退伙时，合伙企业财产少于合伙企业债务的，如果合伙协议约定亏损分担比例的，退伙人应按照约定的比例分担亏损；如果合伙协议未约定亏损分担比例的，退伙人应当与其他合伙人平均分担亏损。

合伙人退伙以后，并不能解除对于合伙企业既往债务的连带责任。《合伙企业法》规定，退伙人对其退伙前已发生的合伙企业债务，与其他合伙人承担连带责任。

三、有限合伙企业

(一) 有限合伙企业的概念及法律适用

1. 有限合伙企业的概念

有限合伙企业，是由有限合伙人和普通合伙人共同组成，普通合伙人对合伙企业债务承担无限连带责任，有限合伙人以其认缴的出资额为限对合伙企业债务承担责任的合伙组织。

有限合伙企业与普通合伙企业相比较，具有以下显著特征：

(1) 在经营管理上，普通合伙企业的合伙人，一般均可参与合伙企业的经营管理。而在有限合伙企业中，有限合伙人不执行合伙事务，而由普通合伙人从事具体的经营管理。

(2) 在风险承担上，普通合伙企业的合伙人之间对合伙债务承担无限连带责任。而有限合伙企业中，不同类型的合伙人所承担的责任则存在差异，其中有限合伙人以其各自的出资额为限承担有限责任，普通合伙人之间承担无限连带责任。

2. 有限合伙企业的法律适用

《合伙企业法》规定了两种类型的企业，即普通合伙企业和有限合伙企业。有限合伙企业与普通合伙企业之间既有相同点，也有差异处，其中两者的差别主要表现为合伙企业的内部构造上。普通合伙企业的成员均为普通合伙人（特殊的普通合伙企业除外），而有限合伙企业的成员则被划分为两部分，即有限合伙人和普通合伙人。这两部分合伙人在主体资格、权利享有、义务承受与责任承担等方面存在着明显的差异。在法律适用中，凡是《合伙企业法》中对有限合伙企业有特殊规定的，应当适用有关《合伙企业法》中对有限合伙企业的特殊规定。无特殊规定的，适用有关普通合伙企业及其合伙人的一般规定。

本部分主要介绍有限合伙企业的有关特殊规定。

(二) 有限合伙企业设立的特殊规定

1. 有限合伙企业人数

《合伙企业法》规定,有限合伙企业由 2 个以上 50 个以下合伙人设立,但是,法律另有规定的除外。有限合伙企业至少应当有 1 个普通合伙人。按照规定,自然人、法人和其他组织可以依照法律规定设立有限合伙企业,但国有独资公司、国有企业、上市公司以及公益性的事业单位、社会团体不得成为有限合伙企业的普通合伙人。

在有限合伙企业存续期间,有限合伙人的人数可能发生变化。然而,无论如何变化,有限合伙企业中必须包括有限合伙人与普通合伙人两部分,否则,有限合伙企业应当进行组织变化。《合伙企业法》规定,有限合伙企业仅剩有限合伙人的,应当解散;有限合伙企业仅剩普通合伙人的,应当转为普通合伙企业。

2. 有限合伙企业名称

《合伙企业法》规定,有限合伙企业名称中应当标明"有限合伙"字样。按照企业名称登记管理的有关规定,企业名称中应当含有企业的组织形式。为便于社会公众以及交易相对人对有限合伙企业的了解,有限合伙企业名称中应当标明"有限合伙"的字样,而不能标明"普通合伙"、"特殊普通合伙"、"有限公司"、"有限责任公司"等字样。

3. 有限合伙企业协议

有限合伙企业协议是有限合伙企业生产经营的重要法律文件。有限合伙企业协议除符合普通合伙企业合伙协议的规定外,还应当载明下列事项:

(1) 普通合伙人和有限合伙人的姓名或者名称、住所;
(2) 执行事务合伙人应具备的条件和选择程序;
(3) 执行事务合伙人权限与违约处理方法;
(4) 执行事务合伙人的除名条件和更换程序;
(5) 有限合伙人入伙、退伙的条件、程序以及相关责任;
(6) 有限合伙人和普通合伙人相互转变的程序。

4. 有限合伙人出资形式

《合伙企业法》规定,有限合伙人可以用货币、实物、知识产权、土地使用权或者其他财产权利作价出资。有限合伙人不得以劳务出资。有限合伙人的出资可能成为有限合伙企业的最低财产,劳务出资的实质是用未来劳动创造的收入来投资,其难以通过市场变现,法律上执行困难,这将不利于保护其他合伙人的利益。

5. 有限合伙人出资义务

《合伙企业法》规定，有限合伙人应当按照合伙协议的约定按期足额缴纳出资；未按期足额缴纳的，应当承担补缴义务，并对其他合伙人承担违约责任。按期足额出资是有限合伙人必须履行的义务，因此有限合伙人应当按照合伙协议约定按期足额缴纳出资。合伙人未按照协议约定履行缴纳出资义务的，首先应当承担补缴出资的义务，同时还应对其他合伙人承担违约责任。

6. 有限合伙企业登记事项

《合伙企业法》规定，有限合伙企业登记事项中应当载明有限合伙人的姓名或者名称及认缴的出资数额。

(三) 有限合伙企业事务执行的特殊规定

1. 有限合伙企业事务执行人

《合伙企业法》规定，有限合伙企业由普通合伙人执行合伙事务。执行事务合伙人可以要求在合伙协议中确定执行事务的报酬及报酬提取方式。如合伙协议约定数个普通合伙人执行合伙事务，这些普通合伙人均为合伙事务执行人。若合伙协议无约定，全体普通合伙人是合伙事务的共同执行人。合伙事务执行人除享有一般合伙人相同的权利外，还有接受其他合伙人监督和检查、谨慎执行合伙事务的义务，若因自己的过错造成合伙财产损失的，应向合伙企业或其他合伙人负赔偿责任。此外，由于执行事务合伙人较不执行事务合伙人对有限合伙企业要多付出劳动，因此，执行事务合伙人可以就执行事务的劳动付出，要求企业支付报酬。对于报酬的支付方式及其数额，应由合伙协议规定或全体合伙人讨论决定。

2. 禁止有限合伙人执行合伙事务

《合伙企业法》规定，有限合伙人不执行合伙事务，不得对外代表有限合伙企业。有限合伙人的下列行为，不视为执行合伙事务：

(1) 参与决定普通合伙人入伙、退伙；

(2) 对企业的经营管理提出建议；

(3) 参与选择承办有限合伙企业审计业务的会计师事务所；

(4) 获取经审计的有限合伙企业财务会计报告；

(5) 对涉及自身利益的情况，查阅有限合伙企业财务会计账簿等财务资料；

(6) 在有限合伙企业中的利益受到侵害时，向有责任的合伙人主张权利

或者提起诉讼;

(7) 执行事务合伙人怠于行使权利时,督促其行使权利或者为了本企业的利益以自己的名义提起诉讼;

(8) 依法为本企业提供担保。

另外,《合伙企业法》规定,第三人有理由相信有限合伙人为普通合伙人而与其交易的,该有限合伙人对该笔交易承担与普通合伙人同样的责任。有限合伙人未经授权以有限合伙企业名义与他人进行交易,给有限合伙企业或者其他合伙人造成损失的,该有限合伙人应当承担赔偿责任。

3. 有限合伙企业利润分配

《合伙企业法》规定,有限合伙企业不得将全部利润分配给部分合伙人;但是,合伙协议另有约定的除外。

4. 有限合伙人的权利

(1) 有限合伙人可以同本企业进行交易。《合伙企业法》规定,有限合伙人可以同本有限合伙企业进行交易;但是,合伙协议另有约定的除外。因为有限合伙人并不参与有限合伙企业事务的执行,对有限合伙企业的对外交易行为,有限合伙人并无直接或者间接的控制权,有限合伙人与本有限合伙企业进行交易时,一般不会损害本有限合伙企业的利益。有限合伙协议可以对有限合伙人与有限合伙企业之间的交易进行限定。如果有限合伙协议另有约定的,则必须按照约定的要求进行。

(2) 有限合伙人可以经营与本企业相竞争的业务。《合伙企业法》规定,有限合伙人可以自营或者同他人合作经营与本有限合伙企业相竞争的业务;但是,合伙协议另有约定的除外。

(四) 有限合伙企业财产出质与转让的特殊规定

1. 有限合伙人财产份额出质

《合伙企业法》规定,有限合伙人可以将其在有限合伙企业中的财产份额出质;但是,合伙协议另有约定的除外。

2. 有限合伙人财产份额转让

《合伙企业法》规定,有限合伙人可以按照合伙协议的约定向合伙人以外的人转让其在有限合伙企业中的财产份额,但应当提前30日通知其他合伙人。这是因为,有限合伙人向合伙人以外的其他人转让其在有限合伙企业中的财产份额,并不影响有限合伙企业债权人的利益。但是,有限合伙人对外转让其在有限合伙企业中的财产份额应当依法进行:一是要按照合伙协议的约定进行转让；二是应当提前 30 日通知其他合伙人。有限合伙人对外转让其在有限合伙企业的财产份额时，有限合伙企业的其他合伙人有优先购买权。

（五）有限合伙人债务清偿的特殊规定

《合伙企业法》规定，有限合伙人的自有财产不足以清偿其与合伙企业无关的债务的，该合伙人可以以其从有限合伙企业中分取的收益用于清偿；债权人也可以依法请求人民法院强制执行该合伙人在有限合伙企业中的财产份额用于清偿。人民法院强制执行有限合伙人的财产份额时，应当通知全体合伙人。在同等条件下，其他合伙人有优先购买权。由此，有限合伙人清偿其债务时，首先应当以自有财产进行清偿，只有当自有财产不足以清偿时，有限合伙人才可以使用其在有限合伙企业中分取的收益进行清偿，也只有在有限合伙人的自有财产不足以清偿其与合伙企业无关的债务的，人民法院才可以应请求强制执行该合伙人在有限合伙企业中的财产份额用于清偿。

（六）有限合伙企业入伙与退伙的特殊规定

1. 入伙

《合伙企业法》规定，新入伙的有限合伙人对入伙前有限合伙企业的债务，以其认缴的出资额为限承担责任。这里需要注意，在普通合伙企业中，新入伙的合伙人对入伙前合伙企业的债务承担连带责任，而在有限合伙企业中，新入伙的有限合伙人对入伙前有限合伙企业的债务，以其认缴的出资额为限承担责任。

2. 退伙

（1）有限合伙人当然退伙。《合伙企业法》规定，有限合伙人出现下列情形时当然退伙：①作为合伙人的自然人死亡或者被依法宣告死亡；②作为合伙人的法人或者其他组织依法被吊销营业执照、责令关闭、撤销，或者被宣告破产；③法律规定或者合伙协议约定合伙人必须具有相关资格而丧失该资格；④合伙人在合伙企业中的全部财产份额被人民法院强制执行。

（2）有限合伙人丧失民事行为能力的处理。《合伙企业法》规定，作为有限合伙人的自然人在有限合伙企业存续期间丧失民事行为能力的，其他合伙人不得因此要求其退伙。这是因为，有限合伙人对有限合伙企业只进行投资，而不负责事务执行。作为有限合伙人的自然人在有限合伙企业存续期间丧失民事行为能力，并不影响有限合伙企业的正常生产经营活动，其他合伙人不能要求该丧失民事行为能力的合伙人退伙。

(3) 有限合伙人继承人的权利。《合伙企业法》规定，作为有限合伙人的自然人死亡、被依法宣告死亡或者作为有限合伙人的法人及其他组织终止时，其继承人或者权利承受人可以依法取得该有限合伙人在有限合伙企业中的资格。

(4) 有限合伙人退伙后责任承担。《合伙企业法》规定，有限合伙人退伙后，对基于其退伙前的原因发生的有限合伙企业债务，以其退伙时从有限合伙企业中取回的财产承担责任。

(七) 合伙人性质转变的特殊规定

《合伙企业法》规定，除合伙协议另有约定外，普通合伙人转变为有限合伙人，或者有限合伙人转变为普通合伙人，应当经全体合伙人一致同意。有限合伙人转变为普通合伙人的，对其作为有限合伙人期间有限合伙企业发生的债务承担无限连带责任。普通合伙人转变为有限合伙人的，对其作为普通合伙人期间合伙企业发生的债务承担无限连带责任。

【思考题】

1. 自然人王某（系中国公民）于2016年11月10日以家庭共有财产申报设立一家个人独资企业A，从事餐饮经营。随着业务的扩大，A企业又分别设立了3家分店，并招聘了3名店长负责分店经营。因分店是以总店名义开展经营活动，故分店未再行办理任何登记手续，企业也未与店长就聘用事项签订书面合同。半年后，王某出国，A企业交由其妻李某管理。由于李某管理经验不足，企业经营每况愈下，甲分店店长擅自与其亲戚合开了一家与A企业从事相同特色餐饮经营的企业，并任经理，主要工作精力转移。丙分店拖欠承租房屋业主的租金，被起诉至法院，李某应诉时以丙分店店长是承包经营，其债务与A企业无关为由抗辩。2017年3月，李某未经清算便决定解散A企业，意欲逃避企业债务。请问：

(1) 个人独资企业是否可以家庭共有财产申报出资？
(2) 个人独资企业设立分支机构是否应办理登记手续？
(3) 个人独资企业投资人委托或聘用他人管理其企业事务，是否不用与受托人签订书面合同？
(4) 甲分店店长的行为是否违反法律规定？
(5) 李某的抗辩理由能否成立？请说明理由。

（6）李某解散 A 企业的行为是否合法？A 企业解散后，李某能否逃避企业债务？

2. 2017 年 3 月 8 日，甲出资 5 万元设立 A 个人独资企业，同时聘请乙管理企业事务。由于经营管理不善，A 企业一直亏损。2018 年 5 月 10 日，因不能清偿到期的丙的债务，甲决定解散该企业，丙请求人民法院指定清算人。5 月 30 日，人民法院指定丁作为清算人对 A 企业进行清算。经查，A 企业和甲的资产及债权债务情况如下：

（1）A 企业欠缴税款 5 000 元，欠乙工资 5 000 元，欠社会保险费用 2 000 元，欠丙 8 万元；

（2）A 企业的银行存款 2 万元，实物折价 6 万元；

（3）甲个人其他可执行的财产价值 2 万元。

要求分析甲如何进行财产清偿。

3. 甲、乙、丙、丁拟设立一普通合伙企业，其书面合伙协议中有以下内容：

（1）甲以劳务出资；乙、丙以现金出资；丁以房屋使用权出资。

（2）合伙企业事务由甲全权负责，乙、丙、丁不得过问企业事务，也不承担企业亏损的民事责任。

要求：简述上述合伙协议的违法之处并说明理由。

第三章 公 司 法

【教学目的与要求】

通过本章的学习,使学生了解有限责任公司和股份有限公司的概念和特征,重点掌握有限责任公司和股份有限公司的设立条件,有限责任公司和股份有限公司的组织机构及各机构的职权以及股东(大)会、董事会的议事规则和公司利润分配的顺序。

第一节 公司法概述

一、公司的概念和特征

公司是依法设立的,以营利为目的的,由股东投资形成的企业法人。公司具有以下特征:

1. 依法设立

这是指公司必须依公司法规定的条件和程序设立。

2. 以营利为目的

这是指股东即出资者设立公司的目的是为了营利,即从公司经营中获得利润。因此,营利目的不仅要求公司本身为营利而从事生产经营活动,而且要求公司有利润时应当按规定分配给股东。

3. 具有法人资格

公司是具有法人资格的企业。法人企业是指具有民事权利能力和民事行为能力,依法享有民事权利和承担民事义务的组织。法人企业必须是依法成立,有必要的财产或经费,有自己的名称、组织机构和场所,能够独立承担民事责任。我国公司法规定的有限责任公司和股份有限公司具有法人资格。

二、公司的分类

根据不同的标准对公司有不同的分类。

（一）根据公司资本结构和股东对公司债务承担责任的不同分类

（1）有限责任公司，是指股东以其认缴的出资金额为限，对公司承担责任，公司以其全部财产对公司的债务承担责任的公司。

（2）股份有限公司，是指将其全部资本分为等额股份，股东以其认购的股份为限对公司承担责任，公司以其全部财产对公司的债务承担责任的公司。

（3）无限公司，是指由两个以上的股东组成，全体股东对公司的债务承担无限连带责任的公司。

（4）两合公司，是指由负无限责任的股东和负有限责任的股东组成，无限责任股东对公司债务负无限连带责任，有限责任股东仅就其认缴的出资额为限对公司债务承担责任的公司。

（5）股份两合公司，是指公司资本分为等额股份，其有限责任股东通过认购股份方式出资，并以所持股份为限对公司承担责任，而一部分股东承担无限责任的公司。

（二）根据公司的信用基础不同分类

（1）资合公司，是指以公司的资本为公司信用基础的公司。有限责任公司和股份有限公司均属于资合公司。

（2）人合公司，是指以股东的个人信用为公司的信用基础的公司。无限责任公司是最典型的人合公司。

（3）资合兼人合公司，是指公司以资本和股东个人信用作为信用基础的公司，其典型形式为两合公司和股份两合公司。

（三）根据公司组织关系的不同分类

（1）母公司和子公司。这是根据公司外部组织关系作的分类。通过掌握其他公司一定数量的股本或通过某些合同安排等，从而能实际上控制其经营管理决策的公司为母公司；被母公司控制的公司为子公司。母、子公司之间虽然存在控制与被控制的组织关系，但它们都具有法人资格，在法律上是彼此独立的企业。

（2）本公司和分公司。分公司是公司依法设立的以分公司名义进行经营活动，其法律后果由本公司承担的分支机构。相对分公司而言，公司称为本公司或总公司。分公司没有独立的公司名称、章程，没有独立的财产，不具法人资格，但可领取营业执照，进行经营活动，不过其民事责任由本公司承担。

三、公司法的概念

公司法是规定公司法律地位，调整公司组织关系，规范公司在设立、变更与终止过程中的组织行为的法律规范的总称。公司法的概念有广义与狭义之分。狭义的公司法，仅指专门调整公司问题的法典，如《公司法》。广义的公司法，除包括专门的公司法典外，还包括其他有关公司的法律、法规、行政规章、司法解释，以及其他各法之中调整公司组织关系、规范公司组织行为的法律规范。

第二节 有限责任公司的设立和组织机构

一、有限责任公司的概念和特征

有限责任公司是指股东以其认缴的出资额为限对公司债务承担责任，公司以其全部财产对其债务承担责任的企业法人。

有限责任公司具有以下特征：

第一，每个股东以其认缴的出资额为限对公司债务承担有限责任，公司以其全部资产对其债务承担责任。

第二，资本不分等额股份，证明股东出资额的是出资证明书。

第三，股东人数只有最高限制，没有最低限制。

第四，不能发行股票，不能公开募股。

第五，财务不必公开。

二、有限责任公司的设立

设立有限责任公司必须具备以下条件：

(一) 股东符合法定人数

《公司法》规定,有限责任公司由 50 个以下股东共同出资设立,允许设立一人公司。

(二) 有符合公司章程规定的全体股东认缴的出资额

(1) 出资额。2013 年修订后的《公司法》,取消了对有限责任公司最低注册资本的要求,也取消了对于缴纳出资的法定期限要求。有限责任公司的注册资本为在公司登记机关登记的全体股东认缴的出资额。除了法律、行政法规以及国务院决定对有限责任公司注册资本实缴、注册资本最低限额另有规定外,《公司法》没有规定有限责任公司的最低注册资本限额和出资期限。

(2) 出资方式。《公司法》规定,股东可用货币、实物、知识产权、土地使用权出资。依《公司登记管理条例》的规定,不得作为出资的财产包括:劳务、信用、自然人姓名、商誉、特许经营权或者设定担保的财产。

(3) 出资要求。《公司法》对股东的出资要求作了以下规定:

第一,股东以货币出资的,应将货币足额存入公司在银行开设的账户。

第二,股东以非货币财产出资的,应评估作价,核实财产,并办理财产权的转移手续。根据 2014 年修订的《公司注册资本登记管理规定》,登记机关不再要求非货币出资一律要经过"具有评估资格的资产评估机构评估作价"。

第三,股东应按协议和章程的约定方式、期限和数额足额缴付出资,不按规定出资的股东,除应足额缴纳外,还应承担违约责任。

第四,股东首次出资经注册会计师验资后,应向工商管理部门申请设立登记。公司成立后股东不得抽逃出资。

第五,公司成立后,发现股东出资的非货币财产实际价额明显低于公司章程所规定价额的,应当由交付该出资的股东补足其差额,公司成立时的其他股东应承担连带责任。

第六,公司成立后,应当向股东签发出资证明书。

(三) 股东共同制定公司章程

公司章程是关于公司组织及其活动的基本规章。设立有限责任公司必须由股东共同制定公司章程,所有股东应当在公司章程上签名、盖章。公司章程对公司、股东、董事、监事、高级管理人员具有约束力。

(四) 有公司的名称并建立符合有限责任公司要求的组织机构

(五) 有公司住所

对符合有限责任公司设立条件的,公司登记机关予以登记,发给营业执照。公司营业执照签发日期为公司成立日期。

【例 3-1】王明、李芳、张平和红光股份有限公司投资办一个有限责任公司。公司章程约定:

(1) 注册资本 100 万元,其中王明认缴出资 20 万元人民币,首期出资额 10 万元,其余分三年缴足;李芳以房屋出资,评估价值 35 万元;张平以土地使用权出资,自报价额 25 万元;红光股份有限公司以设备出资,经评估设备价值 20 万元。

(2) 公司注册登记后,退还王明所出货币资金 5 万元,张平用以投资的土地使用权暂不办理财产权转移手续。

公司登记机关指出其错误。经过改正,该公司于 2015 年 10 月 1 日成立。2016 年 11 月该公司债权人发现该公司股东所出设备价额不足 20 万元,实为 10 万元。

请分析回答下列问题:

(1) 公司章程的内容哪些不合法?为什么?
(2) 股东所出设备价额明显低于公司章程所定价额应如何处理?

解析:

(1) 公司章程中下列内容不合法:

①王明所出货币资金 20 万元,首期出资 10 万元,其余分三年缴足的行为合法。因为新的《公司法》对出资数量和出资期限没做硬性要求,只要保证按期足额缴纳出资额即可。

②张平以土地使用权出资,自报价额并暂不办理财产权的转移手续不合法。《公司法》规定,股东以非货币财产出资的,应当评估作价,核实财产,并依法办理财产权的转移手续。

③公司注册登记后,退还王明所出货币资金 5 万元不合法。《公司法》规定,股东的首次出资经验资机构验资后,应当依法向公司登记机关申请设立登记。公司成立后,股东不得抽逃出资。

(2) 股东所出设备价额明显低于公司章程所定价额的,应当由交付该出资的股东补足其差额,公司设立时的其他股东应承担连带责任。

三、有限责任公司的组织机构

有限责任公司的组织机构主要包括股东会、董事会、监事会及高级管理人员。

（一）股东会

1. 股东会的性质

有限责任公司的股东会由全体股东组成。股东是指公司的出资人。股东会是公司权力机构，是公司最高决策机关，对公司的重大问题进行决策。

2. 股东会的职权

（1）决定公司的经营方针和投资计划；

（2）选举和更换非由职工代表担任的董事、监事，决定有关董事、监事的报酬事项；

（3）审议批准公司董事会或者执行董事的报告；

（4）审议批准监事会或者监事的报告；

（5）审议批准公司的年度财务预算方案、决算方案；

（6）审议批准公司的利润分配方案和弥补亏损方案；

（7）对公司增加或者减少注册资本作出决议；

（8）对发行公司债券作出决议；

（9）对公司合并、分立、变更公司形式、解散和清算等事项作出决议；

（10）修改公司章程；

（11）公司章程规定的其他职权。

对上述事项股东以书面形式一致表示同意的，可以不召开股东会议，直接作出决定，并由全体股东在决定文件上签名、盖章。

3. 股东会的议事规则

有限责任公司的股东会会议分为定期会议和临时会议。定期会议应当按照公司章程的规定按时召开。代表 1/10 以上表决权的股东；1/3 以上的董事、监事会或不设监事会的公司的监事可提议召开临时股东会。召开股东会会议应于会议召开 15 日以前通知全体股东。股东会应当对会议所议事项的决定做好会议记录，出席会议的股东应在会议记录上签名。首次股东会议由出资最多的股东召集和主持。以后的股东会议，公司设立董事会的由董事会召集，董事长主持；董事长不能或不履行职务的，由副董事长主持；副董事长不能或不履行职务的,由半数以上董事共同推举一名董事主持。股东会会议由股东按出资的比例行使表决权,但公司章程另有规定的除外。

特别决议须经代表 2/3 以上表决权的股东通过。特别决议是指对涉及股东根本利益的事项进行的表决。特别决议包括:增加或减少注册资本;公司合并、分立、解散或者变更公司形式;修改公司章程等。

(二) 董事会和高级管理人员

1. 董事会性质、职权和议事规则

董事会是公司股东会的执行机构,对股东会负责。董事会的成员为 3~13 人。组成董事会的董事由股东会选举和更换,董事任期由公司章程规定,但每届任期不得超过 3 年。董事会设董事长 1 人,可设副董事长 1~2 人。董事长、副董事长的产生办法由公司章程规定。董事长或者总经理是公司的法定代表人。

有限责任公司股东人数少和规模小的,可以不设董事会,只设一名执行董事,执行董事可以兼任公司经理。

有限责任公司董事会行使下列职权:

(1) 负责召集股东会,并向股东会报告工作;
(2) 执行股东会的决议;
(3) 决定公司的经营计划和投资方案;
(4) 制定公司的年度财务预算方案、决算方案;
(5) 制定公司的利润分配方案和弥补亏损方案;
(6) 制定公司增加或者减少注册资本以及发行公司债券的方案;
(7) 制定公司合并、分立、变更公司形式、解散的方案;
(8) 决定公司内部管理机构的设置;
(9) 聘任或者解聘公司经理,根据经理的提名,聘任或者解聘公司副经理、财务负责人,决定其报酬事项;
(10) 制定公司的基本管理制度;
(11) 公司章程规定的其他职权。

董事会会议由董事长召集和主持;董事长因特殊原因不能履行该项职责时,由董事长指定的副董事长或者其他董事召集和主持。董事会的议事方式和表决程序,除《公司法》有规定的以外,由公司章程规定。董事会的表决,实行一人一票制。

2. 有限责任公司的经理

有限责任公司可以设经理。有限责任公司的经理由董事会聘任或者解聘，负责公司日常经营管理工作。经理对董事会负责，依照公司章程或董事会的授权行使职权。

经理行使下列职权：

（1）主持公司的生产经营管理工作，组织实施董事会决议；
（2）组织实施公司年度经营计划和投资方案；
（3）拟订公司内部管理机构设置方案；
（4）拟订公司的基本管理制度；
（5）制定公司的具体规章；
（6）提请聘任或者解聘公司副经理、财务负责人；
（7）决定聘任或者解聘除应由董事会聘任或者解聘以外的负责管理人员；
（8）董事会授予的其他职权。

(三) 监事会或者监事

监事会是公司的内部监督机构。《公司法》规定，经营规模较大的有限责任公司应设立监事会，监事会成员不得少于3人。股东人数较少和经营规模较小的有限责任公司可以不设监事会，只设1~2名监事。监事会由股东代表和适当比例的公司职工代表组成，其中职工代表的比例不得低于1/3，具体比例由公司章程规定。董事、经理及财务负责人不得兼任监事。

监事会或者监事行使下列职权：

（1）检查公司财务；
（2）对董事、高级管理人员执行公司职务时的行为进行监督，对违反法律、行政法规、公司章程或者股东会决议的董事、高级管理人员提出罢免的建议；
（3）当董事和高级管理人员的行为损害公司的利益时，要求董事和高级管理人员予以纠正；
（4）提议召开临时股东会，在董事会不履行《公司法》规定的召集和主持股东会会议职责时召集和主持股东会会议；
（5）向股东会会议提出提案；
（6）依照《公司法》的规定，对董事、高级管理人员提起诉讼；
（7）公司章程规定的其他职权。

（四）董事、监事、高级管理人员的任职资格

董事、监事、高级管理人员应具备什么样的资格，我国《公司法》未作出正面具体规定，但作了限制规定。《公司法》明确规定下列人员不得担任有限责任公司的董事、监事、高级管理人员：

（1）无民事行为能力或者限制民事行为能力的人。无民事行为能力的人是指10周岁以下的未成年人和不能辨认自己行为的精神病人。限制民事行为能力的人是指10周岁以上18周岁以下的未成年人和不能完全辨认自己行为的精神病人。已满16周岁不满18周岁的公民，以自己的劳动收入为主要生活来源的，视为完全民事行为能力的人。

（2）因犯有贪污、贿赂、侵占财产、挪用财产罪或者破坏社会经济秩序罪，被判处刑罚，执行期满未逾5年；或者因犯罪被剥夺政治权利，执行期满未逾5年。

（3）担任因经营不善破产清算的公司、企业的董事或者厂长、经理，并对该公司、企业的破产负有个人责任的，自该公司、企业破产清算完结之日起未逾3年。

（4）担任因违法被吊销营业执照的公司、企业的法定代表人，并负有个人责任的，自该公司、企业被吊销营业执照之日起未逾3年。

（5）个人所负数额较大的债务到期未清偿。

（6）国家公务员。

公司违反《公司法》的上述规定选举、委派董事、监事或者聘任高级管理人员的，该选举、委派或者聘任无效。

四、一人有限责任公司

一人有限公司，是指只有一个自然人股东或者一个法人股东的有限责任公司。一人有限责任公司是有限责任公司的一种特殊表现形式。一人有限责任公司是独立的企业法人。

《公司法》对一人有限责任公司作了特别规定。

《公司法》规定，一人有限责任公司的设立和组织结构适用特别规定，没有特别规定的，适用有限责任公司的相关规定。这些特别的规定，具体包括以下几个方面：

（1）一人有限责任公司的注册资本最低限额为人民币10万元。股东应当

一次性缴纳公司章程规定的出资额。一个自然人只能投资设立一个有限责任公司，该一人有限责任公司不能投资设立新的一人有限责任公司。

（2）一人有限责任公司应当在公司登记中注明自然人独资或者法人独资，并在公司营业执照中载明。

（3）一人有限责任公司的章程由股东制定。

（4）一人有限责任公司不设股东会。法律规定的股东会职权由股东行使。当股东行使相应的职权作出决定时，应当采用书面的形式，并由股东签字后置备于公司。

（5）一人有限责任公司应当在每一个会计年度终了时编制财务会计报告，并经会计师事务所审计。

（6）一人有限责任公司的股东不能证明公司财产独立于股东自己财产的，应当对公司债务承担连带责任。

五、国有独资公司

（一）国有独资公司的概念与特点

国有独资公司是指国家授权投资的机构或国家授权的部门单独投资设立的有限责任公司，其特征为：

（1）国有独资公司是一人公司，是特殊的有限责任公司。

（2）国有独资公司的投资人只能是由国家授权投资的机构或国家授权的部门。

（3）国有独资公司涉足行业受限制。《公司法》规定，国务院确定的生产特殊产品的公司或者属于特定行业的公司，应当采用国有独资公司的形式。

（二）国有独资公司的组织结构

国有独资公司不设股东会，由国有资产监督管理机构行使股东会职权。国有资产监督管理机构可以授权公司董事会行使股东会的部分职权，决定公司的重大事项，但有关公司合并、分立、解散、增减注册资本和发行公司债券的事项，则必须由国有资产监督管理机构决定。

国有独资公司设立董事会。董事会成员3~9人，由国家授权投资的机构或部门委派或更换。董事会成员中应当有职工代表，职工代表由公司职工民主选举产生。董事长、副董事长由国有资产监督管理机构从董事会成员中指定。

国有独资公司的监事会由国有资产监督管理机构委派的人员组成，并有公司职工代表参加。

第三节　股份有限公司的设立及组织机构

一、股份有限公司的设立

（一）股份有限公司的设立条件

《公司法》规定设立股份有限公司应具备下列条件：

1. 发起人符合法定人数

发起人也称创办人，是指办理筹建股份有限公司事务的人。发起人既可以是自然人，也可以是法人。发起人在公司设立中责任重大，发起人应依法认购其应认购的股份，应承担公司筹办的事务，在公司不能设立时，对设立行为所产生的债务和费用负连带责任；在公司不能成立时，负有对认股人已缴纳的股款返还并加算银行同期存款利息的连带责任。

《公司法》规定设立股份有限公司的发起人应当在2人以上、200人以下。其中须有半数以上的发起人在中国境内有住所。

2. 发起人认缴和社会公开募集的注册资本符合法律的要求

《公司法》规定，股份有限公司采取发起设立方式设立的，注册资本为在公司登记机关登记的全体发起人认购的股本总额；股份有限公司采取募集设立方式设立的，注册资本为公司登记机关登记的实收股本总额。

股份有限公司采取发起方式设立的，注册资本为在公司登记机关登记的全体发起人认购的股本总额。对于发起人何时缴纳出资，法律没有规定，完全由公司章程规定。采取募集设立方式设立的，发起人认购的股份不得少于公司股份总数的35%。在发起人认购的股份缴足前，不得向他人募集股份。但法律、行政法规另有规定的，从其规定。

对股份有限公司发起人出资的要求与对有限责任公司股东的出资要求基本相同。

3. 股份发行、筹办事项符合法律规定

股份有限公司的发起人必须按法律规定发行和认购股份。发起人应按法律规定办理公司设立的具体事宜。

4. 发起人制定公司章程，采用募集方式设立的公司章程经创立大会通过股份有限公司的公司章程由发起人制定，公司章程应当载明以下事项：

（1）公司的名称和住所；

（2）公司的经营范围；

（3）公司的设立方式；

（4）公司的股份总数、每股金额和注册资本；

（5）发起人的姓名和名称、认购的股份数，出资的方式和出资时间；

（6）董事会的组成、职权、任期和议事的规则；

（7）公司法定代表人；

（8）监事会的组成、职权、任期和议事规则；

（9）公司利润分配办法；

（10）公司的解散事由与清算办法；

（11）公司的通知和公告办法；

（12）股东大会认为需要规定的其他事项。

5. 有公司的名称，建立符合股份有限公司要求的组织机构

6. 有公司住所

（二）股份有限公司的设立程序

1. 以发起设立方式设立股份有限公司的程序

（1）发起人书面认足公司章程规定其认购的股份。

（2）缴纳出资。

（3）选举董事会和监事会。发起人首次缴纳出资后，应当选举董事会和监事会，建立公司的组织机构。

（4）申请设立登记。发起人在选举董事会和监事会后，董事会应当向公司登记机关申请设立登记。一旦公司登记机关依法予以登记，发给公司营业执照，公司即告成立。

2. 以募集方式设立股份有限公司的程序

以募集方式设立股份有限公司必须经过以下程序：

（1）发起人认购股份。发起人认购的股份不得少于公司股份总数的35%；但是，法律、行政法规另有规定的，从其规定。

（2）向社会公开募集股份。发起人向社会公开募集股份，必须公告招股说明书，并制作认股书。发起人向社会公开募集股份，应当由依法设立的证券公司承销，签订承销协议。

(3) 召开创立大会。创立大会由全体认股人参加，是公司设立过程中的决议机关。

股份有限公司创立大会召开的法律意义在于：①创立大会确定了所创公司的基本重大问题，该次会议所作出的决议是创立者们向国家有关部门申报的具有法律约束力的文件。公司登记管理机关，依创立大会确立的文件决定是否批准公司成立。创立大会是公司成立的先决条件。②创立大会在法定期间内召开后，认股人不能抽回其股本。而有限责任公司的股东在公司登记后，才不得抽回出资。这表明，股份公司创立大会的召开即意味着公司认股人的权利义务已受到法律的约束，并得到法律的认可和保护。

股款缴足以后，必须经验资机构验资并出具证明。发起人应在股款缴足之日起 30 日内主持召开创立大会。发起人应在创立大会召开前 15 日将会议日期通知认股人或者予以公告。创立大会应有代表股份总数过半数的发起人、认股人出席，方可举行。发起人如果在 30 日内未能召开创立大会，认股人可以要求发起人偿还已缴纳的股款以及按银行同期存款利率计算利息。

创立大会的主要职权是：审议发起人关于公司筹办事项的报告；通过公司章程；选举董事会、监事会成员；对设立费用、发起人出资的财产作价进行审核等。

(4) 申请设立登记。公司的董事会应在创立大会结束后 30 日内向公司登记机关报送有关文件申请设立登记。公司登记机关依法进行审查，符合条件的予以登记，颁发法人营业执照。

(5) 依法公告。公司营业执照签发之日即为公司成立之日。公司成立之后应向社会予以公告。

二、股份有限公司的组织机构

股份有限公司的组织机构由股东大会、董事会、监事会组成。

(一) 股东大会

1. 股东大会的性质和职权

股东大会由股份有限公司的全体股东组成，是公司的最高权力机构，是对公司重大问题行使最终决策权的机构。

股东大会的职权与有限责任公司股东会的职权基本相同，包括：
(1) 决定公司的经营方针和投资计划；
(2) 选举和更换非由职工代表担任的董事、监事，并决定有关董事、监

事的报酬事项;

(3) 审议批准董事会的报告;

(4) 审议批准监事会或者监事的报告;

(5) 审议批准公司的年度财务预算方案、决算方案;

(6) 审议批准公司的利润分配方案和弥补亏损方案;

(7) 对公司增加或减少注册资本作出决议;

(8) 对发行公司债券作出决议;

(9) 对公司合并、分立、变更公司形式、解散和清算等事项作出决议;

(10) 修改公司章程;

(11) 公司章程规定的其他职权。

2. 股东大会的形式

股份有限公司股东大会的形式分为股东年会和临时股东大会两种。股东年会是指依照法律和公司章程的规定每年按时召开的股东大会。《公司法》规定,股东大会应当每年召开一次。临时股东大会是指股份有限公司在出现召开临时股东大会的法定事由时,应当在法定期限2个月内召开的股东大会。《公司法》规定,有下列情形之一的,应当在2个月内召开临时股东大会:

(1) 董事人数不足《公司法》规定人数或者公司章程所定人数的2/3时;

(2) 公司未弥补的亏损达实收股本总额的1/3时;

(3) 单独或者合计持有公司股份10%以上的股东请求时;

(4) 董事会认为必要时;

(5) 监事会提议召开时;

(6) 公司章程规定的其他情形。

3. 股东大会的召集和主持人

股东大会由董事会召集,董事长主持;董事长不能履行职务或者不履行职务的由副董事长主持;副董事长不能履行职务或者不履行职务的,由半数以上董事共同推举一名董事主持。董事会不能履行职务或者不履行召集股东大会会议职责的,监事会应当及时召集和主持;监事会不召集和主持的,连续90日以上单独或者合计持有公司10%以上股份的股东可以自行召集和主持。

4. 股东大会决议

召开股东大会会议,应当将会议召开的时间、地点和审议的事项于会议召开20日前通知各股东;临时股东大会应当于会议召开15日前通知各股东;发行无记名股票的,应当于会议召开30日前公告会议召开的时间、地点和审议事项。单独或者合计持有公司3%以上股份的股东,可以在股东大会召开10日前提出临时提案并书面提交董事会；董事会应当在收到提案后 2 日内通知其他股东，并将该临时提案提交股东大会审议。临时提案的内容应当属于股东大会的职权范围，并有明确议题和具体决议事项。股东大会不得对上述通知中未列明的事项作出决议。无记名股票持有人出席股东大会会议的，应当于会议召开 5 日前至股东大会闭会时将股票交存于公司。

（二）董事会和经理

董事会是股份有限公司股东大会的执行机构，对股东大会负责。董事会成员由 5~19 人组成。董事会成员中可以有公司的职工代表。董事会设董事长 1 人，设副董事长 1~2 人。董事长、副董事长由董事会全体董事的过半数选举产生。

股份有限公司董事会的职权与有限责任公司董事会的职权基本相同。

股份有限公司董事会每年至少召开 2 次会议。董事会的每次会议应于召开 10 日前通知全体董事。

董事会召开会议时，董事应亲自出席，如因故不能出席时，可以书面委托其他董事代为出席，在书面委托中应载明授权范围。董事会应当对会议所作的决定形成会议记录，由出席会议的董事和记录员签名。

股份有限公司董事会，须有过半数的董事出席方可举行。董事会的决议必须经全体董事的过半数通过。董事会决议的表决，实行一人一票。

股份有限公司设经理，由董事会决定聘任或者解聘。公司董事会可以决定由董事会成员兼任经理。股份有限公司经理职权的规定与有限责任公司经理职权的规定基本相同。

（三）监事会

监事会为股份有限公司的监督机构，其成员不少于 3 人。监事会由股东代表和适当比例的公司职工代表组成，其中职工代表的比例不得低于 1/3。监事的任期、职责和监事会的职权与有限责任公司的基本相同。

第四节　公司的财务会计

一、公司财务会计的基本要求

财务会计工作是企业活动中的一项基础工作。公司投资主体众多，涉及面广，其财务会计工作更应规范。《公司法》对公司财务会计作了以下方面的要求：

（1）公司应按国家有关规定建立本公司的财务会计制度。

（2）公司应在每一年度终了时依法编制财务会计报告。公司的财务会计报告包括资产负债表、损益表、财务状况变动表、财务情况说明书和利润分配表。

（3）公司应当依法披露有关财务会计资料。有限责任公司的财务会计报告应在公司章程规定的期限内交送公司的各位股东；股份有限公司的财务会计报告应于股东大会召开 20 日前置备于公司，供股东查阅；公开发行股票的股份有限公司必须公告其财务会计报告。

（4）公司除法定的账簿外，不得另立会计账簿。对公司资产，不得以任何个人名义开立账户储存。

（5）公司应当依法聘用会计师事务所对财务会计报告审查验证。

二、公司利润

（一）公司利润分配的顺序

公司利润是公司在一定时期从事经营活动的成果，包括营业利润、投资净收益和营业外收支净额。公司利润分配的顺序是：

（1）弥补公司以前年度亏损，但不得超过税法规定的弥补期限。

（2）缴纳企业所得税。

（3）弥补在税前利润弥补亏损之后仍存在的亏损。

（4）提取法定公积金。

（5）提取任意公积金。

（6）向股东分配利润。

（二）公积金

公积金是公司在资本之外保留的资金，是公司为了增强自身经营能力和预防意外亏损，从利润中提取的资金。提取公积金是国家规定的一项强制性制度。

公积金分为盈余公积金和资本公积金两类。盈余公积金是从公司盈余中提取的公积金，有盈余才提取。盈余公积金又分为法定盈余公积金和任意盈余公积金两种。法定盈余公积金是法律规定必须从公司盈余中提取的公积金。我国《公司法》规定其提取比例为税后利润的10%，同时规定当法定公积金累计总额达到注册资本的50%时，可以不再提取。资本公积金是直接由资本原因形成的公积金，如溢价发行股份所得的溢价款，法定财产重估增值，接受捐赠的资产价值等。

公积金的用途为：一是弥补公司亏损，二是扩大生产经营，三是转增资本。公积金转增资本由股东会或股东大会作出决议，可按股东原有股份比例发给新股东或增加每股面值。用法定公积金转增资本时，所留存的公积金应不少于转增前公司注册资本的25%。

【例3-2】某股份有限公司董事会于2018年2月20日召开会议，具体情况如下：

（1）该公司董事会由7人组成，出席会议的董事有董事A、董事B、董事C、董事D共4人；董事E因参加政协会议不能出席会议，于是电话委托董事A代为出席并表决；董事G因病不能出席会议，书面委托秘书小王代为出席并表决。

（2）根据2月10日持有本公司12%有表决权的股东书面申请召开临时股东大会的提议，出席本次董事会的董事一致同意于5月10日召开临时股东大会。

（3）本次董事会作出决定，公司2017年度按税后利润的8%提取法定公积金，并决定会后将该决定报股东大会备案。

（4）出席本次董事会的董事一致通过选举股东老王为监事，并决定支付其每月8 000元报酬。

（5）根据总经理提名，出席会议的董事一致同意，聘请老张为公司财务负责人。同时会议还讨论通过了公司内部机构的设置方案，表决时，除董事B反对以外，其他在场的董事均表示同意。

分析回答下列问题：

（1）出席本次会议的董事人数是否合法？为什么？董事E和董事G委托他人出席是否有效，为什么？

（2）本次董事会决定于5月10日召开临时股东大会是否合法？为什么？

（3）本次董事会决定按公司税后利润的8%提取法定公积金是否合法？为什么？

(4) 本次董事会选举股东老王为监事并决定其报酬是否合法？为什么？

(5) 本次董事会一致通过聘任老张为财务负责人的决议是否合法？为什么？

(6) 本次董事会通过的公司内部机构设置方案是否有效？为什么？

解析：

(1) 出席本次董事会的人数合法。《公司法》规定，董事会会议应有过半数的董事出席方可举行。该公司董事会由7人组成，出席会议的董事有效人数有4人，已过半数。

董事E和董事G委托他人出席不合法。《公司法》规定，董事会会议应由董事本人出席，董事因故不能出席的，可以书面委托其他董事代为出席。本例中，董事E电话委托董事A代为出席会议，而没有书面委托，董事G虽然是书面委托，但被委托人小王没有董事资格。

(2) 决定5月10日召开临时股东大会时间不合法。《公司法》规定，应在法定情形出现后两个月内召开临时股东大会。2月10日持有本公司12%有表决权的股东书面提议召开临时股东大会，因此公司应在不超过4月10日之前召开临时股东大会。

(3) 本次董事会决定按税后利润的8%提取法定公积金不合法。《公司法》规定，决定利润分配是股东大会的职权，而不是董事会的职权；同时，法定公积金提取的比例应为税后利润的10%，而不是8%。

(4) 本次董事会选举股东老王为监事不合法。《公司法》规定，选举非由职工代表担任监事并决定其报酬是股东大会的职权，而不是董事会的职权。

(5) 本次董事会通过聘任老张为财务负责人的决议合法。《公司法》规定，董事会决定聘任或解聘公司经理及其报酬事项，并根据经理的提名决定聘任或者解聘公司的副经理、财务负责人及其报酬事项。同时，《公司法》规定，董事会决议须经全体董事的过半数通过方为有效。本公司董事会成员有7人，决定聘请老张为财务负责人，有4位董事同意，已过半数。

(6) 本次董事会通过的公司内部机构设置方案无效。决定公司内部机构的设置方案是董事会的职权，但《公司法》规定，董事会作决议必须全体董事的过半数通过。本公司有董事7人，而该方案只有3个董事同意，未过半数。

第五节 公司的合并、分立与解散、清算

一、公司的合并与分立

（一）公司合并

公司合并是指两个以上的公司按法律程序变为一个公司的行为。合并的形式有吸收合并和新设合并两种。吸收合并是指接纳一个或一个以上的公司加入本公司，加入方解散并取消法人资格，接纳方存续。新设合并是指公司与一个或一个以上的公司合并成立一个新公司，原合并各方解散。

（二）公司分立

公司分立是指一个公司依法变为两个或两个以上公司的行为。分立的形式也有两种：一是公司以其部分财产和业务另设一个新的公司，原公司存续；二是公司以全部资产分别归入两个以上的新设公司，原公司解散。

（三）公司合并、分立的程序

公司合并、分立的主要程序是：公司作出决议；编制资产负债表及财产清单；签订合并或分立协议；通知债权人；办理登记手续。

公司作出合并、分立决议时应编制资产负债表和财产清单，并在作出决议之日起 10 日内通知债权人并于 30 日内在报纸上公告。债权人自接到通知书之日起 30 日内，未接到通知的自公告之日起 45 日内，有权要求公司清偿债务或者提供相应的担保。不清偿债务或者不提供相应的担保的，不得合并或分立。公司合并、分立前的债权债务由合并、分立后的公司承继或承担。

二、公司解散与清算

（一）公司解散的原因

公司解散是使公司法人资格消灭的法律行为。公司解散的原因主要有：一是公司章程规定的营业期限届满或公司章程规定的其他解散事由出现；二是股

东会或股东大会决议解散；三是因公司合并、分立需要解散；四是公司违反法律法规被责令关闭；五是人民法院依法对公司予以解散。

（二）公司解散时的清算

公司因章程规定的解散事由出现或因股东会、股东大会决议解散而解散，应在15日内成立清算组并由其负责公司的清算工作。有限责任公司的清算组由股东组成，股份有限公司的清算组由股东大会确定其人选。公司逾期不成立清算组的，债权人可以申请人民法院指定有关人员组成清算组，进行清算。

清算组的主要职权是：制定清算方案；清理公司财产，编制资产负债表和财产清单；通知、公告债权人；处理公司未了业务；清缴所欠税款以及清算过程中产生的税款；清理债权、债务；处理公司清偿债务后的剩余财产；代表公司进行诉讼活动。清算组在处理完公司财产后，应制作清算报告，报股东会、股东大会或有关部门确认，并报送公司登记机关，申请注销公司登记，公告公司终止。

第六节 违反《公司法》的法律责任

一、发起人、股东违反《公司法》的行为及法律责任

（1）办理公司登记时虚报注册资本，提交虚假材料或以欺诈手段隐瞒重要事实取得公司登记的责令改正，对虚报注册资本的，处以虚报金额5%以上15%以下的罚款；对提交虚假材料或以欺诈手段隐瞒重要事实的公司，处以5万元以上50万元以下的罚款；情节严重的撤销公司登记或者吊销营业执照。构成犯罪的，依法追究刑事责任，处3年以下有期徒刑或者拘役，并处或单处虚报注册资本金1%以上5%以下的罚金。单位犯此罪的，对单位处以罚金，并对其直接负责的主管人员和其他直接责任人员，处5年以下的有期徒刑或者拘役。

（2）发起人、股东虚假出资，未交付货币或者非货币财产的，由公司登记机关责令改正，处以虚假出资金额5%以上15%以下的罚款。构成犯罪的，依法追究刑事责任，处5年以下有期徒刑或者拘役，并处或者单处虚假出资金额2%以上10%以下的罚金。单位犯此罪的，对单位处以罚金，并对其直接负责的主管人员和其他直接责任人员，处5年以下有期徒刑或者拘役。

(3) 发起人、股东在公司成立后，抽逃其出资的，责令改正，处以所抽逃出资金额 5% 以上 15% 以下的罚款。构成犯罪的，依法追究刑事责任，处 5 年以下有期徒刑或者拘役，并处或者单处抽逃出资金额 2% 以上 10% 以下的罚金。单位犯此罪的，对单位处以罚金，并对其直接负责的主管人员和其他直接责任人员处 5 年以下有期徒刑或者拘役。

二、公司违反《公司法》的行为及法律责任

（1）公司在法定的会计账册以外另立会计账册的，责令改正，处以 5 万元以上 50 万元以下的罚款。构成犯罪的，依法追究刑事责任。

（2）公司在依法向有关主管部门提供的财务会计报告等材料有虚假记载或者隐瞒重要事实的，对直接负责的主管人员和其他直接责任人员处以 3 万元以上 30 万元以下的罚款。

（3）不按规定提取法定公积金的，责令如数补足应提的金额，并可对公司处以 20 万元以下的罚款。

（4）公司在合并、分立、减少注册资本或清算时，不依《公司法》规定通知或公告债权人的，责令改正，对公司处以 1 万元以上 10 万元以下的罚款。

（5）公司在清算时，隐匿财产，对资产负债表或财产清单作虚假记载或者未清偿债务前分配公司财产的，责令改正，对公司处以隐匿财产或者未清偿债务前分配公司财产金额 5% 以上 10% 以下的罚款；对直接负责的主管人员和其他直接责任人员处以 1 万元以上 10 万元以下的罚款。构成犯罪的，依法追究刑事责任，并对直接负责的主管人员和其他直接责任人员处以 5 年以下有期徒刑或者拘役，并处或单处 2 万元以上 20 万元以下罚金。

（6）公司在清算期间开展与清算无关的经营活动的，由公司登记机关予以警告，没收违法所得。

（7）公司成立后无正当理由超过 6 个月未开业的，或者开业后自行停业连续 6 个月以上的，可以由公司登记机关吊销营业执照。

（8）公司登记事项发生变化时，未依法办理有关变更登记的，由公司登记机关责令限期登记；逾期不登记的，处以 1 万元以上 10 万元以下的罚款。

（9）外国公司违反《公司法》规定，擅自在中国境内设立分支机构的，由公司登记机关责令改正或者关闭，可以并处 5 万元以上 20 万元以下的罚款。

【思考题】

1. 什么是有限责任公司和股份有限公司？它们分别有哪些特征？
2. 设立有限责任公司应当具备什么条件？设立股份有限公司应当具备什么条件？
3. 有限责任公司与股份有限公司的股东（大）会、董事会、监事会的职权分别有哪些？
4. 股份有限公司召开临时股东大会的情形有哪些？
5. 公司应当按照什么顺序进行利润分配？公司公积金有哪些用途？
6. 《公司法》对股份有限公司股东会、董事会的议事规则作了哪些规定？
7. 有限责任公司与股份有限公司在设立方式、股东人数、出资方式、注册资本、组织机构等方面有何区别？

第四章　外商投资企业法

【教学目的与要求】

本章主要阐述外商投资企业的设立、注册资本、出资方式、出资期限、组织形式、组织机构、经营期限和解散与清算等问题。通过本章的学习，要求学生了解外商投资企业设立的条件和程序；熟悉外商投资企业的组织形式和组织机构的法律规定；掌握外商投资企业法对外商投资企业注册资本、出资方式及其要求、出资期限和外国投资者先行收回投资的具体规定。

第一节　中外合资经营企业法

一、中外合资经营企业的概念和特征

（一）中外合资经营企业的概念

中外合资经营企业（简称合营企业），是指外国的公司、企业和其他经济组织或者个人同中国的公司、企业或其他经济组织，依照中国的法律和行政法规，经中国政府批准，设在中国境内的，由双方共同投资、共同经营，并按照投资比例共担风险、共负盈亏的企业。

（二）中外合资经营企业的特征

中外合资经营企业具有以下特征：
（1）合营企业的一方为外国合营者，另一方为中国合营者。外方合营者可以是外国的公司、企业、其他经济组织或个人。中国的合营者可以是中国的公司、企业或者其他经济组织。
（2）中外合营者各方共同投资、共同经营，按各自的出资比例共担风险、共负盈亏。
（3）合营企业的组织形式为有限责任公司，合营各方对合营企业的责任

以各自认缴的出资额为限。

(4) 合营企业是经中国政府批准设立的中国法人，必须遵守中国的法律、法规和有关条例规定，受中国的法律保护。

二、中外合资经营企业的设立

(一) 设立合营企业的审批机关

设立合营企业必须经国务院商务部审查批准。合营企业批准设立后，由审批机关发给批准证书。但投资总额在国务院规定的投资审批权限以内，中国合营者的资金来源已经落实，不需要国家增拨原材料，不影响燃料、动力、交通运输、外贸出口配额等全国平衡的情况下，可由国务院授权的省、自治区、直辖市人民政府及国务院有关行政机关审批，报商务部备案。

(二) 设立合营企业的程序

根据《中外合资经营企业法》及其实施条例的规定，设立合营企业一般要经过如下程序：

(1) 由中外合营者共同向审批机关报送下列文件：设立合营企业的申请书；合营各方共同编制的可行性研究报告；由合营各方授权代表签署的合营企业协议、合同和章程；由合营各方委派的合营企业董事人选名单，以及由合营各方协商确定或由董事会选举产生的董事长、副董事长人选名单；审批机关规定的其他文件。

(2) 审批机关审批。审批机关自接到全部文件之日起3个月内决定批准或者不批准。合营企业经批准后由审批机关发给批准证书。

(3) 向工商行政管理机关申请登记。合营企业申请人应在收到审批机关发给的批准证书后1个月内，向工商行政管理机关办理合营企业的登记手续，领取营业执照。合营企业的营业执照签发日期，即为合营企业的成立日期。

三、中外合资经营企业的注册资本、出资方式和出资期限

(一) 合营企业注册资本

合营企业的注册资本是指为设立合营企业在工商行政管理机关登记注册的资本，应为合营各方认缴的出资额之和。合营企业在合营期限内，不得减少其

注册资本,但因投资总额和生产经营规模等发生变化,确需减少注册资本的,须经审批机关批准。合营企业增加注册资本,应当经合营各方协商一致,由董事会会议通过后,报原审批机关核准,并向工商行政管理机关办理变更登记手续。合营企业的注册资本应符合《公司法》规定的有限责任公司的注册资本的最低限额。

(二) 合营企业合营各方的出资方式及其要求

合营企业合营各方可以用现金、实物、工业产权、专有技术、场地使用权等作价出资。合营各方按照合营合同的规定向合营企业认缴的出资,必须是合营者自己所有的现金、自己所有并且未设立任何担保物权的实物、工业产权、专有技术等。凡以实物、工业产权、专有技术作价出资的,出资者应当出具拥有所有权和处置权的有效证明。外方投资者以现金出资时,只能以外币缴付出资,不能以人民币缴付出资。

合营企业任何一方不得用以合营企业名义取得的贷款、租赁的设备或者其他财产以及合营者以外的他人财产作为自己的出资,也不得以合营企业的财产和权益或者合营他方的财产和权益为其出资担保。中国合营者为合营企业经营期间提供的土地使用权,如果未作为中国合营者投资的一部分,合营企业应向中国政府缴纳土地使用费。

外国合营者以机器设备或者其他物料出资的,必须符合下列条件:

(1) 为合营企业生产所必不可少的;

(2) 中国不能生产,或虽能生产,但价格过高或在技术性能和供应时间上不能保证需要的;

(3) 作价不得高于同类机器设备或其他物料当时的国际市场价格。

根据有关规定,外国合营者出资的工业产权、专有技术必须符合下列条件之一:

(1) 能生产中国急需的新产品或出口适销产品;

(2) 能显著改进现有产品的性能、质量,提高生产效率;

(3) 能显著节约原材料、燃料、动力。

外国合营者作为出资的机器设备或其他物料、工业产权、专有技术,应经中方合营者的企业主管部门审查同意,并报合营企业审批机关批准。

(三) 合营企业合营各方的出资期限

合营各方应当在合营合同中订明出资期限,并且应当按照合营合同规定的期限缴清各自的出资。逾期未缴或者未缴清的，应当按合同规定支付延迟利息或者赔偿损失。

四、中外合资经营企业的组织形式和组织机构

（一）合营企业的组织形式

合营企业的组织形式为有限责任公司。合营企业合营各方以其认缴的出资额对企业承担有限责任，合营企业以其全部资产对其债务承担责任。

（二）合营企业的组织机构

根据《中外合资经营企业法》及其实施条例的规定，合营企业的组织机构是董事会和经营管理机构，实行董事会领导下的总经理负责制。

1. 董事会

合营企业的董事会是合营企业的最高权力机构，根据合营企业章程的规定，讨论和决定合营企业的一切重大问题。合营企业的组织形式虽然是有限责任公司，但并不设立股东会。董事会由董事长、副董事长及董事组成。董事会成员不得少于3人。

董事长和副董事长由合营各方协商确定或者由董事会选举产生。中外合营者的一方担任董事长的，由他方担任副董事长。董事名额的分配由合营各方参照出资比例确定，董事由合营各方按照分配的名额委派和撤换。董事任期4年，可以连任。

董事会的职权是按照合营企业章程的规定，讨论决定合营企业的一切重大问题，包括：企业发展规划、生产经营活动方案、收支预算、利润分配、劳动工资计划、停业，以及总经理、副总经理、总工程师、总会计师、审计师等的任命或聘请及其职权和待遇等。

董事长是合营企业的法定代表人。董事会会议由董事长召集，董事长因故不能召集时，可以由董事长委托副董事长或者其他董事召集。董事会会议每年至少召开1次，应有2/3以上的董事出席方能举行。经1/3以上董事提议，可以召开临时董事会议。

董事会决议应按合营企业章程载明的议事规则作出，但下列事项应由出席董事会会议的董事一致通过方可作出决议：

（1）合营企业章程的修改；

（2）合营企业的终止、解散；
（3）合营企业注册资本的增加、减少；
（4）合营企业的合并。

2. 经营管理机构

合营企业的经营管理机构，负责合营企业的日常经营管理工作。经营管理机构设总经理 1 人，副总经理若干人，其他高级管理人员若干人。

总经理执行董事会会议的各项决议，组织领导合营企业的日常经营管理工作。总经理的职权主要有：执行董事会会议的各项决议；组织领导合营企业的日常经营管理工作；在董事会授权的范围内，代表合营企业对外进行各项经营业务；任免下属人员；行使董事会授予的其他职权。副总经理协助总经理工作。

五、中外合资经营企业的经营管理

合营企业的经营管理主要包括以下内容：

（一）合营企业的生产经营管理

合营企业的基本建设计划（包括施工力量、各种建筑材料、电、气等），应根据批准的可行性研究报告编制，并纳入企业主管部门的基本建设计划，企业主管部门应优先予以安排和保证实施。合营企业按照合营合同规定的经营范围和生产规模所制定的生产经营计划（包括购买物资计划、产品销售计划、外汇收支计划、劳动工资计划等），由董事会批准执行，报企业主管部门备案。企业主管部门和各级计划管理部门，不得对合营企业下达指令性生产经营计划。

合营企业所需的机器设备、原材料、燃料、配套件、运输工具和办公用品等，有权自行决定在中国购买或者向国外购买。

（二）合营企业的财务与会计管理

合营企业的财务会计制度，应根据中国有关法律和财务会计制度的规定，结合合营企业的情况加以制定，并报当地财政部门、税务机关备案。合营企业应向合营各方、当地税务机关、主管财政机关、企业主管部门报送季度和年度的会计报表。年度会计报表应抄报原审批机关。

合营企业的税后利润中可向出资人分配的利润，按照投资人的实际出资比例进行分配。合营企业以前年度尚未分配的可向投资人分配的利润,可并入本年度的可向投资人分配的利润进行分配。

(三) 合营企业的劳动用工管理

合营企业在劳动用工方面享有自主权,同时也要遵守中国的法律和行政法规的规定。合营企业用工实行劳动合同制,劳动合同由合营企业同本企业的工会组织代表职工集体签订,规模较小的合营企业,也可由合营企业同职工个人签订。劳动合同的内容一般包括:合营企业职工的雇用、解雇和辞退;生产和工作任务;工资和奖惩;工作时间和假期;劳动保险和生活福利;劳动保护;劳动纪律等事项。合营企业职工有权建立基层工会组织,开展工会活动。

六、中外合资经营企业的合营期限、解散与清算

(一) 合营企业的合营期限

对于合营企业的合营期限,《中外合资经营企业法》规定:合营企业的合营期限,应按不同情况,作不同的约定。有的行业的合营企业,应当约定合营期限;有的行业的合营企业,可以约定合营期限,也可以不约定合营期限。根据这一规定,《中外合资经营企业法实施条例》和《中外合资经营企业合营期限暂行规定》对合营企业的经营期限作了如下具体规定:

(1) 举办的下列行业的合营企业,应在合营合同中约定合营企业的合营期限。这些行业包括:①服务性行业的,如饭店、公寓、写字楼、娱乐、饮食、出租汽车、彩扩、洗相、维修、咨询等;②从事土地开发及经营房地产的;③从事资源勘查开发的;④国家规定限制投资项目的;⑤国家其他法律、法规规定需要约定合营期限的。

合营企业的合营期限,一般项目原则上为10~30年。投资大、建设周期长、资金利润率低的项目以及外国合营者提供先进技术或者关键技术生产尖端产品的项目,或者在国际上有竞争能力的产品的项目,其合营期限可以延长到50年。经国务院特别批准的,可以在50年以上。

(2) 对于属于国家规定鼓励投资和允许投资项目的合营企业,除上述行业外,合营各方可以在合同中约定合营期限,也可以不约定合营期限。

(3) 合营企业约定了合营期限,合营各方同意延长合营期限的,应当在距合营期满6个月前向审批机关提出申请。审批机关应当在收到申请之日起

1个月内决定批准或者不批准。合营企业的合营各方若一致同意将合营合同中约定的合营期限条款修改为不约定合营期限的协议,应提出申请,报原审批机关审查,原审批机关应当自收到上述申请文件之日起90日内决定批准或者不批准。

(二) 合营企业的解散

根据《中外合资经营企业法》及其实施条例的规定,合营企业有下列情形之一的,应予解散:

(1) 合营期限届满;

(2) 企业发生严重亏损,无力继续经营;

(3) 合营一方不履行合营企业协议、合同、章程规定的义务,致使企业无法继续经营;

(4) 因自然灾害、战争等不可抗力遭受严重损失,无法继续经营;

(5) 合营企业未达到其经营目的,同时又无发展前途;

(6) 合营企业合同、章程所规定的其他解散原因已经出现。

发生上述(2)、(4)、(5)、(6)项情况的,由董事会提出解散申请,并报审批机关批准。

(三) 合营企业的清算

合营企业解散时应当进行清算。除企业破产清算外,合营企业的清算应当按照《外商投资企业清算办法》的规定成立清算委员会,由清算委员会负责清算事宜。

清算委员会的成员一般应在合营企业的董事中选任。董事不能担任或不适合担任清算委员会成员时,合营企业可聘请在中国注册的会计师、律师担任。审批机关认为必要时,可以派人进行监督。

清算委员会的任务是:

(1) 对合营企业的财产、债权、债务进行全面清查;

(2) 编制资产负债表和财产目录,提出财产作价依据,制定清算方案;

(3) 履行企业偿债义务;

(4) 清算期间,代表该合营企业起诉或者应诉。

合营企业清偿债务后的剩余财产按照合营各方的出资比例进行分配,合营企业协议、合同、章程另有规定的除外。

合营企业清算工作结束后,由清算委员会提出清算结束报告,提请董事会会议通过后，报原审批机关，并向原登记管理机关办理注销登记手续，缴销营业执照。

【例 4-1】 中国某公司与外国某公司共同投资设立中外合资经营企业，双方约定：

（1）合营企业投资总额为 1 200 万美元，注册资本为 520 万美元，其中，中方出资 360 万美元，外方出资 160 万美元，各方出资自企业营业执照签发之日起 6 个月内一次性缴清。

（2）中外各方可用货币、设备、工业产权、厂房和土地使用权投资。

（3）允许外方用已抵押担保的设备出资。

（4）经营期间，不需中方同意，外方可以自由转让出资。

请回答此中外合资经营企业协议哪些合法哪些不合法。

解析：

（1）协议中约定的投资总额与注册资本的比例、外国合营者投资比例、出资的期限合法。根据 2014 年 2 月 9 日《国务院关于废止和修改部分行政法规的决定》，该决定已废止了中外合资经营企业各方出资比例和出资期限的规定。

（2）合营协议约定的出资方式合法。《中外合资经营企业法》规定，合营各方可用货币出资，也可用建筑物、厂房、机器设备或其他物料、工业产权、专有技术、场地使用权等作价出资。

（3）允许外方用已抵押担保的设备出资不合法。《中外合资经营企业法》规定，合营各方必须用自己所有的现金、自己所有并未设立任何担保物权的建筑物、厂房、机器设备或者其他物料、工业产权等出资。

（4）经营期间，不需中方同意，外方可以自由转让出资不合法。《中外合资经营企业法》规定，合营企业出资额的转让须经合营各方同意。合营企业出资额的转让须经董事会会议通过后，报原审批机关批准。

第二节　中外合作经营企业法

一、中外合作经营企业的概念和特征

中外合作经营企业，是指外国的公司、企业和其他经济组织或者个人同中国的公司、企业或者其他经济组织，依照中国的法律和行政法规，经中国政府批准,设在中国境内的,由双方通过合作企业合同约定各自的权利和义务的企业。

合作经营企业具有以下特征:

(1) 合作企业的一方为外国合作者,另一方为中国合作者;

(2) 合作企业是契约型企业,合作各方的权利和义务都在签订的合同中约定;

(3) 合作企业的法人资格具有选择性,既可办成具有法人资格的合作企业,也可办成不具法人资格的合作企业;

(4) 合作企业的管理机构具有多样性,既可以采用董事会制,也可以采用联合管理委员会制,还可以采用委托管理制;

(5) 合作企业中的外国合作者在一定条件下可以先行收回投资。

中外合作经营企业法律制度主要包括:1988年4月13日第七届全国人民代表大会第一次会议通过的《中华人民共和国中外合作经营企业法》;2000年10月31日第九届全国人民代表大会常务委员会第十八次会议《关于修改的〈中华人民共和国中外合作经营企业法〉的决定》第一次修正;2014年2月19日第十二届全国人民代表大会常务委员会《国务院关于废止和修改部分行政法规的决定》第二次修订;2017年3月1日《国务院关于修改和废止部分行政法规的决定》第三次修订。

二、中外合作经营企业的设立

(一) 设立合作企业的条件

《中华人民共和国中外合作经营企业法》(以下简称《中外合作经营企业法》) 规定,国家鼓励举办产品出口的或者技术先进的生产型合作企业。所谓产品出口的生产型合作企业,是指生产的产品主要用于出口创汇的生产型合作企业。所谓技术先进的生产型合作企业,是指外国合作者提供的先进技术,能从事新产品的开发,实现产品升级换代,以增加出口创汇或者替代进口的生产型合作企业。

《中外合作经营企业法实施细则》规定,申请设立合作企业,有下列情形之一的,不予批准:

(1) 损害国家主权或者社会公共利益的;

(2) 危害国家安全的;

(3) 对环境造成污染损害的；

(4) 有违反法律、行政法规或者国家产业政策的其他情形的。

(二) 设立合作企业的程序

设立合作企业一般要经过以下程序：

1. 由中国合作者向审批机关报送有关文件

合作企业的审批机关是国务院商务部或者国务院授权的有关行政部门和地方人民政府。设立合作企业由中国合作者向审批机关报送的文件包括：

(1) 设立合作企业的项目建议书；

(2) 合作各方共同编制的可行性研究报告；

(3) 合作企业协议、合同、章程；

(4) 合作各方的营业执照或注册登记证明、资信证明及法定代表人的有效证明文件；外国合作者是自然人的，应当提供有关身份、履历和资信情况的有效证明文件；

(5) 合作各方协商确定的合作企业董事长、副董事长、董事，或者联合管理委员会主任、副主任、委员的人选名单；

(6) 审查批准机关要求报送的其他文件。

2. 由审批机关审查批准

审批机关应当自接到申请之日起 45 日内决定批准或者不批准。审批机关认为报送的文件不全或者有不当之处的，有权要求合作各方在指定期间内补全或修正。

3. 向工商行政管理机关申请登记

设立合作企业的申请经批准后，应自接到批准证书之日起 30 日内向工商行政管理机关申请登记，领取营业执照。合作企业的营业执照签发日期，为该合作企业的成立日期。

三、合作经营企业的注册资本、出资方式、出资比例与出资期限

(一) 合作企业的注册资本

合作企业的注册资本，是指为设立合作企业，在工商行政管理机关登记的合作各方认缴的出资额之和。注册资本可以用人民币表示，也可以用合作各方约定的一种可自由兑换的外币表示。合作企业的注册资本在合作期限内不得减

少。但是，因投资总额和生产经营规模等变化，确需减少的，须经审批机关批准。

(二) 合作各方的出资方式

合作者的投资或者提供的合作条件可以是现金、实物、工业产权、非专有技术、土地使用权或其他财产权利。合作各方应以自有的财产或财产权利作为投资或合作条件，对该投资或合作条件不得设置抵押或其他形式的担保。

(三) 外国合作者的出资

依法取得法人资格的中外合作经营企业，外国合作者的出资一般不低于合作企业注册资本的25%。不具有法人资格的中外合作经营企业，对合作各方向合作企业出资或提供合作条件的具体要求，由国家商务部规定。

(四) 合作各方的出资期限

合作各方应当根据合作企业的生产经营需要，依照有关法律、行政法规的规定，在合作企业合同中约定合作各方向合作企业投资或者提供合作条件的期限。合作各方未按合同约定缴纳投资或者提供合作条件的，工商行政管理部门应责令其限期履行；限期届满仍未履行的，审批机关应当撤销合作企业的批准证书，工商行政管理机关应当吊销合作企业的营业执照，并予以公告。

未按合作企业合同约定缴纳投资或者提供合作条件的一方，应当向已缴纳投资或者提供合作条件的他方承担违约责任。

四、中外合作经营企业的组织形式和组织机构

(一) 合作企业的组织形式

合作企业的法人资格具有选择性。合作企业既可以申请为具有法人资格的合作企业，也可以申请为不具有法人资格的合作企业。

具有法人资格的合作企业，其组织形式为有限责任公司。所谓有限责任，即合作各方以各自认缴的出资额或者提供的合作条件为限对合作企业承担责任，合作企业以其全部资产对其债务承担责任。

不具有法人资格的合作企业，合作各方是一种合伙关系。合作各方依照中

国民事法律的有关规定，承担民事责任。

（二）合作企业的组织机构

合作企业在组织机构的设置上具有较大的灵活性。具有法人资格的合作企业，一般设立董事会；不具有法人资格的合作企业，一般设立联合管理委员会。董事会或者联合管理委员会是合作企业的权力机构，依照合作企业合同或章程的规定，决定合作企业的重大问题。

董事会或者联合管理委员会成员不得少于 3 人，其名额的分配由中外合作者参照其投资或者提供的合作条件协商确定。董事会或者联合管理委员会成员由合作各方自行委派或者撤换。董事会的董事长、副董事长或者联合管理委员会主任、副主任的产生办法由合作企业章程规定。中外合作者一方担任董事长、主任的，另一方担任副董事长、副主任。董事或者委员的任期由合作企业章程规定，每届任期不得超过 3 年。董事或者委员的任期届满，委派方继续委任的，可以连任。

董事会会议或者联合管理委员会会议每年至少召开 1 次，由董事长或者主任召集并主持。董事长或者主任因特殊情况不能履行职务时，由董事长或者主任指定副董事长、副主任或者其他董事、委员召集并主持。1/3 以上董事或者委员可以提议召开董事会会议或者联合管理委员会会议。董事会会议或者联合管理委员会会议应当有 2/3 以上董事或者委员出席方能举行。董事会会议或者联合管理委员会会议作出决议，须经全体董事或者委员过半数通过，但对修改合作企业章程，增加或者减少注册资本，资产的抵押，合作企业的合并、分立、解散和变更组织形式等事项，应由出席董事会会议或者联合管理委员会会议的董事或者委员一致通过方能作出决议。

合作企业成立后，经合作各方一致同意，可以委托合作一方进行经营管理，另一方不参加管理；也可以委托合作各方以外的第三人进行经营管理。

五、合作企业外国合作者的投资回收

（一）外国合作者先行收回投资的方式

根据《中外合作经营企业法》及其实施细则的规定，中外合作者在合作企业合同中约定合作期限届满时，合作企业的全部固定资产无偿归中国合作者所有的，外国合作者在合作期限内可以申请以下列方式先行回收其投资：

(1) 在按照投资或者提供合作条件进行分配的基础上，在合作企业合同中约定扩大外国合作者的收益分配比例；

(2) 经财政税务机关审查批准，外国合作者在合作企业缴纳所得税前回收投资；

(3) 经财政税务机关和审批机关批准的其他回收投资方式。

(二) 外国合作者先行收回投资的条件

根据《中外合作经营企业法》及其实施细则的规定，外国合作者在合作期内先行回收投资，应符合下列法定条件：

(1) 中外合作者在合作企业合同中约定合作期满时，合作企业的全部固定资产无偿归中国合作者所有；

(2) 合作企业合同约定外国合作者在缴纳所得税税前回收投资的，必须向财政税务机关提出申请，由财政税务机关依照国家有关税收的规定审查批准；

(3) 中外合作者应当依照有关法律的规定和合作企业合同的约定，对合作企业的债务承担责任；

(4) 外国合作者提出先行回收投资的申请，并在申请中具体说明先行回收投资的总额、期限和方式，经财政税务机关审查同意后，报审批机关审批；

(5) 外国合作者应当在合作企业的亏损弥补之后，才能先行回收投资。

六、中外合作经营企业的合作期限和终止

(一) 合作企业的期限

合作企业的合作期限由中外合作者协商并在合作企业合同中订明。中外合作者同意延长合作期限的，应当在距合作期限届满 180 日前向审查批准机关提出申请。审查批准机关应当自接到申请之日起 30 日内决定批准或者不批准。经批准延长合作期限的，合作企业凭批准文件向工商行政管理机关办理变更登记手续，延长的期限从期限届满后第一天计算。

合作企业合同约定外国合作者先行回收投资的，并且投资已经回收完毕的，合作企业期限届满不再延长。但是外国合作者增加投资的，经合作各方协

商同意，可以向审批机关申请延长合作期限。

(二) 合作企业的终止

根据《中外合作经营企业法》及其实施细则的规定，合作企业有下列情形之一的，应予终止：

(1) 合作期限届满；

(2) 合作企业发生严重亏损，或者因不可抗力遭受严重损失，无力继续经营；

(3) 中外合作者一方或者数方不履行合作企业合同、章程规定的义务，致使合作企业无法继续经营；

(4) 合作企业合同、章程中规定的其他解散原因已经出现；

(5) 合作企业违反法律、行政法规，被依法责令关闭。

上述第（2）项、第（4）项所列情形发生，应当由合作企业的董事会或者联合管理委员会作出决定，报审批机关批准。在上述第（3）项所列情形下，不履行合作企业合同、章程规定的义务的中外合作者一方或者数方，应当对履行合同的他方因此遭受的损失承担赔偿责任。履行合同的一方或者数方有权向审批机关提出申请，解散合作企业。

合作企业期满或者提前终止时，应当依照法定程序对资产和债权、债务进行清算。中外合作者应当按照合作企业合同的约定确定合作企业财产的归属。

第三节　外资企业法

一、外资企业的概念和特征

外资企业是指外国的公司、企业和其他经济组织或者个人，依照中国的法律和行政法规，经中国政府批准，设在中国境内的，全部资本由外国投资者投资的企业。但不包括外国的公司、企业和其他经济组织在中国境内设立的分支机构。

外资企业具有以下主要特征：

(1) 外资企业是依照中国的法律规定在中国境内设立的法人企业；

（2）外资企业的全部资本由外国投资者投入；

（3）外资企业是一个独立的经济实体，实行独立核算，自负盈亏，独立承担法律责任。

1986年4月12日经第六届全国人民代表大会第四次会议通过，并于2000年10月31日经第九届全国人民代表大会常务委员会第十八次会议修正的《中华人民共和国外资企业法》（以下简称《外资企业法》）及1990年12月国务院发布并于2001年4月12日修正的《中华人民共和国外资企业法实施细则》，2014年2月9日《国务院关于废止和修改部分行政法规的决定》，是外资企业的主要法律依据。

二、外资企业的设立

（一）设立外资企业的条件

设立外资企业，必须有利于中国国民经济的发展，能够取得显著的经济效益。国家鼓励举办产品出口或者技术先进、从事新产品开发、实现产品升级换代、节约能源和原材料的外资企业。对于申请设立的外资企业有损中国主权或者社会公众利益的，危及中国国家安全的，违反中国法律、法规的，不符合中国国民经济发展要求的，可能造成环境污染的，不予批准。

（二）设立外资企业的程序

根据《外资企业法》及其实施细则的规定，申请设立外资企业一般应经过以下程序：

1. 设立外资企业的申请

外国投资者向拟设立外资企业所在地的县级或者县级以上人民政府提交报告。报告的内容包括：设立外资企业的宗旨；经营范围、规模；生产的产品；使用的技术设备；用地面积及要求；需要的能源条件及数量；对公共设施的要求等。县级或者县级以上人民政府应当在收到外国投资者提交的报告之日起30日内以书面形式答复外国投资者。

外国投资者通过拟设立外资企业所在地的县级或者县级以上人民政府向审批机关提出申请，并报送以下文件：

（1）设立外资企业申请书；

（2）可行性研究报告；

（3）外资企业章程；

（4）外资企业法定代表人名单；

（5）外国投资者的法律证明文件和资信证明文件；

（6）拟设立外资企业所在地的县级或者县级以上人民政府的书面答复；

（7）需要进口的物资清单等；

（8）其他需要报送的文件。

前款（1）、（3）项文件必须用中文书写；（2）、（4）、（5）项文件可以用外文书写，但应当附有中文译文。

两个或者两个以上的外国投资者共同申请设立外资企业，应当将其签订的合同副本报送审批机关备案。

2. 设立外资企业的审批

作为审批机关的主管部门商务部及国务院授权的省级人民政府，应当在收到申请设立外资企业的全部文件之日起90日内决定批准或者不批准。审批机关如果发现上述文件不齐备或者有不当之处，可以要求限期补报或者修改。

3. 设立外资企业的登记

设立外资企业的申请经批准后，外国投资者应当在接到批准证书之日起30日内，向工商行政管理机关申请开业登记。工商行政管理机关应当在受理申请后30日内，作出核准登记或者不予核准登记的决定。申请开业登记的外国投资者，经登记主管机关核准登记注册，领取营业执照。外资企业的营业执照签发日期，为该企业成立日期。外资企业在企业成立之日起30日内向税务机关办理税务登记。

三、外资企业的注册资本和外国投资者的出资方式、出资期限

（一）外资企业的注册资本

外资企业的注册资本，是指为设立外资企业在工商行政管理机关登记注册的资本总额，即外国投资者认缴的全部出资额。外资企业的注册资本要与其经营规模相适应，注册资本与投资总额的比例应当符合中国有关规定。

外资企业在经营期限内不得减少其注册资本，外资企业注册资本的增加、

转让，须经审批机关批准，并向工商行政管理机关办理变更登记手续。外资企业将其财产或者权益对外抵押、转让，须经审批机关批准，并向工商行政管理机关备案。

(二) 外国投资者的出资

1. 投资者的出资方式

外国投资者可以用可自由兑换的外币出资，也可以用机器设备、工业产权、专有技术等作价出资。经审批机关批准，外国投资者也可以用其从中国境内举办的其他外商投资企业获得的人民币利润出资。

外国投资者用于出资的机器设备和工业产权、专有技术，其要求与中外合资经营企业的基本相同。

2. 外国投资者的出资期限

外国投资者缴付出资的期限应当在设立外资企业申请书和外资企业章程中载明。

四、外资企业的组织形式和组织机构

(一) 外资企业的组织形式

根据《外资企业法》及其实施细则的规定，外资企业的组织形式为有限责任公司，经批准也可以为其他责任形式。外资企业为有限责任公司的，外国投资者以其认缴的出资额为限对企业承担责任，外资企业以其全部资产对其债务承担责任；外资企业为其他责任形式的，外国投资者对企业的责任适用有关中国法律和法规的规定。

(二) 外资企业的组织机构

外资企业的组织机构可以由外国投资者根据企业不同的经营内容、经营规模、经营方式，本着精简、高效、科学合理的原则自行设置，中国政府不加干涉。但是，按照国际惯例，设立外资企业的权力机构应遵循资本占有权同企业控制权相统一的原则，即外资企业的最高权力机构由资本持有者组成。

外资企业应根据其组织形式设立董事会并推选出董事长。董事长是企业的法定代表人。

五、外资企业的经营期限、终止和清算

(一) 外资企业的经营期限

外资企业的经营期限由外国投资者申报,经审批机关批准。经营期限需要延长的,应当在期满 180 日前向审批机关提出申请,审批机关应当在接到申请书之日起 30 日内决定批准或者不批准。外资企业经批准延长经营期限的,应当自收到批准延长期限的文件之日起 30 日内,向工商行政管理机关办理变更登记手续。

(二) 外资企业的终止

外资企业有下列情形之一的,应予终止:
(1) 经营期限届满;
(2) 经营不善,严重亏损,外国投资者决定解散;
(3) 因自然灾害、战争等不可抗力而遭受严重损失,无法继续经营;
(4) 破产;
(5) 违反中国法律、法规,危害社会公共利益,依法撤销;
(6) 外资企业章程规定的其他解散事由已经出现。

外资企业若存在上述第 (2) 项、第 (3) 项、第 (6) 项所列情形,应当自行提交终止申请书,报审批机关核准。审批机关作出核准的日期为企业终止日期。

(三) 外资企业的清算

外资企业终止,应当及时公告,按法定程序进行清算。外资企业除因破产或者依法撤销而予终止的,应当在终止之日起 15 日内对外公告通知债权人,并在终止公告发出之日起 15 日内提出清算程序、原则和清算委员会人选,报审批机关审核后进行清算。

外资企业在清算结束之前,除为了执行清算外,外国投资者对企业财产不得自行处理。外资企业清算结束,应当向工商行政管理机关办理注销登记手续,缴销营业执照。

【思考题】

1. 中外合资经营企业与中外合作经营企业在组织形式、组织机构、投资回收和利润分配方面有什么区别？

2. 设立中外合资经营企业，外国合营者以实物出资必须符合什么条件？

3. 在中外合作经营企业中，外国合作者先行收回投资的方式和法定条件是什么？

第五章　企业破产法

【教学目的与要求】

通过本章的教学，要求学生了解和掌握破产、破产法概念，重点理解破产的界限、破产的提出和受理、债务人的财产、债权人会议、和解整顿制度、破产的宣告、管理人制度和破产的责任等内容。

第一节　企业破产法概述

一、破产的概念与特征

（一）破产的概念

破产是指债务人不能清偿到期债务，并且资产不足以清偿全部债务或者在明显缺乏清偿能力的情况下，由法院主持依法强制将其全部财产按一定顺序和比例公平地清偿给所有债权人，同时免除其无法偿还的债务。这一概念包含三层意思：一是债务人不能清偿到期债务，即债务已经到期而债务人没有按期清偿的可能；二是存在按一定顺序和比例偿还多个债权人的债权；三是无法偿还的部分由各债权人共同分担损失，免除债务人偿还的责任。

（二）破产的特征

1. 破产是一种法定债务清理手段

当债务人不能清偿到期债务时，如何分配债务人的财产，如何满足多个债权人的清偿要求，除有法律特别规定的，一般的民事诉讼程序或者执行程序，难以解决这样的问题，所以，法律特别规定破产程序以为利用。

2. 破产以债务人不能清偿债务为前提

债务人不能清偿债务是破产的原因，破产只不过是对债务人不能清偿债务的事实予以法律确认，即通过法院的司法裁决承认债务人事实上的破产状态。

3. 破产以公平清偿债权为宗旨

债务人不能清偿债务时，利用破产程序可以合理协调多数债权人与债务人的有限财产如何受偿的利益冲突，使债权人共同分担损失和共同享受利益，同一顺序的债权人地位平等，受偿机会均等。

4. 破产是一种执行程序

债务人不能清偿债务时，一旦选择了破产程序，则必须受法院的破产执行程序的约束。非经破产程序或者法律特别规定，任何人或者机构都不能处分或者执行债务人的财产。

二、破产法概述

（一）企业破产法的概念

破产法是破产制度的法律表现形式，是法院处理破产案件以及破产关系人行使权利的客观标准。概括地讲，企业破产法是企业法人不能清偿到期债务，并且资产不足以清偿全部债务或者在明显缺乏清偿能力的情况下，法院强制对其全部财产清算分配，公平清偿债权人，或者通过和解、整顿延缓清偿债务，避免企业法人破产的法律规范的总称。其内容主要包括破产程序规范、破产实体规范和罚则。

破产程序规范主要规定破产案件的管辖法院、民事诉讼规范的准用、破产原因、破产的申请与受理、临时财产管理人、债权申报、债权人会议、和解程序、破产宣告、破产管理人、破产清算、破产程序的终结等制度。破产实体规范主要规定债务人的破产偿债能力、破产财产、破产无效行为或者撤销权、破产债权、破产费用、别除权、取回权、抵消权、破产免责等制度。罚则主要规定对破产违法行为或者犯罪行为的处罚制度。

（二）我国现行企业破产法律制度概述

我国现行的企业破产法律制度主要是《中华人民共和国企业破产法》（简称《企业破产法》），该法于2006年8月27日由第十届全国人民代表大会常务委员会第二十三次会议通过，自2007年6月1日起施行。在此之前，我国实行的是由全国人大常委会于1986年2月通过的《中华人民共和国企业破产法（试行）》（简称《企业破产法（试行）》）。两者相比，新法在以下方面有重大突破：

(1) 扩大了适用破产制度的企业范围。《企业破产法（试行）》仅适用于全民所有制企业，而《企业破产法》适用于所有的法人型企业。

(2) 重新界定了企业破产的原因。《企业破产法（试行）》中将企业破产原因界定为"经营管理不善造成严重亏损，不能清偿到期债务"，这在司法实践中难以界定。《企业破产法》中将企业破产原因界定为"不能清偿到期债务，并且资产不足以清偿全部债务或者明显缺乏清偿能力"，该规定较为科学，并且具有可操作性。

(3) 增加了管理人制度。《企业破产法（试行）》中采用清算人管理制度，带有明显的行政色彩，而《企业破产法》中采用管理人制度，不仅独立于债务人和债权人之外，能更有效、公正地处理破产事宜，而且更专业。

(4) 更加完善了破产程序。新法中明确规定了破产申请与受理程序；增加了延迟申报程序；明确了债权人会议表决程序，以及重整方案、和解协议及破产财产分配方案的表决程序等。

(5) 增加了重整程序。当债务人不能清偿到期债务，并且资产不足以清偿全部债务或者明显缺乏清偿能力时，债务人可以向人民法院提出重整或者破产清算的申请；债务人不能清偿到期债务的，债权人也可以向人民法院提出重整或者破产清算的申请。它不是《企业破产法（试行）》中整顿程序的延续，而是一种独立的破产程序。

(6) 完善了破产清算制度。新法对有财产担保的债权的清偿、职工工资及社会保险的清偿、债权不确定的债权的清偿等作出了明确的规定。

第二节　破产申请和受理

一、破产界限

破产界限是关于宣告破产和不予宣告破产条件的法律规定。《企业破产法》规定："企业法人不能清偿到期债务，并且资产不足以清偿全部债务或者明显缺乏清偿能力的，依照本法规定清理债务。"由此可见，该破产界限的规定含义如下：第一，企业法人失去了清偿到期债务的能力，并且资产不足以清偿全部债务；第二，企业不能清偿到期的债务，并且明显缺乏清偿能力。

《企业破产法》对破产界限的规定，既参照了一些国家的规定，同时又着重考虑了当前企业的实际情况。在规定了上述破产界限的同时，还规定了两项不予宣告破产和一项中止破产程序：

（1）公用企业和与国计民生有重大关系的企业，政府有关部门给予资助或者采取其他措施清偿债务的；

（2）取得担保，并自破产之日起 6 个月内能清偿债务的；

（3）上级主管部门提出申请整顿，并且经企业与债权人会议达成和解协议的，中止破产程序。

非国有企业与债权人会议达成和解协议并能按和解协议清偿债务的，也不予宣告破产。

二、破产申请的提出与受理

（一）破产案件申请的提出

破产案件的申请是债务人或者债权人向法院请求对债务人适用破产程序的意思表示，是债务人或者债权人的破产请求权的具体行使。债务人不能清偿到期债务，债务人本人有权向法院申请破产，债权人也有权向法院申请宣告债务人破产。破产案件的申请不是破产程序开始的标志，只是破产程序开始的条件。

破产案件的申请因破产申请人的不同可以分为自愿破产申请和非自愿破产申请两种。自愿破产申请，是债务人提出的破产请求。非自愿破产申请，是债权人对债务人提出的破产请求。

破产案件的申请，应当采用书面形式。对于非自愿破产申请，债权人除应当向人民法院提交破产申请书以外，债权人对其申请书中陈述的事实必须提供相关的证据材料。对于自愿破产申请，债务人除应当向人民法院提交破产申请书外，还应当向人民法院提交下列材料：

（1）债务人的经营情况的说明。

（2）会计报表。会计报表是反映债务人财务状况的凭据，主要有资产负债表和损益表等。

（3）债务人财产状况明细表和有形财产的处所的说明。

（4）债权清册和债务清册。应当列明债权人和债务人名单、住所、开户银行、债权债务发生的时间、债权债务数额、债权债务的性质、有无争议等。

（5）国有企业经其上级主管部门或者政府授权部门同意申请破产的意见。

(6) 人民法院认为应当依法提供的其他材料。

(二) 破产案件的受理

破产案件的受理，又称为破产案件的立案，指法院经审查认为破产案件的申请符合法定的立案条件而予以接受，并因此开始破产程序的司法审判行为。人民法院受理破产案件的基本形式为裁定，人民法院受理破产案件，是破产程序开始的标志。

依照我国破产法的规定，债权人提出申请的，人民法院应当自收到申请书之日起 5 日内通知债务人。债务人对申请有异议的，应当自收到人民法院通知之日起 7 日内向人民法院提出。人民法院应当在异议期满之日起 10 日内裁定是否受理。人民法院受理破产申请的，应当自裁定作出之日起 5 日内送达申请人和债务人。债务人应当自收到裁定书之日起 15 日内，向人民法院提交财产状况说明、债务清册、有关财务会计报告以及职工工资的支付和劳动保险费用的缴纳情况等资料。

人民法院裁定不受理破产申请的，应当自裁定作出之日起 5 日内送达申请人，申请人对裁定不服的，可以自裁定送达之日起 10 日内向上一级人民法院提起上诉。人民法院受理破产申请的，应当指定管理人，并自裁定受理破产申请之日起 25 日内通知已知债权人，不能通知的，予以公告。

人民法院受理破产案件后，会产生以下效果：

（1）债务人应正当履行破产法规定的义务，包括但不限于：债务人不得对部分债权人清偿债务；担任保证人的债务人应当及时转告有关当事人；债务人的法定代表人应当列席债权人会议，如实回答询问等。

（2）法院受理破产案件后，对债务人财产的民事执行程序，尚未开始的，不得开始；已经开始但未执行完毕的，不得继续执行。

（3）债权人应当向受理破产案件的法院申报债权，否则不得通过破产程序行使权利。

（4）法院受理破产申请，标志着破产程序的开始。已经开始的破产程序，由于涉及其他众多债权人的利益，破产申请人不能再请求撤回破产案件的申请。

(三) 债权申报

债权申报，指债权人本人或其代理人，在破产程序开始后的法定期间内，向法院呈报其债权，以示参加破产程序的意思表示。债权申报，是债权人参加破产程序行使权利的基础。凡债权人在法定期间内未申报债权，就不能取得破产法赋予的债权人在破产程序中享有的各项权利。原则上，债权不论是否附有期限、是否附有条件或者是否附有担保，债权人欲参加破产程序行使权利者，均应以口头或书面形式，向受理破产案件的法院申报其债权。

依照我国法律，对于法院已经受理的破产案件，债权人应当在收到通知后1个月内，未收到通知的债权人应当自公告之日起3个月内，向人民法院申报债权，说明债权的数额和有无财产担保，并提交有关证明材料。

债权人逾期未申报债权，视为放弃或者自动放弃债权，即债权人不能再成为破产程序当事人，无权出席债权人会议、行使表决权和异议权、接受破产分配。

第三节 破产管理人

一、管理人的概念

管理人，也称破产管理人，是人民法院在依法受理破产申请的同时指定的全面接管破产企业并负责破产财产的保管、清理、估价、处理和分配，总管破产事务的人。破产管理人制度是企业破产法律制度中的一项重要内容。

二、管理人的产生和组成

（一）管理人的产生

《企业破产法》规定，管理人由人民法院指定。债权人会议认为管理人不能依法、公正地执行职务或者有其他不能胜任职务情形的，有权向人民法院申请予以更换。管理人没有正当理由不得辞去职务。管理人辞去职务应当经人民法院许可。

管理人的报酬由人民法院确定。管理人是独立于债权人会议、法院、债务人之外的组织，管理人的破产管理是有偿的服务，管理人在依法履行职责的同时理应获得相应的报酬。管理人的报酬属于破产费用，标准由人民法院确定。债权人会议对管理人的报酬有异议的，有权向人民法院提出，由人民法院决定是否需要对管理人的报酬进行调整。

（二）管理人的组成

《企业破产法》规定，管理人可以由有关部门、机构的人员组成的清算组或者依法设立的律师事务所、会计师事务所、破产清算事务所等社会中介机构担任。

根据这一规定，依法能够担任管理人的组织的情形有：

1. 由有关部门、机构的人员组成的清算组担任

该情形主要适用于国有企业，有关部门主要是指破产企业的上级主管部门、财政、工商管理、计划、审计、税务、物价、劳动、社会保险、土地管理、国有资产管理机构等。

2. 由依法设立的律师事务所担任

律师事务所是律师的执业机构，由其担任破产管理人，一方面可以指派律师参与破产财产事务的处理，利用律师掌握的法律专业知识合法、公平地处理破产事务；另一方面律师事务所作为依法设立的独立组织，在管理破产事务中能够对法院、债权人独立承担法律责任。

3. 由依法设立的会计师事务所担任

会计师事务所是注册会计师的执业机构，由其担任破产管理人，一方面可以指派注册会计师参与破产财产事务的处理，利用注册会计师掌握的会计、审计等专业知识合法、公平地处理破产事务；另一方面同律师事务所一样能够独立承担法律责任。

4. 由依法设立的破产清算事务所担任

破产清算事务所是指专门从事破产清算业务的机构。目前社会上虽然已经出现这样的机构，但是国家尚未制定相应法律、法规对破产清算事务所作出明确规定。

5. 由其他依法设立的社会中介机构担任

如资产评估机构、税务师事务所等。

管理人除了可以由有关组织担任外，也可以由自然人担任。《企业破产法》规定，人民法院根据债务人的实际情况，可以在征询有关社会中介机构的意见后，指定该机构具备相关专业知识并取得执业资格的人员担任管理人。个人担任管理人的，应当参加执业责任保险。

根据《企业破产法》的规定，有下列情形之一的，不得担任管理人：

（1）因故意犯罪受过刑事处罚。

（2）曾被吊销相关专业执业证书。

(3) 与本案有利害关系。所谓"利害关系",是指与所处理的事物之间在利益上存在直接或间接的联系。

(4) 人民法院认为不宜担任管理人的其他情形。

三、管理人的职责

根据《企业破产法》的规定,管理人履行下列职责:
(1) 接管债务人的财产、印章和账簿、文书等资料。
(2) 调查债务人财产状况,制作财产状况报告。
(3) 决定债务人的内部管理事务。
(4) 决定债务人的日常开支和其他必要开支。
(5) 在第一次债权人会议召开之前,决定继续或者停止债务人的营业。
(6) 管理和处分债务人的财产。
(7) 代表债务人参加诉讼、仲裁或者其他法律程序。
(8) 提议召开债权人会议。
(9) 人民法院认为管理人应当履行的其他职责。
以上管理人的具体职责,概括起来可以归纳为五个方面:

1. 全面接管债务人即破产企业

具体包括:
(1) 接管债务人的财产、印章和账簿、文书等资料。
(2) 决定债务人的内部管理事务。
(3) 决定债务人的日常开支和其他必要开支。
(4) 在第一次债权人会议召开之前,决定继续或者停止债务人的营业。

2. 保管和清理与债务人有关的财产

具体包括:
(1) 调查债务人财产状况,制作财产状况报告。由于管理人在接管债务人的财产时,企业中可能有不属于债务人所有或经营管理的财产,如承租他人的财产;还可能存在属于债务人财产但被他人占有使用尚未收回的情况,因此需要管理人调查债务人的财产状况,为破产程序的进行作好准备。
(2) 管理债务人的财产。管理人在接管债务人财产后,必须采取适当的措施对债务人财产予以管理,避免财产毁损、灭失,损害债权人及其他利害关系人的利益。

3. 对外代表债权人

在债务人进入破产程序后,已由管理人全面接管债务人,因此债务人的一切对外活动不再由债务人进行,而是由管理人进行,具体包括:

(1)处分债务人财产。对债务人财产清理清算后,由管理人进行变卖、拍卖、变现。

(2)代表债务人参加诉讼。在破产程序进行中,因未收回债务人财产、实现债权等原因而进行诉讼、仲裁或其他法律程序时,由管理人替代债务人参与相关法律程序。

4. 提议召开债权人会议

在破产程序进行中,管理人遇到必须由债权人会议决定的事务,管理人可以提议召开债权人会议,以便所管理的事务经决定后可尽快处理。在债权人会议召开时,管理人应列席会议,并向债权人会议报告职务执行情况,接受债权人的询问。

5. 其他职责

除以上职责外,人民法院认为管理人应履行的其他职责。

此外,为了避免因管理人履行职责不当而危及债权人的利益,《企业破产法》对管理人履行职责设定了一定的限制。《企业破产法》规定,在第一次债权人会议召开之前,管理人实施下列行为时,应当经人民法院许可:

(1)决定继续或者停止债务人的营业。管理人接管债务人后,债务人虽然仍具有民事主体资格,其营业活动仍然可以继续进行,而继续或开展新的营业活动的结果可能是增加债务人财产,也可能是减少债务人财产,而这又直接关系债权人的利益,因此在第一次债权人会议召开之前,即债权人会议对管理人的管理行为未进行监督之前,管理人对债务人的营业无论是作出继续还是停止的决定,都应经人民法院的许可。

(2)涉及土地、房屋等不动产权益的转让。不动产是指不可移动或者一旦移动即失去或影响其价值的财产,如土地及房屋、林木、构筑物等地上附着物。不动产权益包括不动产所有权、使用权、收益权等。转让是指转移权利主体的行为,即不动产的权利主体由破产债务人转移为其他人。转让的方式有出售、交换、赠与等。因不动产权益的转让直接关系债务人财产的多少,对债权人的利益有重大的影响,对不动产权益转让理应征得全体债权人的同意,因此在第一次债权人会议召开之前,管理人实施该行为应当征得人民法院的许可。

(3)探矿权、采矿权、知识产权等财产权的转让。探矿权是指按照国家有关部门颁发的勘查许可证规定的区域、期限、工作对象进行勘查以及优先取得勘查作业区内发现矿种开采的权利。探矿人有权优先取得勘查作业区内矿产资源的采矿权。探矿在完成规定的最低勘查投入后，经依法批准可以将探矿权转让他人。国家实行采矿权的有偿取得制度，经批准依法取得采矿权后，采矿权人有权转让采矿权。知识产权是指智力成果的创造人对创造的智力成果和工商活动的行为人对所拥有的标志依法所享有的权利总称。知识产权是由智力创造而产生的权利，包括专利权、商标权、著作权、植物新品种权等，它是一项重要的财产权，能够为权利人带来经济利益。探矿权、采矿权、知识产权等财产权的转让，对债权人的利益有重大的影响，因此在第一次债权人会议召开之前，管理人实施该行为应当征得人民法院的许可。

（4）全部库存或者营业的转让。库存是企业现存的尚未转移出去的物品，在生产企业称产品库存，在商业企业称商品库存。营业是指经营的业务。库存是实物财产，营业是经济利益，两者的转让均涉及债权人的利益，因此在第一次债权人会议召开之前，管理人实施该行为应当征得人民法院的许可。

（5）借款。借款属于债务的增加。在人民法院受理破产申请后，管理人为债务人借款即增加了债务人的债务，这对债权人有直接的影响，应由全体债权人决定或征得其同意。因债权人会议尚未召开，管理人在第一次债权人会议召开之前借款，应当征得人民法院的许可。

（6）设定财产担保。设定财产担保是指以财产作为债权的担保，在债务人不履行债务时，债权人有权依法以该财产折价或者以拍卖、变卖该财产的价款优先受偿。因设定财产担保可能产生以该财产折价或者拍卖、变卖该财产清偿债务的法律后果，从而对债权人的利益有重大的影响，所以在第一次债权人会议召开之前，管理人实施该行为应当征得人民法院的许可。

（7）债权和有价证券的转让。债权是指债权人对债务人的履行债务的请求权。有价证券是指具有财产价值的书面凭证，如股票、债券、存款单、提单等。债权和有价证券都是财产权利的体现，均涉及债权人的利益，在第一次债权人会议召开之前，管理人实施该行为应当征得人民法院的许可。

（8）履行债务人和对方当事人均未履行完毕的合同。在债务人进入破产程序时，所涉及的未履行完毕的合同有三种情况：一种是债务人的义务已经履行完毕，而对方当事人未履行完毕，管理人可决定要求对方继续履行或终止履行而追偿债权；第二种是对方当事人的合同义务已经履行完毕，而债务人尚未履行完毕，管理人根据对方当事人的要求决定继续履行合同义务或者计算对方当事人的债权；第三种情况是债务人和对方当事人的合同义务均未履行完毕，如果继续履行该合同，则可能涉及对债务人财产的处分（如交付货物），或者可能涉及债务人债务的增加（如付款），均会对债权人的利益有重大的影响。因此在第一次债权人会议召开之前，管理人履行债务人和对方当事人均未履行完毕的合同，应当征得人民法院的许可。

（9）放弃权利。权利往往意味着财产或者财产权益，所以权利的放弃等于是财产或者财产权益的减少。债务人依法进入破产程序，本来就已经资不抵债，再减少部分财产或者财产利益将进一步损害债权人的利益。放弃权利与债权人的利益密切相关，因此在第一次债权人会议召开之前，管理人实施该行为应当征得人民法院的许可。

（10）担保物的取回。在以物为担保的情况下，担保物的取回必须以债务履行期间债权得以实现为条件，如果债权没有得到实现，即债务人没有清偿债务，债权人可以担保物折价或者将担保物变卖、拍卖，将所得价款进行清偿。在债务人进入破产程序后，如果要取回担保物就必须清偿债务或者提供其他担保物，而清偿债务或者提供其他担保物都是一种处分债务人财产的行为，均对债权人的利益有一定的影响，因此管理人在第一次债权人会议召开之前取回担保物，应当征得人民法院的许可。

（11）对债权人的利益有重大影响的其他财产处分行为。

第四节　债务人财产

一、债务人财产的概念及范围

债务人财产，是指破产申请受理时属于债务人的全部财产，以及破产申请受理后至破产程序终结前债务人取得的财产。

以人民法院受理破产申请为标准，债务人财产划分为两部分：

（1）破产申请受理时属于债务人的全部财产，包括动产、不动产、财产权利。其中动产主要有债务人的货币、机器设备、办公用品、原材料、尚未出售的产品或商品、交通工具等；不动产主要有房屋、构筑物及林木等；财产权利主要是指土地使用权、债权、知识产权、票据权利、股权、物权等。

（2）破产申请受理后至破产程序终结前债务人取得的财产，包括动产、不动产、财产权利。人民法院受理破产申请后，债务人的财产即由管理人接管，管理人可以决定是否继续营业、接受第三人的交付和给付等。这样在破产申请受理后至破产程序终结前，债务人的财产仍然可以处在变化的状态，如果在这期间因继续经营或者因第三方交付财产而取得财产，仍应属于债务人的财产。

二、撤销权

（一）撤销权的概念

撤销权，是指因债务人实施的减少债务人财产的行为危及债权人的债权时，管理人可以请求人民法院撤销该行为的权利。设立撤销权制度的目的在于恢复债务人财产，防止因债务人对财产的不当处理损害债权人的利益，最大限度地确保债权人债权的实现。

（二）可撤销行为

《企业破产法》规定，人民法院受理破产申请前1年内，涉及债务人财产的下列行为，管理人有权请求人民法院予以撤销：

1. 无偿转让财产的

无偿转让财产是指债务人在人民法院受理破产申请前1年内，在没有取得对价的情况下，将自己的财产转让给第三人。债务人如果以无偿转让财产的方式转让财产，将导致财产的减少，从而损害债权人的利益，因此无论第三人主观上是否有过错，管理人均可以请求撤销该行为，以恢复债务人财产原状。

2. 以明显不合理的价格进行交易的

所谓以明显不合理的价格进行交易，是指债务人在人民法院受理破产申请前1年内，以明显低于市场同类商品的价格，或者以明显高于市场同类商品的价格进行交易。无论是以明显不合理的低价将财产或权益转让给第三人，还是以明显不合理的高价受让财产或权益，都将严重损害债权人的利益，因此管理人均有权请求撤销该行为，恢复财产原状。

3. 对没有财产担保的债务提供财产担保的

所谓对没有财产担保的债务提供财产担保，是指债务人在人民法院受理破产申请前1年内，对本来没有设定财产担保的主债务设定财产担保。这种行为对有财产担保的债权人是有利的，但是对其他债权人是不利的，因为如果该担保是有效的，那么有担保的债权人对该担保财产拥有优先受偿权。因此对没有财产担保的债务提供财产担保会损害债权人的利益，管理人有权要求撤销该担保。

4. 对未到期的债务提前清偿的

对未到期的债务提前清偿，又称提前清偿，是指债务人在人民法院受理破产申请前1年内，对本来没有到期的债务，予以提前清偿。债务是否到期以债务人与第三人之间签订的合同中约定履行期限来确认，如果按约定债务尚未到履行期就已经履行，即可认定为对未到期的债务提前清偿。但是如果合同中对履行期限没有约定或约定不明确，按合同法规定，债务人可以随时履行，在这种情况下不能认定对未到期的债务提前清偿。

5. 放弃债权的

放弃债权是指债务人在人民法院受理破产申请前1年内，对依法或依约享有的债权予以放弃。债权意味着财产或者财产权益，所以放弃债权等于是放弃财产或者财产权益，也就意味着债权人可获得的财产的减少，因而损害了债权人的利益，所以管理人有权要求撤销该行为。

(三) 撤销权的行使

根据《企业破产法》的规定，撤销权的行使应当符合下列要求：

(1) 必须由管理人行使撤销权。在人民法院受理破产申请后，管理人即全面接管破产企业并负责破产财产的保管、清理、估价、处理和分配，总管破产事务。因此应由管理人向人民法院请求撤销债务人的不当行为，其他任何人不能行使这一权利。

(2) 可撤销的行为必须发生在人民法院受理破产申请前1年内，超过1年的，债务人即使发生上述行为，也不属于可撤销的行为。

经管理人的请求被人民法院撤销的行为即归于消灭。如果据此取得财产，管理人有权予以追回。对于已领受债务人财产的第三人，应负有返还财产的义务，原物不存在时，应折价赔偿。

(四) 个别清偿的撤销

个别清偿是指债务人在对多个债权人承担债务的情况下，只对个别债权人进行债务清偿的行为。债务人进行个别清偿，损害的是其他多数债权人的利益，因此，为了公平清理债权债务，保护所有债权人的利益，对于个别清偿行为应予以撤销。

《企业破产法》规定，人民法院受理破产申请前6个月内，债务人有不能清偿到期债务，并且资产不足以清偿全部债务或者明显缺乏清偿能力，仍对个别债权人进行清偿的，管理人有权请求人民法院予以撤销。但是，个别清偿使债务人财产受益的除外。

经管理人的请求被人民法院撤销的行为即归于消灭。如果据此取得财产，管理人有权予以追回。对于已领受债务人财产的债权人，应负有返还财产的义务，原物不存在时，应折价赔偿。个别债权人的债权，与其他债权人的债权一样计入破产债权。

三、债务人的无效行为

所谓无效行为，也称无效民事行为，是指行为人的行为因不具备法律规定的有效条件而没有法律效力。无效行为自始无效，即行为从实施时起就没有法律约束力。因实施无效行为取得的财产，应当通过返还财产、赔偿损失等方式使行为人的财产恢复到行为之前的状态。

《企业破产法》规定，涉及债务人财产的下列行为无效：

（一）为逃避债务而隐匿、转移财产的

所谓隐匿，是指将财产藏匿起来，不让他人发现，使他人无法获知财产的所在从而无法控制。在破产案件中，隐匿财产主要是指债务人为了逃避债务，故意将债务人的财产藏匿起来，不让管理人发现，从而使管理人无法获知财产的所在而无法进行实际接管，更无法进行清理清算。所谓转移，是指私自将财产移往他处，或将资金取出移往其他账户，脱离他人的控制。在破产案件中，转移财产主要是指债务人为了逃避债务，故意将债务人的财产移往他处，或将资金取出移往其他账户，脱离管理人的控制，从而使管理人无法获知财产的所在而无法进行实际接管。为逃避债务而隐匿、转移财产，不但妨碍管理人接管债务人财产，影响破产程序的正常进行，而且严重损害债权人的合法权益。因此为逃避债务隐匿、转移财产的行为为无效行为，该行为自实施之日起就没有法律效力。如果据此取得财产，管理人有权予以追回。

（二）虚构债务或者承认不真实的债务的

所谓虚构债务，是指故意制造虚假的债务凭证，包括合同、借据等，从而制造根本不存在的债务。在破产案件中，主要是指债务人故意制造虚假的合同、借据等债务凭证，增加债务人的债务，导致债务人财产的减少，损害债权人的合法权益。所谓承认不真实的债务，是指债务人故意对事实上不正确、不

真实的债务予以确认,隐瞒债务人财产的情况。人民法院受理破产申请后,由管理人接管债务人的财产,并且对债务人的财产状况进行调查。虚构债务或者承认不真实的债务,不但妨碍管理人履行职责,而且严重损害债权人的合法权益,因此该行为为无效行为,该行为自实施之日起就没有法律效力。如果据此取得财产,管理人有权予以追回。

【例5-1】甲公司因经营管理不善,不能清偿到期债务,某年10月20日被其债权人乙公司申请破产,人民法院于同年10月28日裁定受理该破产申请。在破产程序进行中,乙公司向管理人提供,甲公司在上年度8月曾放弃过其控股公司丙的20万元债权,那么管理人能否请求人民法院撤销甲公司放弃20万元债权的行为?

解析:

管理人不能请求人民法院撤销甲公司放弃20万元债权的行为,因为根据《企业破产法》规定,可撤销的行为必须发生在人民法院受理破产申请前1年之内,因时间已过1年,因此依法不能申请撤销该行为,20万元债权无法追回。

四、抵消权

抵消权是指当事人双方互负债务,又互享债权,各自以自己的债权充抵对方所负债务,使自己的债务与对方的债务在等额内消灭的制度。

《企业破产法》规定:"债权人在破产申请受理前对债务人负有债务的,可以向管理人主张抵消。"抵消权对破产债权人具有重要意义,因为债权人的债权按破产程序清偿通常只能得到部分偿还,而债权人对破产企业所负的债务却须完全偿还,抵消权可使破产债权人在抵消的破产债权额内得到全额偿还。

根据《企业破产法》的规定,抵消权的行使应当符合下列要求:

(1) 债权人对债务人负有债务,且债权人对债务人所负债务产生于破产申请受理之前。这种互负债务,无论是否已到清偿期限,无论债务标的、给付种类是否相同,均可主张抵消。在破产申请受理之后,债权人对债务人负有的债务,不能主张抵消。

(2) 抵消权只能由债权人行使,且债权人必须向管理人提出。抵消权的行使目的是对债权人债权的一种保障,但实际上会导致破产财产的减少,对其他债权人不利,因此,抵消权只能由债权人行使,而不能由其他人如管理人行使。在破产申请受理后,管理人已经接管债务人财产,因此债权人应当向管理人主张抵消,而不能向债务人直接提出。

《企业破产法》规定,有下列情形之一的,不得抵消:

(1) 债务人的债务人在破产申请受理后取得他人对债务人的债权的。这是指在破产申请受理前,破产企业的债务人对破产企业并不享有债权,仅对破产企业负有债务,但是破产企业的债务人以外的第三人对破产企业享有债权。在破产申请受理后,第三人将其对破产企业的债权,全部或部分地转让给破产企业的债务人,使破产企业的债务人同时也成为破产企业的债权人。这种情况下的互负债务、互享债权,不得抵消。

(2) 债权人已知债务人有不能清偿到期债务或者破产申请的事实,对债务人负担债务的;但是,债权人因为法律规定或者有破产申请1年前所发生的原因而负担债务的除外。这是指如果债权人在对债务人负担债务时,已经知道债务人有不能清偿到期债务或者破产申请的情形存在,那么债权人在这种情况下对债务人负担的债务,不得向管理人主张抵消。但是为了维护抵消权人的合法权益,《企业破产法》规定债权人因为法律规定或者有破产申请1年前所发生的原因而负担债务的,即使债权人在对债务人负担债务时,已知债务人有不能清偿到期债务或者破产申请的事实,也可以主张抵消。

(3) 债务人的债务人已知债务人有不能清偿到期债务或者破产申请的事实,对债务人取得债权的;但是,债务人的债务人因为法律规定或者有破产申请1年前所发生的原因而取得债权的除外。这是指如果债务人的债务人已经知道债务人有不能清偿到期债务或者破产申请的事实,而对债务人取得债权,说明该债务人已经知道了其取得的债权有可能难以得到保障。为防止滥用抵消权侵害其他债权人的利益,《企业破产法》规定,债务人的债务人已知债务人有不能清偿到期债务或者破产申请的事实,而对债务人取得债权的,不得主张抵消。但是,债务人的债务人因为法律规定或者有破产申请1年前所发生的原因而取得债权的,可以主张抵消。

【例5-2】甲公司与乙公司在某年7月1日签订房屋租赁合同,约定甲公司将五间临街房出租给乙公司用做商业经营,租期5年,自当年7月5日开始计算租期,每年租金10万元,每年支付一次。当年10月甲、乙双方又签订买卖合同,由乙公司向甲公司提供货物,甲公司应付货款20万元。次年7月13日其他债权人申请甲公司破产,人民法院裁定受理破产申请,指定管理人对甲公司的债权债务及财产进行清理清算。乙公司向管理人申报债权时提出以其所欠甲公司某年的租金 10 万元的债务,与甲公司欠其 20 万元的债务相抵,租赁合同解除,剩余的 10 万元货款作为债权予以申报。乙公司的要求是否符合《企业破产法》的规定?

解析:

乙公司的要求符合《企业破产法》的规定。根据《企业破产法》的规定,债权人与债务人互负债务又互享债权,且债权人对债务人所负的债务产生于破产申请之前,并且又不属于不得抵消的情形,债权人可以向管理人主张抵消权,即以其对债务人的债务抵消其对债务人的债权。本案中,债权人乙公司对破产企业甲公司的 10 万元的租金债务产生于甲公司破产申报受理之前,即次年 7 月 13 日之前,因此乙公司的抵消要求符合《企业破产法》的规定。

五、其他由管理人依法处理的债务人财产

《企业破产法》除规定因涉及债务人财产的行为被撤销或者无效而取得的债务人的财产,管理人有权追回外,还对其他由管理人依法处理的债务人财产的情形作出了规定,主要包括:

(1) 人民法院受理破产申请后,债务人的出资人尚未完全履行出资义务的,管理人应当要求该出资人缴纳所认缴的出资,而不受出资期限的限制。

(2) 债务人的董事、监事和高级管理人员利用职权从企业获取的非正常收入和侵占的企业财产,管理人应当追回。

(3) 人民法院受理破产申请后,管理人可以通过清偿债务或者提供为债权人接受的担保,取回质物、留置物。上述规定的债务清偿或者替代担保,在质物或者留置物的价值低于被担保的债权额时,以该质物或者留置物当时的市场价值为限。

(4) 人民法院受理破产申请后,债务人占有的不属于债务人的财产,该财产的权利人可以通过管理人取回。但是,《企业破产法》另有规定的除外。

(5) 人民法院受理破产申请时,出卖人已将买卖标的物向作为买受人的债务人发运,债务人尚未收到且未付清全部价款的,出卖人可以取回在运途中的标的物。但是,管理人可以支付全部价款,请求出卖人交付标的物。

第五节　破产费用和共益债务

一、破产费用

（一）破产费用的概念

破产费用是指人民法院受理破产申请后，为破产程序的顺利进行及在对债务人财产的管理、变价、分配过程中，必须支付的且用债务人财产优先支付的费用。

破产费用与其他费用相比具有以下特点：

（1）破产费用必须是在破产程序开始后发生的，破产程序开始前发生的任何费用都不属于破产费用。

（2）破产费用必须是为破产事务的处理而发生的费用，与破产事务的处理无关的费用不属于破产费用。

（3）破产费用必须是在处理破产事务中为债权人的共同利益而发生的费用，不是为债权人的共同利益而发生的费用，如债权人为参加债权人会议而支付的差旅费就不属于破产费用。

（4）破产费用的支付不按破产程序中的清偿顺序清偿，而是随时可用债务人的财产进行清偿，目的是为了破产程序的顺利进行。

（二）破产费用的范围

《企业破产法》规定，人民法院受理破产申请后发生的下列费用为破产费用：

（1）破产案件的诉讼费用。案件诉讼费是人民法院依法向债务人收取的费用。按最高人民法院的规定，案件诉讼费采取预收的方式收取。诉讼费用包括调查费、公告费、送达费、财产保全费、鉴定费等。

（2）管理、变价和分配债务人财产的费用。人民法院受理破产申请后，债务人的财产就不能随意处置，必须通过人民法院指定的管理人对其进行管理，而管理人的管理必然要支出有关的费用，包括财产的仓储费、运输费、律师费、会计师费等费用，对财产估价、拍卖、登记等变价费，制作财产分配方案、公告和通知分配方案、提存等分配财产的费用。

(3) 管理人执行职务的费用、报酬和聘用工作人员的费用。

二、共益债务

（一）共益债务的概念

共益债务是指人民法院受理破产申请后，管理人为全体债权人的共同利益，管理债务人财产时所负担或产生的债务，以及因债务人财产而产生的、以债务人财产优先支付的债务。共益债务具有以下特点：

（1）共益债务发生于人民法院受理破产申请后。因为只有在人民法院受理破产申请后，才指定管理人，管理人才有权对债务人的财产进行管理，才能因管理而产生债务。如在受理破产申请后，管理人决定继续经营而支付的劳动报酬、社会保险费等。如果此类债务发生在人民法院受理破产申请之前，只能作为破产债权，而不作为共益债务。

（2）共益债务是管理人在管理债务人财产过程中因债务人和债务人财产而发生的债务。

（3）共益债务是管理人在管理债务人财产过程中为全体债权人的共同利益而发生的债务。

（二）共益债务的范围

《企业破产法》规定，人民法院受理破产申请后发生的下列债务，为共益债务：

1. 因管理人或者债务人请求对方当事人履行双方均未履行完毕的合同所产生的债务

人民法院受理破产申请后，管理人可以决定是否继续履行合同。如果在人民法院受理破产申请前合同的对方当事人已经交付货物，且约定供货人收到货款时货物的所有权才转移债务人，但债务人尚未付款就被法院裁定受理破产申请，那么管理人只有支付该笔货款，即承担该笔债务才能取得货物的所有权，该货物才能作为债务人的财产进行破产处理。同时由于履行合同还会发生公证费、律师费等，这些都属于共益债务。另外，在债务人重整期间，债务人为继续履行合同而负担的债务，也为共益债务。

2. 债务人财产受无因管理所产生的债务

无因管理是指没有法定的或约定的义务，为避免他人利益受损失而进行管理或者服务的法律事实。无因管理人有权要求受益人支付必要的费用,受益人由此承担债务。在人民法院受理破产申请之后所产生的无因管理的债权才能作为共益债务,如果发生在人民法院受理破产申请之前,无因管理人的费用偿还权只能作为破产债权受偿。

3. 因债务人不当得利所产生的债务

不当得利是指没有合法的根据,而取得不当利益,并因此造成他人损失的。《民法通则》规定,取得不当利益的人应当将取得的不当得利返还受损失的人。不当得利返还请求权产生于人民法院受理破产申请之后,属于共益债务,不属于破产债权。

4. 为债务人继续营业而应支付的劳动报酬和社会保险费用以及由此产生的其他债务

在债务人进入破产程序后,管理人可能为了债务人的财产增值决定继续营业,而继续营业就要聘用劳动者,因而就会支付劳动报酬及社会保险费用,这些费用应作为共益债务。

5. 管理人或者相关人员执行职务致人损害所产生的债务

管理人及其聘用人员依职权对债务人财产进行管理过程中可能会对他人造成损害,因这种损害是执行职务时发生的,因此也作为一种共益债务。

6. 债务人财产致人损害所产生的债务

由于债务人自己财产的原因而导致他人财产损失的,作为共益债务。

三、破产费用和共益债务的清偿

根据《企业破产法》的规定,破产费用和共益债务的清偿,按照下列原则进行:

(1) 破产费用和共益债务由债务人财产随时清偿。

(2) 债务人财产不足以清偿所有破产费用和共益债务的,先行清偿破产费用。

(3) 债务人财产不足以清偿所有破产费用或者共益债务的,按照比例清偿。

(4) 债务人财产不足以清偿破产费用的,管理人应当提请人民法院终结破产程序。人民法院应当自收到请求之日起 11 日内裁定终结破产程序,并予以公告。

第六节 债权申报

一、债权申报的概念

债权申报是指债务人的债权人在接到人民法院的破产申请受理裁定通知或者公告后,在法定期限内向人民法院申请登记债权,以取得破产债权人地位的行为。

债权人在法定期限内申报债权即成为破产债权人,因而享有破产债权人的权利,但若未在法定期限内申报债权,则视为放弃债权。破产债权人在破产过程中享有的权利主要有:①参加债权人会议,并享有表决权。②提出对债务人重整申请。③参加破产财产的分配。

二、债权申报的期限

债权申报的期限是指《企业破产法》规定或经人民法院允许债权人向人民法院申报债权的期间。债权申报的期限对债权的申报是否有效起着至关重要的作用。如果债权人没有在申报期内申报债权,就视同放弃参加破产程序的权利,即不能成为破产债权人,不享有破产债权人在破产过程中享有的表决权、破产财产分配权等权利,最终也就是放弃了债权。

(一) 法定申报期限

法定申报期限是指《企业破产法》规定的债权申报期限。《企业破产法》规定,人民法院受理破产申请后,应当确定债权人申报债权的期限。债权申报期限自人民法院发布受理破产申请公告之日起计算,最短不得少于30日,最长不得超过3个月。对于案件较为简单、债权人较少的,可以确定较短的申报期限,但不得短于30日;对于案件较为复杂、债权人数较多且涉及金额巨大的,可以确定较长的申报期限,但不得长于3个月。

(二) 延展申报期限

延展申报期限也称补充申报期限,是指在人民法院确定的债权申报期限内,债权人未申报债权的,可以在破产财产最后分配前补充申报;但是,此前已进行的分配，不再对其补充分配。补充申报必须在破产财产最后分配前提出，得到的清偿以补充申报后的破产财产为限。《企业破产法》规定，在人民法院确定的债权申报期限内，债权人未申报债权的，可以在破产财产最后分配前补充申报；但是，此前已进行的分配，不再对其补充分配。为审查和确认补充申报债权的费用，由补充申报人承担。

三、债权申报的要求

根据《企业破产法》的规定，债权人申报债权时，应当按照下列要求进行：

（1）未到期的债权，在破产申请受理时视为到期。附利息的债权自破产申请受理时起停止计息。

（2）附条件、附期限的债权和诉讼、仲裁未决的债权，债权人可以申报。

（3）债权人应当在人民法院确定的债权申报期限内向管理人申报债权。债务人所欠职工的工资、医疗和伤残补助、抚恤费用，所欠的应当划入职工个人账户的基本养老保险、基本医疗保险费用，以及法律、行政法规规定应当支付给职工的补偿金，不必申报，由管理人调查后列出清单并予以公示。职工对清单记载有异议的，可以要求管理人更正；管理人不予更正的，职工可以向人民法院提起诉讼。

（4）债权人申报债权时，应当书面说明债权的数额和有无财产担保，并提交有关证据。申报的债权是连带债权的，应当说明。有财产担保的债权是指对债务人的特定财产享有抵押权、质权、留置权等担保物权的债权。有财产担保的债权对特定的财产享有优先受偿权。连带债权是指债权人人数为两人以上的多数债权人中的任何一人都有权要求债务人履行全部债务，债务人也可以向多数债权人中的任何一人履行全部债务的债权。

（5）连带债权人可以由其中一人代表全体连带债权人申报债权，也可以共同申报债权。由其中一人代表全体连带债权人申报债权的，应说明其能够代表其他连带债权人及所代表的其他连带债权人的基本情况，该申请人的行为对其他连带债权人发生效力；连带债权人共同申报债权的，他们作为共同的债权人，在对破产财产清偿时，只解决所申报债权的清偿问题。连带债权人之间的内部关系，不在破产程序中解决。

（6）债务人的保证人或者其他连带债务人已经代替债务人清偿债务的，以其对债务人的求偿权申报债权。债务人的保证人或者其他连带债务人尚未代替债务人清偿债务的,以其对债务人的将来求偿权申报债权。但是,债权人已经向管理人申报全部债权的除外。

(7) 连带债务人数人被裁定适用《企业破产法》规定的程序的,其债权人有权就全部债权分别在各破产案件中申报债权。

(8) 管理人或者债务人依照《企业破产法》规定解除合同的,对方当事人以因合同解除所产生的损害赔偿请求权申报债权。

(9) 债务人是委托合同的委托人,被裁定适用《企业破产法》规定的程序,受托人不知该事实,继续处理委托事务的,受托人以由此产生的请求权申报债权。

(10) 债务人是票据的出票人,被裁定适用《企业破产法》规定的程序,该票据的付款人继续付款或者承兑的,付款人以由此产生的请求权申报债权。

第七节 债权人会议

一、债权人会议的性质

债权人会议是破产程序中全体债权人的自治性组织,以维护债权人共同利益为目的,讨论决定有关破产事宜,表达债权人的意志。债权人会议是债权人行使破产参与权的场所,本身不是执行机关,也不是民事权利主体,但是债权人会议在破产程序中地位非常重要。在债权人会议内部可以协调、平衡债权人之间的利益关系,在债权人会议之外可以通过参与和监督破产程序,维护全体债权人的利益。

二、债权人会议的组成

《企业破产法》规定,依法申报债权的债权人为债权人会议的成员,有权参加债权人会议,享有表决权。这一规定包含两层含义:第一,债权人会议由申报债权的债权人组成。债权人要成为债权人会议成员,必须依法申报债权,依法申报债权后才能成为正式的债权人会议成员。第二,凡是债权人会议的成员,都享有出席会议和对会议所议事项进行表决的权利。但是《企业破产法》规定,债权尚未确定的债权人,除人民法院能够为其行使表决权而临时确定债权额的外,不得行使表决权;对债务人的特定财产享有担保权的债权人,未放弃优先受偿权利的，其对通过和解协议和破产财产的分配方案的事项不享有表决权。

债权人可以委托代理人出席债权人会议，行使表决权。代理人出席债权人会议应当向人民法院或者债权人会议主席提交债权人的授权委托书。

债权人会议应当有债务人的职工和工会的代表参加，对有关事项发表意见。

债权人会议设主席1人，由人民法院从有表决权的债权人中指定，债权人会议主席主持债权人会议。也就是说，债权人会议主席必须由有表决权的债权人担任，既不能是非债权人，也不能是无表决权的债权人，且必须是经人民法院指定，而不能由债权人会议选任。

三、债权人会议的召集

第一次债权人会议由人民法院召集，自债权申报期限届满之日起15日内召开，由人民法院主持。其内容应包括：宣布债权人会议职权和其他有关事项；宣布债权人资格审查结果；指定并宣布债权人会议主席；由管理人通报债务人的生产经营、财产、债务的基本情况等。

第一次债权人会议以后的债权人会议，在人民法院认为必要时，或者管理人、债权人委员会、占债权总额1/4以上的债权人向债权人会议主席提议时召开。召开债权人会议，管理人应当提前15日将会议的时间、地点、内容、目的等事项通知已知的债权人。

四、债权人会议的职权

《企业破产法》规定，债权人会议行使下列职权：

（1）核查债权。管理人依法对申报债权进行审查后，编制债权表，提交第一次债权人会议核查。核查的内容主要包括：债权是否存在，债权的性质（有无财产担保）、债权数额等。经核查无异议的由人民法院裁定确认，有异议的可向人民法院提起诉讼。

（2）申请人民法院更换管理人，审查管理人的费用和报酬。首先，债权人会议对管理人享有更换申请权。其次，债权人会议对管理人的费用和报酬享有审查权。管理人的费用和报酬作为破产费用是优于其他债权随时支付的，其是否合理直接关系债权人的利益，因此法律赋予债权人会议对其享有审查权。

(3) 监督管理人。按照《企业破产法》的规定，管理人向人民法院报告工作，并接受债权人会议和债权人委员会的监督。监督的方式包括：听取管理人执行职务情况的报告，并就报告的内容进行询问；要求管理人对其职权范围内的事务作出说明或提供有关文件等。

(4) 选任和更换债权人委员会成员。债权人会议可以决定成立债权人委员会，债权人委员会由债权人会议选任的债权人代表和一名债务人的职工代表或工会代表组成。如果债权人会议认为已选任的债权人代表不能胜任工作，有权更换债权人代表。但无论选任还是更换都需人民法院书面认可。

(5) 决定继续或者停止债务人的营业。企业进入破产程序意味着其经济活动遇到很大的困难，继续经营会有很大的风险，即损失更多的财产，使债权人能够分配的财产进一步减少，因此继续或者停止债务人的营业，要由代表全体债权人的债权人会议决定。

(6) 通过重整计划。重整是在企业无力偿债的情况下，使企业摆脱困境走向复苏的一项制度。重整计划是债务人或管理人向人民法院和债权人会议提交的企业重整的方案。为保护债权人的利益，重整计划必须交由债权人会议讨论并表决通过。

(7) 通过和解协议。和解协议是债务人和债权人在人民法院的主持下，就债务人延期清偿债务、减少债务数额等事项达成的协议，协议一旦达成将中止破产程序，是破产制度中的一项重要制度。债务人申请和解应提出和解协议草案，债权人会议将对和解协议草案的内容进行讨论表决。

(8) 通过债务人财产的管理方案。债务人财产的管理由管理人负责，管理人就债务人财产的状况制定一个管理方案，管理方案经债权人会议讨论通过后实施。不能通过的由法院裁定。

(9) 通过破产财产的变价方案。对债务人的实物资产、无形资产通过拍卖的方式变价，是破产财产进行清偿的前提。管理人应当就变价财产的范围、变价方法、变价的时间等制定一个方案，并将方案提交债权人会议讨论通过后实施，不能通过的由法院裁定。

(10) 通过破产财产的分配方案。变价方案通过后，破产财产分配前，管理人应当向债权人会议提交破产财产的分配方案草案，包括可分配的破产财产数额、分配顺序、比例等。破产财产的分配，直接关系到每一个债权人的受偿数额，必须提交债权人会议讨论通过，经两次讨论不能通过的，由人民法院裁定。

(11) 人民法院认为应当由债权人会议行使的其他职权。

债权人会议所议事项都是破产程序中的重大事项，应当对所议事项的决议形成会议记录，以备今后查阅。

五、债权人会议的决议

债权人会议的决议，由出席会议的有表决权的债权人过半数通过，并且其所代表的债权额占无财产担保债权总额的 1/2 以上。但《企业破产法》另有规定的除外。债权人会议的决议，对全体债权人均有法律约束力。

债权人认为债权人会议的决议违反法律规定，损害其利益的，可以自债权人会议作出决议之日起 15 日内，请求人民法院裁定撤销该决议，责令债权人会议依法重新作出决议。

债权人会议决议的表决实行双重多数通过，即必须同时满足两个条件：一是按人计算，由出席会议的有表决权的债权人过半数通过，过半数不包括半数在内。这里的过半数是按出席会议的有表决权的人数计算，有表决权的债权人不出席会议，应视为已放弃了自己的表决权。这样规定是为了会议能够及时形成决议，以利于破产程序的顺利进行。二是按金额计算，同意票所代表的债权额占无财产担保债权总额的 1/2 以上。这里的债权额指经过债权人会议确认的余额；无财产担保债权总额以债权人会议确认的无财产担保债权总额为准，且无论债权人是否出席会议。以上两个条件是债权人会议议决一般决议所必需的条件。《企业破产法》同时还规定了特殊情况下更为严格的条件：

（1）通过和解协议草案的决议，由出席会议的有表决权的债权人过半数通过，并且其所代表的债权额占无财产担保债权总额的 2/3 以上。

（2）通过重整计划草案的决议，按债权类型分组进行表决，由出席会议同一表决组的债权人过半数同意，并且其所代表的债权额应该占该组债权总额的 2/3 以上的，为该组通过。各表决组均通过时，重整计划即为通过。

债权人会议议决债务人财产的管理方案以及财产的变价方案等事项时，经债权人会议表决未通过的，由人民法院裁定。债权人对人民法院作出的裁定不服的，可以自裁定宣布之日或收到通知之日起，15 日内向该人民法院申请复议。复议期间不停止裁定的执行。

债权人会议议决破产财产的分配方案事项时，经债权人会议两次表决仍未通过的，由人民法院裁定。债权额占无财产担保债权总额 1/2 以上的债权人对人民法院作出的裁定不服的，可以自裁定宣布之日或者收到通知之日起 15 日内向该人民法院申请复议，复议期间不停止裁定的执行。

人民法院做出的裁定,可以在债权人会议上宣布或者另行通知债权人。

六、债权人委员会

债权人会议可以决定设立债权人委员会。由于债权人会议是债权人的非常设机构,在闭会期间无法行使其权力,不足以保护全体债权人的利益。因此债权人会议可以根据实际情况决定设立债权人委员会,专门行使日常监督权。

债权人委员会由债权人会议选任的债权人代表和 1 名债务人的职工代表或者工会代表组成。债权人委员会成员不得超过 9 人。选任的债权人委员会成员并非当然成为债权人委员会成员,债权人委员会成员还应当经人民法院书面裁定认可才有效。

根据《企业破产法》的规定,债权人委员会行使下列职权:
(1) 监督债务人财产的管理和处分;
(2) 监督破产财产分配;
(3) 提议召开债权人会议;
(4) 债权人会议委托的其他职权。

债权人委员会执行职务时,有权要求管理人、债务人的法定代表人、财务人员等管理人员对其职权范围内的事务作出说明或者提供有关文件。管理人、债务人的有关人员违反规定拒绝接受监督的,债权人委员会有权就监督事项请求人民法院作出决定。人民法院应当在 5 日内作出决定。

为了切实保护债权人的利益,《企业破产法》规定,管理人实施的下列行为,应当及时向债权人委员会报告:
(1) 涉及土地、房屋等不动产权益的转让。
(2) 探矿权、采矿权、知识产权等财产权的转让。
(3) 全部库存或者营业的转让。
(4) 借款。
(5) 设定财产担保。
(6) 债权和有价证券的转让。
(7) 履行债务人和对方当事人均未履行完毕的合同。
(8) 放弃权利。
(9) 担保物的取回。
(10) 对债权人利益有重大影响的其他财产处分行为。未设立债权人委员会的,管理人实施上述行为时,应当及时报告人民法院。

第八节 重整与和解

一、重整

(一) 重整的概念

重整是指当企业法人不能清偿到期债务时，不立即进行破产清算，而是在法院的主持下，由债务人与债权人达成协议，制订债务人重整计划，债务人继续营业，并在一定期限内全部或部分清偿债务的制度。

(二) 重整申请和重整期间

1. 重整申请

根据《企业破产法》的规定，债务人在不同的阶段重整申请不同：

（1）企业尚未进入破产程序时，债务人或者债权人可以直接向人民法院申请对企业进行重整。债务人对自己的资产、财务状况、困境及发展有着准确的了解，因此可以直接向人民法院提出重整申请。债权人为保证自己债权的实现，也可以向人民法院提出重整申请，使企业经过重整后恢复偿债能力。

（2）债权人申请对企业进行破产清算的，在人民法院受理破产申请后，宣告债务人破产前，债务人或者出资额占债务人注册资本1/10以上的出资人，可以向人民法院申请重整。

人民法院经审查认为重整申请符合规定的，应当裁定债务人重整，并予以公告。

2. 重整期间

重整期间是指自人民法院裁定债务人重整之日起至重整程序终止时的期间。

在重整期间，经债务人申请，人民法院批准，债务人可以在管理人的监督下自行管理财产和营业事务。在这种情形下，已接管债务人财产和营业事务的管理人应当向债务人移交财产和营业事务，有关管理人的职权由债务人行使。

在重整期间，对债务人的特定财产享有的担保权暂停行使。但是，担保物有损坏或者价值有明显减少的可能，足以危害担保权人权利的，担保权人可以向人民法院请求恢复行使担保权。债务人或管理人为继续营业而借款的，可以为该借款设定担保。

债务人合法占有的他人财产,该财产的权利人在重整期间要求收回的,应当符合事先约定的条件。

在重整期间,债务人的出资人不得请求投资收益分配。债务人的董事、监事、高级管理人员不得向第三人转让其持有的债务人的股权,但是,经人民法院同意的除外。在重整期间,有下列情形之一的,经管理人或者利害关系人请求,人民法院应当裁定终止重整程序,并宣告债务人破产:

(1) 债务人的经营状况和财产状况继续恶化,缺乏挽救的可能性;

(2) 债务人有欺诈、恶意减少债务人财产或者其他显著不利于债权人的行为;

(3) 由于债务人的行为致使管理人无法执行职务。

二、和解

(一) 和解的概念

和解是指具备破产条件的债务人,为了避免破产清算,而与债权人会议达成协商解决债务的制度。

和解并非法院作出破产宣告的必经程序,是否和解完全依债务双方当事人意思而定。和解制度与破产清算制度一样,都重在清偿,但是破产清算是一种消极的处理方法,无论对债权人还是债务人都必然会带来损失,而和解可以起到减少损失、预防破产的积极作用。

(二) 和解的提出

债务人可以依照《企业破产法》的规定,直接向人民法院申请和解;也可以在人民法院受理破产申请后、宣告债务人破产前,向人民法院申请和解。

债务人申请和解,应当提出和解协议草案。和解协议草案的主要内容是债务清偿方案,其中包括延长清偿的期限、分期清偿的数额、申请减免债务的额度及比例等。

(三) 和解协议的通过及裁定

和解协议草案是债务人向人民法院提交的文件,该文件直接涉及债权人债权的清偿,因此必须经债权人会议讨论通过,同时还必须经人民法院审查认可。

对债务人提出的和解申请，人民法院经审查认为符合规定的，应当裁定和解，予以公告，并召集债权人会议讨论和解协议草案。对债务人的特定财产享有担保权的权利人，自人民法院裁定和解之日起可以行使权力。

债权人会议议决和解协议，由出席会议的有表决权的债权人过半数同意，并且其所代表的债权额占无财产担保债权总额的 2/3 以上。也就是说，债权人会议通过和解协议的决议必须同时具备两个条件：

（1）必须由出席会议的有表决权的债权人过半数同意。其中债权人必须是有表决权的债权人，且必须出席了会议，没有表决权的和虽然有表决权但是未出席会议的债权人均不计算在内，对债务人的特定财产享有担保权的债权人，未放弃优先受偿权的对和解协议不享有表决权。同意的人数要求过半数，不包括半数。

（2）同意和解协议的债权人，其所代表的债权额必须占无财产担保债权总额的 2/3 以上，目的是为了保护占债权额较大比例的债权人的利益。其中无财产担保债权总额是指债务人向人民法院提交的债权清册上记载的债权总额中，减去有财产担保的债权额后剩余的债权额，即为无财产担保债权总额。

债权人会议通过和解协议的，由人民法院裁定认可，并予以公告。管理人应当向债务人移交财产和营业事务，并向人民法院提交执行职务的报告。和解协议草案经债权人会议表决未获得通过，或者已经债权人会议通过的和解协议未得到人民法院认可的，人民法院应当裁定终止和解程序，并宣告债务人破产。

（四）和解协议的效力

和解协议的法律效力体现在以下几个方面：

（1）经人民法院裁定认可的和解协议，对债务人和全体和解债权人均有约束力。和解债权人只能按照和解协议的规定接受清偿，不得要求或接受和解协议外的单独利益。和解债权人未依照规定申报债权的，在和解协议执行期间不得行使权利；在和解协议执行完毕后，可以按照和解协议规定的清偿条件行使权利。上述和解债权人是指人民法院受理破产申请时对债务人享有无财产担保债权的人。

（2）和解债权人对债务人的保证人和其他连带债务人所享有的权利，不受和解协议的影响。和解协议对债务人的保证人和其他连带债务人无效，即债务人的保证人和其他连带债务人的保证责任或者连带清偿责任并不因和解协议的生效而减少,而是仍按原债务责任承担担保责任和连带清偿责任。

(3) 债务人应当按照和解协议规定的条件清偿债务。债务人应当严格履行和解协议所规定的义务,使每一个和解债权人均能公平受偿。如果给个别债权人以特殊利益,在债务人财产不足以清偿全部债务的情况下,就会损害其他债权人的利益。

(4) 和解协议无强制执行效力,若债务人不履行协议,债权人不能请求人民法院强制执行,只能请求人民法院终止和解协议的执行,宣告其破产。

(五) 和解协议的终止

和解协议执行过程中,可能因债务人的行为导致和解协议无法继续执行,若继续执行可能给债权人造成更大损失。为保障债权人的合法权益,《企业破产法》对和解协议的终止作了具体的规定:

(1) 因债务人的欺诈或者其他违法行为而达成的和解协议,人民法院应当裁定无效,并宣告债务人破产。有上述规定情形的,和解债权人因执行和解协议所受的清偿,在其他债权人所受清偿同等比例的范围内,不予返还。债务人的欺诈是指债务人违反诚实信用的原则,采取隐瞒真实的情况或者提供虚假信息的手段欺骗债权人的行为。如隐瞒财产的真实数额、以欺诈的手段增加债权人数量,从而增加债权数额等。因债务人有欺诈行为,因而所达成的和解协议无效。

(2) 债务人不能执行或者不执行和解协议的,人民法院经和解债权人请求,应当裁定终止和解协议的执行,并宣告债务人破产。人民法院裁定终止和解协议执行的,和解债权人在和解协议中作出的债权调整的承诺失去效力。和解债权人因执行和解协议所受的清偿仍然有效,和解债权未受清偿的部分作为破产债权。上述规定的债权人,只有在其他债权人同自己所受的清偿达到同一比例时,才能继续接受分配。此外,在上述情形下,为和解协议的执行提供的担保继续有效。

债务人不能执行或者不执行和解协议的行为有:

(1) 拒不执行或者延迟执行和解协议;
(2) 财务状况继续恶化,足以影响执行和解协议;
(3) 给个别债权人和解协议以外的特殊利益;
(4) 转移财产、隐匿或私分财产;
(5) 非正常压价出售财产、放弃自己的债权;
(6) 有对原来没有财产担保的债务提供财产担保、对未到期的债务提前清偿等行为。

按照和解协议减免的债务，自和解协议执行完毕时起，债务人不再承担清偿责任。人民法院受理破产申请后，债务人与全体债权人就债权债务的处理自行达成协议的，可以请求人民法院裁定认可，并终结破产程序。

第九节　破　产　清　算

一、破产宣告

破产宣告是人民法院依据当事人的申请或法定职权裁定宣告债务人破产以清偿债务的活动。

根据《企业破产法》的规定，有下列情形之一的，人民法院应当以书面裁定宣告债务人企业破产：

（1）企业不能清偿到期债务，又不具备法律规定的不予宣告破产条件的；

（2）企业被人民法院依法裁定终止重整程序的；

（3）人民法院依法裁定终止和解协议执行的。

人民法院依法宣告债务人破产的，应当自裁定作出之日起5日内送达债务人和管理人，自裁定作出之日起10日内通知已知债权人，并予以公告。因此，人民法院宣告破产，必须符合下列规定：

（1）破产宣告必须由人民法院以裁定的方式作出，其他任何机关或个人均无权宣告债务人破产。

（2）宣告债务人破产的裁定应当在法定时间内依法定的方式告知相关人员，即裁定作出之日起5日内送达债务人和管理人；自裁定作出之日起10日内通知已知债权人，对未知的债权人以公告的方式送达。

债务人被宣告破产后，债务人称为破产人，债务人财产称为破产财产，人民法院受理破产申请时对债务人享有的债权称为破产债权。破产人是指被依法宣告破产的债务人，在未被宣告破产之前，即使法院已经受理破产申请，进入破产程序，只要还未被宣告破产就不是破产人，只能称为债务人。破产财产是指被宣告破产的债务人即破产人的财产。凡不属于破产人财产的其他财产，如破产人代管的财产，基于租赁、代销、寄存、加工等原因占有、使用的他人财产等，都不能称为破产财产。破产债权是指人民法院受理破产申请时对债务人享有的债权，破产债权在债务人被宣告破产之前并不称为破产债权，只称为债权人的债权,只有在债务人被宣告破产之后才称为破产债权。

破产宣告前,有下列情形之一的,人民法院应当裁定终结破产程序,并予以公告:

(1) 第三人为债务人提供足额担保或者为债务人清偿全部到期债务的。第三人为债务人提供足额担保后,债权人的债权实现也就有了保障,也意味着债务人破产的原因消失了,人民法院也就没有必要继续审理破产案件,所以应当裁定终结破产程序。

(2) 债务人已清偿全部到期债务的。人民法院受理破产申请前,债务人不能清偿到期债务,但在受理破产申请后至破产宣告前,如果债务人已经对全部到期债务进行了清偿,那么债务人破产的原因就不存在了,人民法院应当裁定终结破产程序。应当注意的是,债务人必须是已经清偿了全部到期债务,如果是清偿了部分到期债务则不能终结破产程序。这里强调的只是全部到期债务,并不包括未到期债务,未到期债务未被清偿不影响人民法院裁定终止破产程序。

对破产人的特定财产享有担保权的权利人,对该特定财产享有优先受偿的权利。财产担保债权是指债权人的债权由债务人提供的特定财产作为抵押物、质物、留置物,在债务人不履行债务时,债权人可依法以抵押物、质物、留置物折价,或者以拍卖、变卖的价款优先受偿。所谓优先受偿权是指依该特定财产拍卖、出售或按其他法定方式处理的价款,首先要用于清偿对其享有抵押权、质押权或留置权的人,优先受偿之后如果有剩余的,则剩余部分才能依法用来清偿破产人的其他债权人的债权。

对破产人的特定财产享有优先受偿权的债权人,行使优先受偿权利未能完全受偿的,其未受偿的债权作为普通债权,与其他债权人的债权一起依破产程序清偿。对破产人的特定财产享有优先受偿权的债权人,可以放弃优先受偿的权利。放弃优先受偿权利的,其债权作为普通债权,与其他债权人的债权一起依破产程序清偿。

二、破产财产的分配

(一) 破产财产的分配顺序

破产财产的分配顺序是指将破产财产分配给债权人的先后顺序,即下一顺序的债权只有在上一顺序的债权受偿后才能受偿;同一顺序的债权或依法律规定平等受偿，或者按法律规定按比例受偿。破产财产的分配顺序关系破产案件各方当事人特别是债权人的利益能否实现或实现的程度，因此必须由法律作出明确规定。

根据《企业破产法》的规定，破产财产按照下列顺序进行分配：

1. 破产财产优先清偿破产费用和共益债务

破产费用和共益债务是一种特殊的债权，既不同于一般的破产债权，也不同于对破产企业特定财产享有优先受偿权的债权。它具有优于一般破产债权受偿的权利，但是它对破产企业特定财产享有优先受偿权的债权没有优先权；破产费用可随时用破产财产支付，破产财产不足以支付破产费用的，人民法院根据管理人的申请裁定终结破产程序。

2. 破产财产在清偿破产费用和共益债务后的清偿顺序

破产财产在清偿破产费用和共益债务后，依照下列顺序清偿：

（1）破产人所欠职工的工资和医疗、伤残补助、抚恤费用，所欠的应当划入职工个人账户的基本养老保险、基本医疗保险费用，以及法律、行政法规规定应当支付给职工的补偿金。

（2）破产人欠缴的除前项规定以外的社会保险费用和破产人所欠税款。这里的社会保险是指除基本养老保险、基本医疗保险费用以外的其他社会保险，如失业保险等，如果企业没有依法律规定为职工缴纳，企业破产时职工就享有优先受偿权。破产人所欠税款是破产人对国家负有的一种法定义务，是一种特殊债务。为确保国家的财政收入，《企业破产法》赋予税收优于普通债权受偿的权利。

（3）普通破产债权。普通债权是指除对破产人的特定财产享有优先权的债权、法律规定享有优先权的债权、劳动债权以及国家税款以外的破产债权，具体包括以下几种：无财产担保债权、放弃优先受偿权的债权、行使优先权后未能完全受偿的债权部分。

破产财产不足以清偿同一顺序的清偿要求的，按照比例分配。即按照各债权人的债权额在该顺序中占债权总额的比例进行清偿。

在清偿职工工资时，应当注意的是，破产企业的董事、监事和高级管理人员的工资不能完全按破产人破产前其实际的工资清偿，而是按照该企业职工的平均工资计算。

（二）破产财产的分配方案

管理人应当及时拟订破产财产分配方案。破产财产分配方案应当载明下列事项：

(1) 参加破产财产分配的债权人名称或者姓名、住所。债权人是自然人的，载明其姓名和住所；债权人是组织或机构的，包括代表国家行使征税权的税务机关，载明其名称和住所。

(2) 参加破产财产分配的债权额，应包括各债权人的债权数额和全体债权人的债权总额。

(3) 可供分配的破产财产数额，包括破产企业的账户存款、变卖破产财产后所得价款及剩余的实物财产和财产性权利等。

(4) 破产财产分配的顺序、比例及数额。按《企业破产法》确定的各债权人的债权分配顺序、同一顺序的债权清偿比例及各顺序中债权人的债权数额。

(5) 实施破产财产分配的方法，是指将分配的破产财产一次性分配还是多次分配，是以货币分配还是实物分配等。

管理人拟定的破产财产分配方案，首先应当提交债权人会议讨论。破产财产分配方案的表决必须由出席会议的有表决权的债权人过半数通过，并且其所代表的债权额占无财产担保债权总额的1/2以上。经债权人会议表决通过的破产财产分配方案对全体债权人有约束力。

债权人会议通过破产财产分配方案后，由管理人将该方案提请人民法院裁定认可。

(三) 破产财产分配方案的实施

破产财产分配方案经人民法院裁定认可后，由管理人执行。管理人按照破产财产分配方案实施多次分配的，应当公告本次分配的财产额和债权额。管理人实施最后分配的，应当在公告中指明。

对于附生效条件或者解除条件的债权，管理人应当将其分配额提存。管理人依照规定提存的分配额，在最后分配公告日，生效条件未成就或者解除条件成就的，应当分配给其他债权人；在最后分配公告日，生效条件成就或者解除条件未成就的，应当交付给债权人。

债权人未受领的破产财产分配额，管理人应当提存。债权人自最后分配公告之日起满2个月仍不领取的，视为放弃受领分配的权利，管理人或者人民法院应当将提存的分配额分配给其他债权人。

破产财产分配时，对于诉讼或者仲裁未决的债权，管理人应当将其分配额提存。自破产程序终结之日起满2年仍不能受领分配的，人民法院应当将提存的分配额分配给其他债权人。

三、破产程序的终结

破产程序的终结,又称破产程序的终止,是指人民法院受理破产案件后,在出现法定事由时,由人民法院依法裁定终结破产程序,结束破产案件的审理。

(一) 破产程序终结的事由

破产程序的终结根据事由的不同分为正常的终结和非正常的终结。正常的终结是因破产财产分配完毕,破产目的已经实现而终结破产程序;非正常的终结是指没有经过破产财产的分配就终结破产程序。

《企业破产法》规定下列情况应终结破产程序:

(1) 债务人财产不足以清偿破产费用的,管理人应当提请人民法院终结破产程序。

(2) 人民法院受理破产申请后,债务人与全体债权人就债权债务的处理自行达成协议的,可以请求人民法院裁定认可,并终结破产程序。

(3) 破产人无财产可供分配的,管理人应当请求人民法院裁定终结破产程序。破产程序的目的是依法清理破产企业的债权债务,以便于公平、公正地清偿债权人的债权。如果债务人无财产可供分配,任何债权人无法从破产程序中分配到财产,破产程序也无继续的必要,因此破产程序自然应终结。

(4) 破产财产分配完毕。这是破产程序终结中最为普遍的方式,也是破产程序正常终结的方式。《企业破产法》规定,管理人在最后分配完结后,应当及时向人民法院提交破产财产分配报告,并提请人民法院裁定终结破产程序。

(二) 破产程序终结的裁定

破产程序的终结必须由人民法院依法作出裁定。人民法院应当自收到管理人终结破产程序的请求之日起 15 日内作出是否终结破产程序的裁定。裁定终结的,应当予以公告。

管理人应当自破产程序终结之日起 10 日内,持人民法院终结破产程序的裁定,向破产人的原登记机关办理注销登记。管理人于办理注销登记完毕的次日终止执行职务。但是,存在诉讼或者仲裁未决情况的除外。

(三) 破产财产的追加分配

破产程序终结后,债权人通过破产分配未能得到清偿的债权不再予以清偿,破产企业未偿清余债的责任依法免除。但是,自破产程序依法终结之日起2年内,有下列情形之一的,债权人可以请求人民法院按照破产财产分配方案进行追加分配:

(1) 发现有依照规定应当追回的财产的。依照规定应当追回的财产包括:①人民法院受理破产申请前1年内,债务人的财产处理行为依法被撤销涉及的财产,包括无偿转让的财产,以明显不合理的价格进行交易的财产,对没有财产担保的债务提供财产担保的财产,对未到期的债务提前清偿的清偿额以及债务人放弃的债权。②人民法院受理破产申请前6个月内,债务人处于破产状态时对个别债权人清偿的数额。③债务人为逃避债务而隐匿、转移的财产,虚构的债务或者承认不真实的债务。④债务人的董事、监事和高级管理人员利用职权从企业获取的非正常收入和侵占的企业财产。

(2) 发现破产人有应当供分配的其他财产的。

有上述规定情形,但财产数量不足以支付分配费用的,不再进行追加分配,由人民法院将其上交国库。

破产人的保证人和其他连带债务人,在破产程序终结后,对债权人依照破产清算程序未受清偿的债权,依法继续承担清偿责任。

【例 5-3】 甲公司是被人民法院裁定进入破产程序的债务人,基于甲公司的出资人提出重整申请,债权人会议对管理人提出的重整计划进行表决,按债权人的债权类型将债权人分成三个组,其中第一表决组出席会议的债权人2/3同意,同意的债权人所代表的债权额占第一表决组债权总额的1/2;第二表决组出席会议的债权人2/3同意,同意的债权人所代表的债权额占第二表决组债权总额的2/3;第三表决组出席会议的债权人1/2同意,同意的债权人所代表的债权额占第三表决组债权总额的2/3。

债权人会议是否应通过该重整计划?

解析:

债权人会议不应通过该重整计划。根据《企业破产法》规定,通过重整计划草案的决议,按债权类型分组进行表决,由出席会议同一表决组的债权人过半数同意,并且其所代表的是债权额占该组债权总额的2/3以上的,为该组通过。各表决组均通过时,重整计划即为通过。甲公司重整计划在表决时,第一组的表决虽然在表决人数上同意的债权人达到出席会议债权人的2/3,已过半数，但是同意的债权人所代表的债权额只达到 1/2，未达到债权总额的 2/3，因此第一组的表决未通过；第二组的表决在表决人数上同意的债权人达到出席会议债权人的 2/3，已过半数，而且同意的债权人所代表的债权额也已达到债权总额的 2/3，因此第二组表决已通过；第三组表决时同意的债权人因仅达到 1/2，即半数，而没有超过半数，因此表决未通过。因重整计划需各表决组均通过，所以甲公司的重整计划不应通过。

【思考题】

1. 如何理解《企业破产法》规定的破产界限？
2. 人民法院受理破产申请的裁定作出后其法律效力表现在哪些方面？
3. 什么是破产费用和共益债务？如何支付？
4. 债权人会议如何通过重整计划？
5. 和解协议的效力表现在哪些方面？

第六章 会 计 法

【教学目的与要求】

通过本章的学习,要求学生掌握会计核算、会计监督、会计机构和会计人员等方面的法律规定,重点掌握违反会计法律制度的法律责任。

第一节 会计法概述

一、会计法的概念及调整对象

我国现行的《会计法》是 1985 年发布实施的,期间经过了 1993 年、1999 年和 2017 年三次修订。其中,1999 年第二次修订《会计法》时,首次明确了单位负责人是本单位会计行为的责任主体。而 2017 年 11 月的第三次修订,则主要从加强会计人员的监管入手,旨在规范会计行为,保证会计资料真实、完整,加强经济管理和财务管理,提高经济效益,维护社会主义市场经济秩序。

二、会计法的基本原则

(一) 合法性原则

1. 国家机关、社会团体、公司、企业、事业单位和其他组织都必须依法设置会计账簿,并保证其真实、完整

会计账簿是指具备一定格式,用以记载各项经济业务的账册。会计账簿是重要的会计信息,它既是编制会计报表的主要依据,同时也是审计工作的重要依据,因此,各单位必须依法设置会计账簿。会计账簿应当按照连续编号的页码顺序登记,会计账簿记录发生错误或者隔页、缺号、跳行的,应当按照国家统一的会计制度规定的方法更正,并由会计人员和会计机构负责人(会计主

管人员）在更正处盖章。使用电子计算机进行会计核算的，其会计账簿的登记、更正，应当符合国家统一的会计制度的规定。各单位发生的各项经济业务事项应当在依法设置的会计账簿上统一登记、核算，不得违反《会计法》和国家统一的会计制度的规定私设会计账簿登记、核算。各单位应当定期将会计账簿记录与实物、款项及有关资料相互核对，保证会计账簿记录与实物及款项的实有数额相符、会计账簿记录与会计凭证的有关内容相符、会计账簿之间相对应的记录相符、会计账簿记录与会计报表的有关内容相符。

2. 单位负责人对本单位的会计工作和会计资料的真实性、完整性负责

单位负责人有广义和狭义之分，狭义的单位负责人是指一个单位的最高领导者，在国家机关是指该机关的最高行政首长；在社会团体是指该社会团体的行政事务负责人，如有的是会长负责制，有的则为秘书长负责制；在企业单位和事业单位是指其法定代表人；其他组织是指该组织的最高行政负责人等。广义的单位负责人除包含狭义的单位负责人之外，还包括该单位的副职领导人。《会计法》所指的单位负责人是指狭义的单位负责人。根据《会计法》的规定，单位负责人既要对本单位的会计工作担负责任，同时还要对本单位保存和提供的会计资料的真实性、完整性担负责任。对本单位的会计工作负责，是指对本单位的会计工作负领导责任，即要领导本单位的会计机构、会计人员和其他有关人员认真执行《会计法》，按照国家规定组织好本单位的会计工作，支持本单位的会计机构相关会计人员依法独立开展会计工作，并保障会计人员的职权不受侵犯。对本单位的会计资料的真实性和完整性负责，实际也是对本单位会计工作负责的一部分，这里将其单独列出，是针对当前一些会计违法行为多为单位负责人所指使或所认可，而且单位负责人对不按其"旨意"行事的会计人员进行打击报复的情况也屡屡发生，因此，《会计法》要求单位负责人对本单位的会计工作和会计资料的真实性、完整性负责，则有利于会计工作的开展，有利于单位的会计机构、会计人员和其他人员执行《会计法》，保障会计人员的职权不受侵犯，有利于保证会计资料的合法、真实、准确、完整。

3. 会计机构、会计人员依法进行会计核算，实行会计监督

会计机构和会计人员应依照《会计法》的规定进行会计核算，实行会计监督。任何单位或者个人不得以任何方式授意、指使、强令会计机构及会计人员去伪造、变造会计凭证，会计账簿和其他会计资料，提供虚假财务会计报告。任何单位或者个人不得对依法履行职责、抵制违反《会计法》规定行为

的会计人员实行打击报复。

会计机构和会计人员应是不受干扰地开展会计工作，其编制的会计资料，提供的财务会计报告都必须真实合法，任何单位或者个人都不能以任何方式要求其编造虚假会计资料，提供虚假财务会计报告。这里讲的任何单位，既包括本单位，也包括外单位；既包括下级单位，也包括上级单位；既包括有经济业务往来的单位，也包括来本单位调查取证等与本单位没有经济业务往来的单位。这里讲的个人，包括领导人员和其他一般人员。在领导人员中，既包括本单位的领导人，也包括其他单位或上级机关的领导人。其他一般人员包括本单位和外单位的一般人员。

4. 对认真执行《会计法》，忠于职守，坚持原则，做出显著成绩的会计人员，给予精神的或物质的奖励

由于会计人员所负的双重责任，使会计人员时刻处在处理各种利益关系的特殊位置，常常处于矛盾的交点处，他们既要按单位领导的意见办，又要严格执行国家财会法规；既要站在本单位的角度开展工作，又要站在国家的角度来处理经济业务事项。有些事务若处理不当，不是违反国家规定，就是违背领导意志，或是触犯本单位的利益，在这种情况下，不是要受到国家的制裁就是有可能遭受打击报复，这就需要他们具有高度的原则性。为了充分调动会计人员依法做好本职工作的积极性，提高会计人员的地位，《会计法》特规定对认真执行本法、忠于职守、坚持原则，做出显著成绩的会计人员，给予精神的或物质的奖励。

（二）统一领导和分级管理的原则

根据《会计法》的规定，国务院财政部门主管全国的会计工作。县级以上地方各级人民政府财政部门管理本行政区域内的会计工作。《会计法》的这条规定明确了会计工作的主管机关为各级财政部门，在全国为财政部，在地方为县级以上地方各级人民政府财政厅、局。

新中国成立以来，财政部一直是全国会计工作的主管部门，这是由会计工作与财政工作的紧密联系所决定的。会计工作作为我国财政工作的一项基础性工作，国家财政的收支要靠会计功能去组织实现，国家财政政策的制定也要依靠会计信息提供依据，会计功能发挥得如何，直接关系到财政收支的顺利实现，会计信息是否真实、准确、及时，对财政政策的制定起着重要作用。由于财政工作与会计工作关系密切，往往也将会计工作看做是财政工作的重要组成

部分，因此由财政部门主管会计工作也就显得理所当然。各级财政部门应当依照《会计法》的规定，自觉地管理好会计工作。财政部门虽是会计工作的主管部门，但并不排斥国家其他部门对会计工作的管理。

财政部应在统一领导全国会计工作的前提下，充分发挥地方各级财政厅、局和中央各部门管理会计工作的积极性。地方各级财政厅、局和中央各部门应根据国务院财政部门的要求和规定，结合本部门、本地区的实际情况，认真管好本部门、本地区的会计工作。

(三) 法制统一的原则

根据《会计法》的规定，国家统一的会计制度由国务院财政部门根据《会计法》制定并公布，各地方、各部门都不得自搞一套，自行其是。对有些对会计核算和会计监督有特殊要求的行业，允许国务院有关部门依照《会计法》和国家统一的会计制度制定具体办法或者补充规定，但必须报经国务院财政部门审核批准。军队实施国家统一的会计制度的具体办法，由中国人民解放军总后勤部制定，但须报国务院财政部门备案。这里讲的国家统一的会计制度是指由国务院财政部门根据《会计法》制定的关于会计核算、会计监督、会计机构以及会计工作管理的准则、制度、办法等。这些准则、制度、办法等都是在全国范围内实施的会计工作管理方面的规范性文件，主要包括三个方面：一是国家统一的会计核算制度，如《企业会计准则》《事业单位会计准则》以及各种具体准则，《工业企业会计制度》等分行业会计制度；二是国家统一的会计机构和会计人员管理制度，如《会计人员职权管理条例》《总会计师条例》《会计证管理办法》《会计专业技术资格考试暂行规定》等；三是国家统一的会计工作管理制度，如《会计人员工作规则》《会计档案管理办法》《会计人员继续教育暂行规定》等。

第二节　会　计　核　算

会计核算是会计工作的基本职责之一，是会计工作的重要环节，因此，我国会计法律、行政法规、规章都对会计核算问题做出了具体规定。本节主要结合《会计法》《会计基础工作规范》和《会计基础工作规范实施细则》等法律、行政法规和规章，对会计核算基本程序的法律规定作简要介绍。

一、会计核算的一般要求

（一）必须依法建账

建账，是如实记录和反映经济活动情况的重要前提。依法建账，是建账的最基本要求。这里所说的"法"，既包括《会计法》《会计基础工作规范》《会计基础工作规范实施细则》，也包括其他法律、行政法规，如《中华人民共和国税收征收管理法》《中华人民共和国公司法》等。《会计法》《会计基础工作规范》《会计基础工作规范实施细则》都规定，各单位应当设置会计账簿，进行会计核算。

上述这些规定，是各单位建账应当遵循的法律依据。概括起来，主要包括以下几点：

（1）国家机关、社会团体、企业、事业单位和其他组织，都应当按照要求设置会计账簿，进行会计核算。不具备建账条件的，应当实行代理记账。

（2）设置会计账簿的种类和具体要求，应当符合《会计法》和国家统一的会计制度的规定。

（3）各单位发生的各项经济业务（也称经济业务事项，下同）应当统一进行核算，不得违反规定私设会计账簿进行登记、核算。

（二）必须根据实际发生的经济业务进行会计核算

会计核算应当以实际发生的经济业务为依据，体现出会计核算的真实性和客观性要求。其具体要求是，根据实际发生的经济业务，取得可靠的凭证，并据此登记账簿和编制财务会计报告，形成符合质量标准的会计资料（也称会计信息，下同）。如果以不真实或虚假的经济业务为依据进行会计核算，会导致所生成的会计资料与实际发生的经济业务不相符合，造成会计资料失实、失真，从而影响会计资料的有效使用和扰乱社会经济秩序，这是一种严重违法的行为。

（三）必须保证会计资料的真实和完整

会计资料，主要是指会计凭证、会计账簿、财务会计报告等会计核算专业资料，它是会计核算的重要成果，是投资者作出投资决策、经营者进行经营管理、国家进行宏观调控的重要依据。因此，《会计法》《会计基础工作规范》

《会计基础工作规范实施细则》都规定，会计资料的内容和要求必须符合国家统一的会计制度的规定，保证会计资料的真实性和完整性，不得伪造、变造会计凭证和会计账簿，不得提供虚假的财务会计报告。

会计资料的真实性，主要是指会计资料所反映的内容和结果，应当同单位实际发生的经济业务的内容及其结果相一致。会计资料的完整性，主要是指构成会计资料的各项要素都必须齐全，以使会计资料如实、全面地记录和反映经济业务发生情况，便于单位全面、准确地了解经济活动情况。会计资料的真实性和完整性，是会计资料最基本的质量要求，是会计工作的生命，各单位必须保证所提供的会计资料的真实和完整。

与会计资料的真实、完整相对的是会计资料的不真实、不完整。造成会计资料的不真实、不完整，其原因是多方面的，但伪造、变造会计资料是重要手段之一。伪造会计资料，包括伪造会计凭证和会计账簿，是以虚假的经济业务为前提来编制会计凭证和会计账簿，旨在以假充真；变造会计资料，包括变造会计凭证和会计账簿，是用涂改、挖补等手段来改变会计凭证和会计账簿的真实内容，以歪曲事实真相。伪造、变造会计资料，其结果是造成会计资料失实、失真，误导会计资料的使用者，损害投资者、债权人、国家和社会公众利益。因此，《会计法》对伪造、变造会计资料和提供虚假财务会计报告等弄虚作假行为，作出了禁止性规定。

（四）必须正确使用会计处理方法

会计处理方法是指在会计核算中所采用的具体方法，通常包括：收入确认方法，企业所得税的会计处理方法，存货计价方法，坏账损失的核算方法，固定资产折旧方法，编制合并会计报表的方法，外币折算的会计处理方法等。采用不同的会计处理方法，或者在不同会计期间采用不同的会计处理方法，都会影响会计资料的一致性和可比性，进而影响会计资料的使用，因此，《会计法》和国家统一的会计制度规定，各单位采用的会计处理方法前后各期应当保持一致，不得随意变更；确有必要变更的，应当按照国家统一的会计制度的规定进行变更，并将变更的原因、情况及影响，在财务会计报告中予以说明，以便于会计资料使用者了解会计处理方法变更及其对会计资料影响的情况。

（五）必须正确使用会计记录文字

会计记录文字是在进行会计核算时，为记载经济业务发生情况和辅助说明会计数字所体现的经济内涵而使用的文字。会计记录文字，是进行会计核算和提供会计资料不可缺少的重要媒介，是会计资料的重要组成部分，因此，会计记录文字的使用必须规范。根据规定，会计记录的文字应当使用中文，民族自治地方的单位的会计记录文字可以同时使用当地通用的一种民族文字，在中国境内设立的外国企业和其他外国组织的会计记录文字可以同时使用一种外国文字。

（六）用电子计算机进行会计核算必须符合法律规定

用电子计算机进行会计核算，即会计电算化，对会计资料的生成方式和质量保证措施等都带来了相应变化，要求法律上必须对会计电算化进行规范，以保证会计核算质量。因此，《会计法》、《会计基础工作规范》（以下简称《规范》）和《会计基础工作规范实施细则》（以下简称《细则》）规定，实行会计电算化的单位，所使用的会计软件和电子计算机生成的会计凭证、会计账簿、财务会计报告等会计资料应当符合国家有关规定。这方面的具体规定，主要包括财政部发布的《会计电算化管理办法》《会计电算化工作规范》《会计核算软件基本功能规范》等。

二、会计核算的内容

会计核算的内容，是指哪些经济业务必须进行会计核算。《会计法》规定，对下列事项，应当及时办理会计手续，进行会计核算：

第一，款项和有价证券的收付。
第二，财物的收发、增减和使用。
第三，债权债务的发生和结算。
第四，资本、基金的增减。
第五，收入、支出、费用、成本的计算。
第六，财务成果的计算和处理。
第七，其他需要办理会计手续、进行会计核算的事项。

三、会计年度

会计年度是以年度为单位进行会计核算的时间区间。《会计法》规定，我国是以公历年度为会计年度，即以每年的1月1日至12月31日为一个会计年度。每一个会计年度还可以按照公历日期具体划分为半年度、季度、月度。我国的会计年度之所以采用公历制，主要是与我国的计划、财政年度保持一致，以便于国民经济的计划管理和财政管理。

四、记账本位币

记账本位币，是指日常登记账簿和编制财务会计报告用以计量的货币，也就是单位进行主要会计核算业务时所使用的货币。根据《会计法》的规定，会计核算原则上应以人民币为记账本位币，因为在我国人民币是法定的货币，在我国境内具有广泛的流通性，以人民币作为记账本位币，具有适应性，也便于会计信息口径的一致。但是，随着我国对外开放的进一步扩大，外商投资企业在我国得到迅速发展，同时我国向外国的投资和对外贸易也日益增多，这就涉及两种或两种以上货币的业务往来，而且在一些单位的日常经营活动中，人民币以外的其他货币收支逐步占主导地位。为了便于这些单位对外开展业务，适应企业的业务特点并简化会计核算手续，法律允许收支业务以人民币以外的货币为主的单位可以选定某种货币作为记账本位币，但是编制的财务会计报告应当折算为人民币反映，以方便我国境内财务会计报告使用者的阅读和使用。

五、会计凭证的填制

会计凭证是具有一定格式、用以记录经济业务发生和完成情况的书面证明。各单位在按照《会计法》《规范》和《细则》的有关规定办理会计手续、进行会计核算时，必须以会计凭证为依据。会计凭证按其来源和用途，分为原始凭证和记账凭证两种。

(一) 原始凭证

原始凭证，又称单据，是在经济业务发生时，由业务经办人员直接取得或者填制，用以表明某项经济业务已经发生或完成情况并明确有关经济责任的一种凭证。原始凭证有不同的种类，按照原始凭证的来源，可分为外来原始凭证和自制原始凭证；按照原始凭证的填制方法，可分为一次性原始凭证、累计原始凭证、汇总原始凭证；按照原始凭证的经济业务类别，可分为款项收付业务原始凭证、出入库业务原始凭证、成本费用原始凭证、购销业务原始凭证、固定资产业务原始凭证、转账业务原始凭证等。原始凭证是填制记账凭证或登记会计账簿的原始依据，是重要的会计核算资料。各单位在经济业务发生时，不但必须取得或者填制原始凭证,还应该将原始凭证及时送交本单位的会计机构或专职会计人员,以保证会计核算工作的顺利进行。

原始凭证种类繁多,来源广泛,形式各异。按照规定,作为记账依据的原始凭证必须具备以下基本要素:

(1) 凭证的名称。
(2) 填制凭证的日期。
(3) 填制凭证单位的名称或者填制人的姓名。
(4) 经办人员的签名或盖章。
(5) 接受凭证单位的名称。
(6) 经济业务内容。
(7) 经济业务的数量、单价和金额。

此外,原始凭证一般还需载明凭证的附件和凭证的编号。

根据规定,填制原始凭证必须符合会计法规、制度的规定,做到内容真实,项目完整,填制及时,书写清楚。

会计机构和会计人员应当按照国家统一的会计制度的规定对原始凭证认真审核,对不真实、不合法的原始凭证有权不予接受,并向单位负责人报告;对记载不准确、不完整的原始凭证予以退回,并要求按照国家统一的会计制度的规定更正、补充。原始凭证记载的各项内容均不得涂改。原始凭证有错误的,应当由出具单位重开或者更正,更正处应当加盖出具单位印章。原始凭证金额有错误的,应当由出具单位重开,不得在原始凭证上更正。

(二) 记账凭证

记账凭证,亦称传票,是经济业务按其性质加以归类,确定会计分录,并据以登记会计账簿的凭证。记账凭证有不同的种类,按照记账凭证的用途,可分为专用记账凭证、通用记账凭证,按照记账凭证的填制方法,可分为复式记账凭证、单式记账凭证和汇总记账凭证。

根据规定,记账凭证必须具备下列基本要素:

(1) 填制凭证的日期。
(2) 凭证的名称和编号。
(3) 经济业务摘要。
(4) 应记会计科目、方向及金额。
(5) 记账符号。
(6) 所附原始凭证的张数。

(7) 填制人员、稽核人员、记账人员和会计机构负责人（会计主管人员）的签名或印章。

根据规定，记账凭证必须根据审核无误的原始凭证填制，做到内容完整、分类正确；除部分转账业务以及结账、更正错误外，记账凭证必须附有原始凭证并注明所附原始凭证的张数；一张原始凭证所列的支出需要由两个以上的单位共同负担时，应当由保存该原始凭证的单位开具原始凭证分割单给其他应负担的单位，原始凭证分割单必须具备原始凭证的基本内容，包括凭证的名称、填制凭证的日期、填制凭证单位的名称或填制人的姓名、经办人员的签名或盖章、接受凭证单位的名称、经济业务内容、数量、单价、金额和费用的分担情况等。

(三) 会计凭证的保管要求

根据规定，会计凭证的保管应当符合以下要求：

(1) 会计凭证应当及时传递，不得积压，以保证会计核算的及时、正常进行。

(2) 会计凭证登记完毕后，应当按照分类和编号顺序保管，特别是记账凭证应当连同所附的原始凭证等按照规定的要求装订、保管，不得散失。

(3) 原始凭证不得外借，其他单位确需借用原始凭证时，经本单位会计机构负责人（会计主管人员）批准，可以复制内外单位提供的原始凭证复制件，应当在专设的登记簿上登记，并由提供人员和收取人员共同签名或者盖章。

(4) 对丢失原始凭证的处理。从外单位取得的原始凭证若有遗失，应当取得原开出单位盖有公章的证明，并注明原来凭证的号码、金额和内容等，由经办单位会计机构负责人（会计主管人员）和单位负责人批准后，才能代作原始凭证。如果确实无法取得证明的，如火车票、轮船票、飞机票等凭证，由当事人写出详细情况，由会计机构负责人（会计主管人员）和单位负责人批准后，代作原始凭证。

六、会计账簿的登记

会计账簿是全面记录和反映一个单位经济业务，把大量分散的数据或资料进行归类整理，逐步加工成有用会计信息的簿籍，它是编制财务会计报告的重要依据。会计账簿有不同的种类，按照会计账簿的用途不同，可分为日记账、分类账和辅助账；按照会计账簿的形式不同，可分为订本账、活页账和卡片账。

(一) 设置会计账簿的要求

根据规定，各单位应当按照《会计法》、国家统一的会计制度等规定，设置包括总账、明细账、日记账和其他辅助性账簿在内的会计账簿。任何单位都不得在法定会计账簿之外私设或另设会计账簿。账外设账，是严重的违法行为。

总账可以采用"三栏式"的订本账，也可以采用棋盘式总账，还可以采用具有期初余额、本期发生额和期末余额的科目汇总表代替总账，但只有本期发生额的科目汇总表不能代替总账。各单位可以根据实际情况自行选择总账格式。

明细账可以有多种形式，如订本式、活页式、三栏式、多栏式等，各单位可以自行选择。日记账是一种特殊的明细账，如现金日记账和银行存款日记账，为了加强现金和银行存款的管理，手工记账的单位，现金日记账和银行存款日记账必须采用订本式账簿，不得用银行对账单或者其他方法代替日记账。

(二) 启用会计账簿的要求

按照规定，启用新的会计账簿时，应当在账簿封面上写明单位名称和账簿名称，并填写账簿扉页上的"启用表"，注明启用日期、账簿起止页数（活页式账簿，可于装订时填写起止页数）、记账人员和会计机构负责人（会计主管人员）姓名等，并加盖私章和单位公章。当记账人员或者会计机构负责人（会计主管人员）调动工作时，也要在"启用表"上注明交接日期、接办人员和监交人员姓名，并由交接双方签字或者盖章。

(三) 登记会计账簿的要求

按照规定，会计人员应当根据审核无误的会计凭证登记会计账簿，并符合有关法律、行政法规和国家统一的会计制度的规定。登记会计账簿的基本规则如下：

(1) 登记会计账簿时，应当将会计凭证日期、编号、业务内容摘要、金额和其他有关资料逐项登记入账簿内。

(2) 各种账簿要按页码顺序连续登记，不得跳行、隔页。

(3) 凡需结出余额的账户，应当定期结出余额。

（4）会计账簿记录发生错误时，应当按照规定的更正方法进行更正。更正方法一般有画线更正法、补充登记法、红字冲正法三种方法。

（5）及时对账。对账就是核对账目，即将会计账簿记录内有关数字与库存实物、货币资金、有价证券、往来单位或者个人等进行相互核对，保证账证相符、账账相符、账表相符、账实相符。根据《规范》规定，各单位的对账工作每年至少进行一次。

（6）定期结账。结账是在将本期内所发生的经济业务全部登记入账的基础上，按照规定的方法对该期内的账簿记录进行小结，结算出本期发生额合计和余额，并将其余额结转下期或者转入新账。按照不同的会计期间，结账可分为月结、季结和年结等。

七、财务会计报告的编制

财务会计报告，也称财务报告、会计报告、会计报表，它是一个单位向有关方面和国家有关部门提供财务状况和经营成果的书面文件。编制财务会计报告，是对会计核算工作的全面总结，也是及时提供真实、完整会计资料的重要环节。因此，对财务会计报告的编制程序和质量必须严格管理。

（一）财务会计报告的构成

根据《会计法》《规范》《细则》等规定，财务会计报告通常由以下内容构成：

1. 会计报表

会计报表是财务会计报告的重要内容。企业的会计报表主要由资产负债表、损益表（也称利润表）、现金流量表和有关财务报表组成；行政单位、事业单位的会计报表主要由资产负债表、收入支出表、经费收支明细表、事业支出明细表等组成。会计报表的种类、格式、编制要求等，一般由国家统一的会计制度规定。

2. 会计报表附注

会计报表附注是对会计报表编制方法或会计报表有关数字的必要注解或说明。一般包括以下内容：会计处理方法应用情况的说明，会计政策和会计估计变更的说明，会计报表有关重要项目的具体说明等。

3. 财务情况说明书

财务情况说明书是对单位一定会计期间内财务会计情况和生产经营、业务活动情况进行分析总结的书面文字报告，以进一步说明会计报表、会计报表附注的内容。财务情况说明书一般包括以下内容：单位生产经营或业务活动情况，收支、分配和资金增减变化情况，财产物资变动情况，对本期或下期财务状况发生重大影响的事项，其他需要说明的事项等。

（二）财务会计报告的编制要求

根据《会计法》《规范》《细则》等法律、行政法规、规章的规定，财务会计报告的编制应当符合以下基本要求：

（1）各单位必须按照国家统一的会计制度规定编制月份、季度、年度财务会计报告。股份有限公司还应当编制半年度的中期财务会计报告。对外提供的财务会计报告的编制要求、提供对象和提供期限等应当符合国家有关规定；单位内部使用的财务报告，其格式和要求由各单位自行规定。

（2）财务会计报告应当根据登记完整、核对无误的会计账簿记录和其他有关资料编制，做到数字真实、计算准确、内容完整、说明清楚。任何人不得篡改或者授意、指使、强令他人篡改财务会计报告数字，或者提供虚假的财务会计报告。

（3）会计报表之间、会计报表各项目之间，凡有对应关系的数字，应当相互一致。

（4）对外提供的财务会计报告，应当依次编定页码，加具封面，装订成册，加盖公章。封面上应当注明单位名称，单位地址，财务会计报告所属年度、季度、月度，送出日期，由单位负责人（包括主管会计工作的负责人）、总会计师、会计机构负责人（会计主管人员）签名并盖章。单位负责人对财务会计报告的真实性、完整性承担法律责任。

（5）根据法律、行政法规规定应当对财务会计报告进行审计的，财务会计报告编制单位应当先行委托注册会计师进行审计，并将注册会计师出具的审计报告随同财务会计报告一并对外提供。

（6）如果发现对外提供的财务会计报告有错误，应及时办理更正手续。除更正本单位留存的财务会计报告外，并应同时通知接受财务会计报告的单位更正。错误较多的财务会计报告，编制单位应当重新编制。

【例6-1】A公司是一家国有大型企业。2016年12月，公司召开董事会，董事长兼总经理王某认为：财务会计报告专业性很强，我也看不懂，以前我在财务会计报告上签字盖章，也只是履行程序而已，意义不大。从今以后对外报送的财务会计报告一律改由总会计师一人签字盖章后报出。分析王某的观点有无不妥。

解析：

王某的观点不符合会计法的规定。《会计法》规定，公司对外提供的财务会计报告应当由企业负责人和主管会计工作的负责人、会计机构负责人（会计主管人员）签名盖章；设置总会计师的，还须总会计师签名盖章。董事长王某作为企业法人代表，应当依法在本单位对外出具的财务会计报告上签名盖章。

八、财产清查

进行财产清查，是会计核算工作的一项重要程序，特别是在编制年度财务会计报告之前，必须进行财产清查，并对账实不符的问题根据有关规定正确地进行会计处理，以保证财务会计报告的数据真实、完整。财产清查制度是通过定期或不定期、全面或部分地对各项财产物资进行实地盘点和对库存现金、银行存款、债权债务进行清查核对的一种制度。通过清查，可以发现财产管理工作中存在的问题，以便查清原因，改善经营管理，保护财产的完整和安全；可以确定各项财产的实存数，以便查明实存数与账面数是否相符，并查明不符的原因和责任，制定相应措施，做到账实相符，保证会计资料的真实性。因此，《会计法》规定，各单位应当建立财产清查制度，保证账簿记录与实物相符。

九、会计档案管理

会计档案是记录和反映经济业务的重要史料和证据。《会计法》《规范》《细则》都对会计档案管理作出了原则性规定。会计档案管理的具体要求，主要依据财政部、国家档案局于2016年1月施行的《会计档案管理办法》。

（一）会计档案的范围

会计档案是指单位在进行会计核算等过程中接收或形成的，记录和反映单位经济业务事项的，具有保存价值的文字、图表等各种形式的会计资料，包括通过计算机等电子设备形成、传输和存储的电子会计档案。

（二）会计档案的归档

财政部和国家档案局主管全国会计档案工作，共同制定全国统一的会计档

第六章　会　计　法

案工作制度，对全国会计档案工作实行监督和指导。

县级以上地方人民政府财政部门和档案行政管理部门管理本行政区域内的会计档案工作，并对本行政区域内会计档案工作实行监督和指导。

单位应当加强会计档案管理工作，建立和完善会计档案的收集、整理、保管、利用和鉴定销毁等管理制度，采取可靠的安全防护技术和措施，保证会计档案的真实、完整、可用、安全。

单位的档案机构或者档案工作人员所属机构（以下统称单位档案管理机构）负责管理本单位的会计档案。单位也可以委托具备档案管理条件的机构代为管理会计档案。

下列会计资料应当进行归档：

（1）会计凭证，包括原始凭证、记账凭证；

（2）会计账簿，包括总账、明细账、日记账、固定资产卡片及其他辅助性账簿；

（3）财务会计报告，包括月度、季度、半年度、年度财务会计报告；

（4）其他会计资料，包括银行存款余额调节表、银行对账单、纳税申报表、会计档案移交清册、会计档案保管清册、会计档案销毁清册、会计档案鉴定意见书及其他具有保存价值的会计资料。

单位可以利用计算机、网络通信等信息技术手段管理会计档案。

同时满足下列条件的，单位内部形成的属于归档范围的电子会计资料可仅以电子形式保存，形成电子会计档案：

（1）形成的电子会计资料来源真实有效，由计算机等电子设备形成和传输；

（2）使用的会计核算系统能够准确、完整、有效接收和读取电子会计资料，能够输出符合国家标准归档格式的会计凭证、会计账簿、财务会计报表等会计资料，设定了经办、审核、审批等必要的审签程序；

（3）使用的电子档案管理系统能够有效接收、管理、利用电子会计档案，符合电子档案的长期保管要求，并建立了电子会计档案与相关联的其他纸质会计档案的检索关系；

（4）采取有效措施，能防止电子会计档案被篡改；

（5）建立电子会计档案备份制度，能够有效防范自然灾害、意外事故和人为破坏的影响；

（6）形成的电子会计资料不属于具有永久保存价值或者其他重要保存价

值的会计档案。

(三) 会计档案的保管期限

因为会计档案的重要程度不同,其保管期限也有所不同。根据《会计档案管理办法》的规定,会计档案保管期限分为永久和定期两类。永久,即指会计档案须永久保存;定期,是指会计档案保存应达到法定的时间。其中,定期保管期限一般分为 10 年和 30 年。会计档案的保管期限,从会计年度终了后的第一天算起。

(四) 会计档案的销毁

经鉴定可以销毁的会计档案,应当按照以下程序销毁:

(1) 单位档案管理机构编制会计档案销毁清册,列明拟销毁会计档案的名称、卷号、册数、起止年度、档案编号、应保管期限、已保管期限和销毁时间等内容。

(2) 单位负责人、档案管理机构负责人、会计管理机构负责人、档案管理机构经办人、会计管理机构经办人在会计档案销毁清册上签署意见。

(3) 单位档案管理机构负责组织会计档案销毁工作,并与会计管理机构共同派员监销。监销人在会计档案销毁前,应当按照会计档案销毁清册所列内容进行清点核对;在会计档案销毁后,应当在会计档案销毁清册上签名或盖章。

电子会计档案的销毁还应当符合国家有关电子档案的规定,并由单位档案管理机构、会计管理机构和信息系统管理机构共同派员监销。

第三节　会　计　监　督

会计监督是会计的基本职能之一,是我国经济监督体系的重要组成部分。有效发挥会计监督职能,不仅可以维护财经纪律和社会经济秩序,对健全会计基础工作、建立规范的会计工作秩序,也起到重要作用。因此,在社会主义市场经济条件下,必须强化会计监督。会计监督可以分为单位内部监督、国家监督和社会监督。《会计法》《规范》《细则》等法律、行政法规、规章对单位内部会计监督以及国家监督、社会监督均作出了规定。

一、单位内部会计监督

(一) 单位内部会计监督制度的建立

单位内部会计监督制度,是指为了保证其资产的安全完整,保证其经营活动符合国家法律、法规和内部制度,提高经营管理水平和效率,而在单位内部采取的一系列相互制约、相互监督的制度与方法。内部会计监督制度是内部控制制度的重要组成部分。建立健全单位内部会计监督制度,是贯彻执行会计法律、法规、规章,保证会计工作有序进行,完善会计监督体系的重要措施。

1. 建立内部会计监督制度遵循的原则

为保证内部会计监督制度科学、合理和切实可行,制定单位内部会计监督制度,应当遵循以下原则:

(1) 合法性原则。即制定内部会计监督制度应当符合并严格执行法律、法规和国家统一的会计制度的规定。

(2) 适应性原则。即制定内部会计监督制度应当体现本单位生产经营、业务管理的特点和会计工作要求,简单适用,不能脱离实际、繁琐而不易操作。

(3) 可控性原则。建立内部会计监督制度的关键是有效的相互制约、相互控制,赋予监督者的职责应当是可控的,不可控的应当从监督者的职责中剔除,这样才能保证内部会计监督制度的切实可行和有效实施。

(4) 科学性原则。内部会计监督制度的科学性原则,主要体现在以下几个方面:一是职权明确,与内部会计监督有关的部门、人员的权限、责任都应当明确规定;二是程序清楚,使监督者与被监督者都清楚了解会计监督的要求;三是相互制约,以使舞弊和差错控制到最低限度;四是便于检查,即有了解内部会计监督制度执行情况的手段和途径;五是定期完善,即内部会计监督制度应当根据执行情况和管理需要不断完善,以保证其更加适应管理需要。

2. 内部会计监督制度的基本内容

内部会计监督制度的内容十分广泛,涉及人、财、物等诸多方面,应当根据不同单位的具体情况作出规定。一般来说,制定内部会计监督制度应当重点注意以下几点:

(1) 记账人员与经济业务或会计事项的审批人员、经办人员、财物保管人员的职责权限应当明确,并相互分离、相互制约;

（2）重大对外投资、资产处置、资金调度和其他重要经济业务，应当明确其决策和执行程序，并体现相互监督、相互制约的要求；

（3）对会计资料的生成和审批程序作出具体规定，以保证会计资料的真实、完整；

（4）对定期对账和财产清查的要求作出明确规定，以保证账证相符、账账相符、账表相符、账实相符；

（5）对会计资料定期经内部监督机构审查的办法和程序作出规定；

（6）对内部会计监督制度的制定、执行、检查、奖惩等作出规定。

单位负责人负责内部会计监督制度的组织实施。会计人员和单位内部其他人员是内部会计监督制度的具体实施者，在内部会计监督制度的实施中发挥重要作用。

（二）内部会计监督的主体和对象

根据《会计法》和《规范》的规定，各单位的会计机构、会计人员对本单位的经济活动进行会计监督。内部会计监督的主体是各单位的会计机构、会计人员；内部会计监督的对象是本单位的经济活动。

尽管内部会计监督的主体是各单位的会计机构、会计人员，但内部会计监督不仅仅是会计机构、会计人员的事情，单位负责人应当积极支持、保障会计机构、会计人员行使好会计监督职权，因为，单位负责人对内部会计监督实施情况承担最终责任。

（三）内部会计监督的依据

根据规定，会计机构、会计人员进行内部会计监督的依据主要包括：

（1）国家财经法律、法规、规章，如财政、税收、金融、外汇、价格等方面的法律、法规、规章。

（2）会计法律、法规和国家统一的会计制度，如《会计法》《总会计师条例》《企业会计准则》《行业会计制度》等。

（3）国务院有关业务主管部门根据《会计法》和国家统一的会计制度制定的具体实施办法或者补充规定。

（4）各单位根据《会计法》和国家统一的会计制度制定的单位内部会计管理制度。

（5）各单位内部的预算、财务计划、经济计划、业务计划等。

(四) 内部会计监督的基本要求

根据《会计法》《规范》《细则》等法律、规章的规定，内部会计监督有以下基本要求：

(1) 会计机构、会计人员对违反《会计法》和国家统一的会计制度规定的会计事项，有权拒绝办理或者按照职权予以纠正。

(2) 会计机构、会计人员发现会计账簿记录与实物、款项及有关资料不相符的，按照国家统一的会计制度的规定有权处理的，应当及时处理；无权自行处理的，应当立即向单位负责人报告，请求查明原因，作出处理。

(3) 任何单位和个人对违反《会计法》和国家统一的会计制度规定的行为，有权向政府有关部门检举。

二、会计工作的国家监督和社会监督

(一) 会计工作的国家监督

会计工作的国家监督，主要是指财政部门代表国家对各单位的会计工作实行监督。这是我国经济监督体系的一个重要方面，它与单位内部由会计机构、会计人员实行会计监督是相辅相成的。

财政部门对各单位会计工作的监督，并不排除其他政府部门如审计、税务等在履行职责时对有关单位会计资料的检查。审计、税务等部门在履行其职责时对有关单位会计资料的检查，对保证会计资料的真实、完整也起到促进作用。

各单位必须依照法律和国家有关规定，自觉接受财政等政府部门的监督、检查，如实提供会计凭证、会计账簿、财务会计报告和其他会计资料以及有关情况，不得拒绝，不得隐匿、谎报情况。

(二) 会计工作的社会监督

会计工作的社会监督，主要是指由注册会计师依法承办的对财务会计报告等进行审计、鉴证的一种监督制度。根据1993年10月31日第八届全国人大常委会第四次会议通过的《中华人民共和国注册会计师法》的规定，注册会计师是依法取得注册会计师证书并接受委托从事审计和会计咨询、会计服务业务的执业人员，注册会计师依法承办下列审计业务：审查企业财务会计报告，出具审计报告；验证企业资本，出具验资报告；办理企业合并、分立、清算事宜中的审计业务，出具有关的报告；法律、行政法规规定的其他审计业务。注册会计师接受委托对财务会计报告进行审计，既对委托人负责，也对财务会计报告使用者负责，更要对国家法律负责。因此，注册会计师从事财务会计报告审计，从一定意义上讲，也是对有关单位的财务会计报告及会计工作所进行的监督，通过注册会计师的审计，发现并纠正财务会计报告中的问题，从而促进委托人不断改进会计工作，提高会计资料质量。各单位应当根据法律、行政法规的规定，委托注册会计师开展审计业务，如实提供会计凭证、会计账簿、财务会计报告和有关资料及情况，配合注册会计师搞好审计工作，不得干预注册会计师的工作，不得示意注册会计师出具不实或不当的审计报告。

【例6-2】A公司是一家国有公司，近几年效益一直不稳定。2015年12月，公司董事长指示会计部门把账做得"漂亮"些。会计部门遂虚拟了若干笔销售收入，从而使公司报表由亏变盈。该公司财务会计报告经诚信会计师事务所审计后报出。当地财政部门2016年初在会计执法中发现了这一重大会计造假行为，并依据《会计法》有关法规，拟对该公司进行处罚。该公司董事长认为，公司对外报送的财务会计报告是经过诚信会计师事务所审计的，该所出具了无保留意见的审计报告，理应对本公司财务会计报告的真实性、完整性负责，承担由此带来的一切责任。分析A公司董事长的观点有无不妥。

解析：

A公司董事长的观点不正确。根据《会计法》的规定，单位负责人对本单位的会计工作和会计资料的真实性、完整性负责，应承担相应的会计责任。诚信会计师事务所因在审计中未严格履行审计准则的规定，出具了无保留审计意见报告，应承担相应的审计责任。

第四节　会计机构和会计人员的法律规定

会计机构是各单位办理会计事务的职能部门，会计人员是直接从事会计工作的人员。建立健全会计机构，配备与工作要求相适应的、具有一定素质和数量的会计人员，是做好会计工作，充分发挥会计职能作用的重要保证。《会计法》《规范》《细则》等对会计机构设置和会计人员配备要求作了具体规范。

一、会计机构的设置

根据规定,各单位是否单独设置会计机构,主要由各单位根据自身会计业务的需要自主决定。一个单位是否单独设置会计机构,往往取决于以下几个因素:一是单位规模的大小;二是经济业务和财务收支的繁简;三是经营管理的要求。根据上述要求,一般来说,大中型企业和具有一定规模的事业、行政单位,以及财务收支数额较大、会计业务较多的社会团体和其他经济组织,都应单独设置会计机构,以便及时组织本单位各项经济活动和财务收支的核算,实行有效的会计监督。对于不具备单独设置会计机构的单位,如财务收支数额不大、会计业务比较简单的企业、机关、团体、事业单位等,可以在有关机构中配备专职会计人员。对于不具备设置会计机构的单位,可以委托中介机构代理记账。

二、代理记账

代理记账是指代理记账机构接受委托办理会计业务。《会计法》规定,对不具备设置会计机构条件的单位可以委托经批准设立的从事代理记账的中介机构代理记账,从而确立了代理记账业务的法律地位。为了具体规范代理记账业务,财政部于2016年2月16日发布了《代理记账管理办法》,对从事代理记账的条件、代理记账的程序、委托双方的责任和义务等作了具体规定。

(一) 代理记账机构的设立条件

本办法所称代理记账机构是指依法取得代理记账资格,从事代理记账业务的机构。根据本办法规定,符合下列条件的机构可以申请代理记账资格:

(1) 为依法设立的企业;
(2) 持有会计从业资格证书的专职从业人员不少于3名;
(3) 主管代理记账业务的负责人具有会计师以上专业技术职务资格且为专职从业人员;
(4) 有健全的代理记账业务内部规范。

(二) 代理记账的业务范围

根据规定,代理记账机构可以接受委托人办理的业务主要有:

（1）根据委托人提供的原始凭证和其他相关资料，按照国家统一的会计制度的规定进行会计核算，包括审核原始凭证、填制记账凭证、登记会计账簿、编制财务会计报告等；

（2）对外提供财务会计报告；

（3）向税务机关提供税务资料；

（4）委托人委托的其他会计业务。

(三) 代理记账的基本程序

首先，委托人应与代理记账机构在相互协商的基础上签订书面委托合同。委托合同除应具备法律规定的基本条款外，另外还应当明确以下内容：双方对会计资料真实性、完整性各自应当承担的责任；会计资料传递程序和签收手续；编制和提供财务会计报告的要求；会计档案的保管要求及相应的责任；终止委托合同应当办理的会计业务交接事宜。

其次，代理记账机构根据委托合同约定，定期派人到委托人所在地办理会计核算业务；或者根据委托人送交的原始凭证在代理记账机构所在地办理会计核算业务。

再次，代理记账机构为委托人编制的财务会计报告，经代理记账机构负责人和委托人审阅并签章后，按照规定报送有关部门。

(四) 委托人的责任和义务

委托人对代理记账机构在委托合同约定范围内的行为承担责任。同时，委托人委托代理记账机构代理记账应当承担相应的义务，包括：对本单位发生的经济业务事项，应当填制或者取得符合国家统一的会计制度规定的原始凭证；应当配备专人负责日常货币收支和保管；及时向代理记账机构提供真实、完整的原始凭证和其他相关资料；对于代理记账机构退回的，要求按照国家统一的会计制度的规定进行更正、补充的原始凭证，应当及时予以更正、补充。

(五) 代理记账人员的从业规则

主要包括：遵守会计法律、法规和国家统一的会计制度，依法履行职责；对在执行业务中知悉的商业秘密负有保密义务；对委托人示意其作出不当的会计处理，提供不实的会计资料，以及其他不符合法律、法规规定的要求，应当拒绝；对委托人提出的有关会计问题负有解释的责任。

三、会计机构负责人

根据《会计法》规定，设置会计机构，应当配备会计机构负责人；在有关机构中配备专职会计人员，应当在专职会计人员中指定会计主管人员，行使会计机构负责人的职权。会计机构负责人或会计主管人员（以下简称会计机构负责人），是在一个单位内具体负责会计工作的中层领导人员。因此，担任会计机构负责人应当具备一定的条件。《会计法》《规范》《细则》对担任会计机构负责人应当具备的条件作出了相应的规定。

四、总会计师

国有的和国有资产占控股地位或者主导地位的大、中型企业必须设置总会计师。总会计师是主管本单位财务会计工作的行政领导。总会计师协助单位主要行政领导人工作，直接对单位、主要行政领导人负责。总会计师不是一种专业技术职务，也不是会计机构的负责人或会计主管人员，而是一种行政职务。《会计法》《规范》《细则》以及国务院于1990年12月31日发布的《总会计师条例》等，都对总会计师的配备要求作出了规定。

（一）总会计师的设置范围

根据规定，大中型企业事业单位和业务主管部门可以设置总会计师，国有大中型企业（包括国有资产占控股地位或主导地位的大中型企业，下同）必须设置总会计师。

（二）总会计师的地位

总会计师是单位行政领导成员，是单位财务会计工作的主要负责人，全面负责财务会计管理和经济核算，参与单位的重大经营决策活动，是单位主要行政领导人的参谋和助手。总会计师依法行使职权。根据规定，凡是设置总会计师的单位，不应当再设置与总会计师职责重复的行政副职。

（三）总会计师的任职资格

根据规定，担任总会计师应当具备下列条件：
（1）坚持社会主义方向，积极为社会主义建设和改革开放服务。

(2) 坚持原则，廉洁奉公。

(3) 取得会计师任职资格，主管一个单位或者单位内一个重要方面的财务会计工作时间不少于 3 年。

(4) 有较高的理论政策水平，熟悉国家财经法律、法规、方针、政策和制度，掌握现代化管理的有关知识。

(5) 具备本行业的基本业务知识，熟悉行业情况，有较强的组织领导能力。

(6) 身体健康，能胜任本职工作。

(四) 总会计师的职责和权限

根据规定，总会计师的职责主要有以下几项：

(1) 编制和执行预算、财务收支计划、信贷计划，拟订资金筹措和使用方案，开辟财源，有效地使用资金。

(2) 进行成本费用预测、计划、控制、核算、分析和考核，督促本单位有关部门降低消耗、节约费用、提高经济效益。

(3) 建立健全经济核算制度，利用财务会计资料进行经济活动分析。

(4) 负责对本单位财务会计机构的设置和会计人员的配备、会计专业职务的设置和聘任提出方案，组织会计人员的业务培训和考核，支持会计人员依法行使职权。

(5) 协助单位主要行政领导人对企业的生产经营、行政事业单位的业务发展以及基本建设投资等问题作出决策；参与重大合同和经济协议的研究、审查。

根据规定，总会计师的权限主要有以下几项：

(1) 对违反国家财经法律、法规、方针、政策、制度和有可能在经济上造成损失、浪费的行为，有权制止或者纠正；制止或者纠正无效时，提请单位主要行政领导人处理。

(2) 有权组织本单位各职能部门、直接基层组织的经济核算、财务会计和成本管理方面的工作。

(3) 主管审批财务收支工作。除一般的财务收支可以由总会计师授权的财会机构负责人或者其他指定人员审批外，重大的财务收支，须经总会计师审批或者由总会计师报单位主要行政领导人批准。

(4) 签署预算、财务收支计划、成本和费用计划、信贷计划、财务专题报告、会计决算报表，涉及财务收支的重大业务计划、合同、经济协议等，在单位内部须经总会计师会签。

（5）会计人员的任用、晋升、调动、奖惩，应当事先征求总会计师的意见；财会机构负责人或者会计主管人员的人选，应当由总会计师进行业务考核，依照有关规定审批。

(五) 总会计师的任免程序

对于国有大中型企业，《总会计师条例》第15条规定，"企业的总会计师由本单位主要行政领导人提名，政府主管部门任命或者聘任；免职或者解聘程序与任命或者聘任程序相同"；对于事业单位和业务主管部门，《总会计师条例》第15条规定，"总会计师依照干部管理权限任命或者聘任；免职或者解聘程序与任命或者聘任程序相同"。城乡集体所有制企业、事业单位的总会计师，应当按照有关法律的规定来任免（包括聘任或解聘）。

五、会计人员的从业资格

(一) 取得从业资格的范围

科学地界定会计人员和会计岗位，是做好会计从业资格管理工作的重要保证。根据财政部印发的《〈会计从业资格管理办法〉中若干问题解答（一）》（财会〔2000〕13号）的有关规定，会计人员主要是指在会计岗位从事会计工作的人员。会计岗位是指从事会计工作、办理会计事项的具体职位，一般包括：总会计师（或财务总监）、会计机构负责人、会计主管、出纳、资金核算、稽核、往来结算、工资核算、成本费用核算、财务成果核算、收入支出、债权债务账目登记和账务处理等岗位，还包括财务会计报告编制、分析岗位，财产物资核算岗位，会计电算化岗位，管理会计岗位，会计制度、内部会计控制制度设计和管理岗位，以及会计档案管理岗位、会计事务管理岗位等。

(二) 会计从业资格取得条件

根据《会计法》的规定，会计人员应当遵守职业道德，提高业务素质。对会计人员的教育和培训工作应当加强。

1. 基本条件

（1）会计人员应当具备从事会计工作所需要的专业能力。

（2）担任单位会计机构负责人（会计主管人员）的，应当具备会计师以上专业技术职务资格或者从事会计工作有三年以上的经历。

2. 对于终生不得申请会计从业资格的规定

因有提供虚假财务会计报告，做假账，隐匿或者故意销毁会计凭证、会计账簿、财务会计报告，贪污，挪用公款，职务侵占等与会计职务有关的违法行为被依法追究刑事责任的人员，不得再从事会计工作。

第五节　违反《会计法》的法律责任

对会计工作中的违法行为应当承担的法律后果，《会计法》及相关法律、行政法规、规章作出了相应规定。违反会计法律制度应当承担的法律责任主要有行政责任和刑事责任。

行政责任是指对犯有一般违法行为的单位或者个人，依照法律、法规的规定应承担的法律责任。承担行政责任主要有行政处分和行政处罚两种方式。刑事责任是指犯罪行为应当承担的法律责任。

一、违反国家统一的会计制度行为的法律责任

根据《会计法》的规定，有下列行为之一的，由县级以上人民政府财政部门责令限期改正，可以对单位并处三千元以上五万元以下的罚款；对其直接负责的主管人员和其他直接责任人员，可以处二千元以上二万元以下的罚款；属于国家工作人员的，还应当由其所在单位或者有关单位依法给予行政处分：

（1）不依法设置会计账簿的；

（2）私设会计账簿的；

（3）未按照规定填制、取得原始凭证或者填制、取得的原始凭证不符合规定的；

（4）以未经审核的会计凭证为依据登记会计账簿或者登记会计账簿不符合规定的；

（5）随意变更会计处理方法的；

（6）向不同的会计资料使用者提供的财务会计报告编制依据不一致的；

（7）未按照规定使用会计记录文字或者记账本位币的；

（8）未按照规定保管会计资料，致使会计资料毁损、灭失的；

（9）未按照规定建立并实施单位内部会计监督制度或者拒绝依法实施的监督或者不如实提供有关会计资料及有关情况的；

（10）任用会计人员不符合本法规定的。

有前款所列行为之一，构成犯罪的，依法追究刑事责任。

会计人员有以上所列行为之一，情节严重的，五年内不得从事会计工作。

有关法律对以上所列行为的处罚另有规定的，依照有关法律的规定办理。

二、伪造、变造会计凭证、会计账簿或者提供虚假财务会计报告的法律责任

根据《会计法》的规定，伪造、变造会计凭证、会计账簿，编制虚假财务会计报告，构成犯罪的，依法追究刑事责任。有前款行为，尚不构成犯罪的，由县级以上人民政府财政部门予以通报，可以对单位并处五千元以上十万元以下的罚款；对其直接负责的主管人员和其他直接责任人员，可以处三千元以上五万元以下的罚款；属于国家工作人员的，还应当由其所在单位或者有关单位依法给予撤职直至开除的行政处分；其中的会计人员，五年内不得从事会计工作。

三、隐匿或者故意销毁依法应当保存的会计凭证、会计账簿、财务会计报告的法律责任

根据《会计法》的规定，隐匿或者故意销毁依法应当保存的会计凭证、会计账簿、财务会计报告，构成犯罪的，依法追究刑事责任。

有前款行为，尚不构成犯罪的，由县级以上人民政府财政部门予以通报，可以对单位并处五千元以上十万元以下的罚款；对其直接负责的主管人员和其他直接责任人员，可以处三千元以上五万元以下的罚款；属于国家工作人员的，还应当由其所在单位或者有关单位依法给予撤职直至开除的行政处分；其中的会计人员，五年内不得从事会计工作。

四、授意、指使、强令会计机构、会计人员及其他人员伪造、变造会计凭证、会计账簿，编制虚假财务会计报告或者隐匿、故意销毁依法应当保存的会计凭证、会计账簿、财务会计报告行为的法律责任

根据《会计法》的规定，上述行为，构成犯罪的，依法追究刑事责任；

尚不构成犯罪的，可以处五千元以上五万元以下的罚款；属于国家工作人员的，还应当由其所在单位或者有关单位依法给予降级、撤职、开除的行政处分。

五、单位负责人对依法履行职责、抵制违反《会计法》规定行为的会计人员以降级、撤职、调离工作岗位、解聘或者开除等方式实行打击报复的法律责任

根据《会计法》的规定，单位负责人对依法履行职责、抵制违反《会计法》规定行为的会计人员以降级、撤职、调离工作岗位、解聘或者开除等方式实行打击报复，构成犯罪的，依法追究刑事责任；尚不构成犯罪的，由其所在单位或者有关单位依法给予行政处分。对受打击报复的会计人员，应当恢复其名誉和原有职务、级别。

财政部门及有关行政部门的工作人员在实施监督管理中滥用职权、玩忽职守、徇私舞弊或者泄露国家秘密、商业秘密，构成犯罪的，依法追究刑事责任；尚不构成犯罪的，依法给予行政处分。

【思考题】

1. 会计核算的一般要求是什么？
2. 财务会计报告由哪些内容构成？
3. 违反会计法律制度的法律责任有哪些？
4. 长江国有食品加工企业，2015年发生以下事项：

（1）1月，企业新领导班子上任后，作出了精简内设机构等决定，会计科撤并到企业管理办公室（以下简称"企管办"），同时任命企管办主任王某兼任会计主管人员。会计科撤并到企管办后，会计工作分工如下：原会计科会计继续担任会计；原企管办工作人员、王某的女儿担任出纳工作。

企管办主任王某参加工作后一直从事文秘工作，为了使王某尽快胜任会计主管人员岗位，企业同意王某半脱产参加会计培训班，并参加2016年会计资格考试。

（2）2月，原会计科长与王某办理会计工作交接手续，人事科长监交。

（3）6月，档案科会同企管办对企业会计档案进行清理，编制会计档案销毁清册，将保管期已满的会计档案按规定程序全部销毁，其中包括一些保管期

满但尚未结清债权债务的原始凭证。

(4) 8月,经企业负责人批准,某业务往来单位因业务需要查阅了该企业2002年有关会计档案,对有关原始凭证进行了复印,并办理了登记手续。

回答问题:上述事项哪些是合法的,哪些是不合法的?分别说明理由。

第七章 合 同 法

【教学目的与要求】

通过本章的学习,重点掌握合同订立的方式,缔约过失责任,合同的效力,抗辩权的行使,合同的担保和违约责任;了解合同的主要条款,合同履行的规则,合同的变更和转让,合同权利义务的终止。

第一节 合同与合同法概述

合同法是有关合同的法律规范的总称,是通过对合同行为的规范来调整平等主体之间的民事关系的法律。我国的合同法是社会主义法律体系的重要组成部分,党的十一届三中全会以来,我国先后制定了《经济合同法》(1981年)、《涉外经济合同法》(1985年)和《技术合同法》(1987年)。这三部合同法对保护合同当事人的合法权益,维护社会经济秩序,促进国内经济、技术的交流和对外经济贸易的发展,发挥了重要作用。但随着改革开放的不断深入和社会经济的不断发展,其越来越不能适应客观实际的需要,将已有的三部合同法进行重新规划和统一成为历史的必然。1999年3月15日,第九届全国人民代表大会审议通过了《中华人民共和国合同法》(简称《合同法》)。该法附则(第428条)规定,该法自1999年10月1日起施行,原有的三部合同法同时废止。

我国的《合同法》由总则、分则、附则三部分组成,总则主要规定合同法的宗旨、基本原则及合同的订立、合同的效力、合同的履行、合同的变更、转让、终止和合同的救济等规范;分则对15种具体的合同予以规定;附则是对合同的施行日期的规定。它由23章、428条构成。

第七章 合同法

一、合同的概念及分类

(一) 合同的概念

合同又称契约。《合同法》第 2 条规定：本法所称合同是平等主体的自然人、法人、其他组织之间设立、变更、终止民事权利义务关系的协议。婚姻、收养、监护等有关身份关系的协议，适用其他法律的规定。对于本条规定，应从以下几点来理解：

第一，合同是平等主体之间的协议。这里的平等主体包括自然人、法人和其他组织。如果主体之间的地位不平等，双方的行为是管理和服从、领导和被领导的行为，那么他们之间依该行为所建立的社会关系就不是合同关系，而是其他的社会关系，如政府的行政管理和企事业单位内部的管理关系。

第二，合同是平等主体之间就民事权利义务关系所订立的协议。民事权利包括人身权和财产权两大类，财产权又分为物权、债权和知识产权。但《合同法》并不调整所有的合同关系，有关身份关系的协议虽然也是合同，但由于其特殊性，适用相关的法律来调整，合同法对此不予调整，即《合同法》所调整的"合同"范围小于民事合同的范围。

第三，合同是平等主体之间设立、变更、终止民事权利义务关系的协议。它须以合同当事人的协商一致为条件；具有设立、变更、终止民事权利义务关系的目的性，能产生某种民事法律效果，不具有法律意义的一般商量行为不属于合同的范围，如邀请某人散步的行为就不属于合同行为。

(二) 合同的分类

合同的分类是将合同的诸多种类按特定的标准抽象性地加以区别与划分。一般来说，在立法上依据合同所反映的社会关系的性质及合同目的的不同将它们划分为买卖、租赁、借贷、承揽、运输、保险、出版、委托、信托、居间、合伙合同等。学理上对合同种类的抽象分类主要有以下几种：

(1) 根据合同当事人双方权利义务的分担方式可分为双务合同和单务合同。双方当事人都享有权利和义务的合同为双务合同，如买卖、租赁、合伙、借贷、运输及财产保险等；一方当事人只享有权利而不尽义务，另一方当事人只尽义务而不享有权利的合同为单务合同，如赠与、归还原物的借用和无偿保管合同等。

（2）根据合同当事人权利的取得是否付出相应的代价可分为有偿合同和无偿合同。取得权利应偿付一定代价的合同为有偿合同，如买卖、租赁、借贷等；当事人取得权利无须偿付代价的合同为无偿合同，如赠与、无偿使用、无偿委托等。

（3）根据合同的成立是否以交付标的物为要件可将合同分为诺成合同和实践合同。只需要当事人的意思表示一致即可成立的合同为诺成合同，如买卖、租赁、委托等；合同的成立除当事人意思表示一致外，还须以交付标的物为要件的为实践合同，如借用、一般的赠与合同等。

（4）根据合同的成立是否需要采用特定的形式或程序可分为要式合同和不要式合同。如要求公证、鉴证、批准和登记的为要式合同，不要求特定形式和程序的为不要式合同。

（5）根据合同是否具有从属性将合同分为主合同和从合同。不以他合同的存在为前提而能独立存在的合同为主合同，需以他合同的存在为前提自身不能独立存在的合同为从合同，如借贷合同为主合同，为借贷所设的抵押、质押合同为从合同。

二、合同的基本原则

合同的基本原则是指贯穿于整个合同法律规范之中，在《合同法》的制定和实施过程中必须遵循的基本方针和准则。《合同法》在总则第一章中概括的基本原则有平等原则、自愿原则、公平原则、诚实信用原则、合法原则。

（一）平等原则

平等原则是指《合同法》赋予合同主体平等的民事权利能力并要求所有合同主体同受普遍性法律的约束，具体表现为：

（1）合同主体民事权利能力平等。自然人之间的民事权利能力一律平等，在中国境内的外国人和无国籍人的民事权利能力与我国公民的民事权利能力也基本一致，除个别特殊的民事主体不能成为法律关系主体外，都可以通过合同形式建立民事法律关系；法人的民事权利能力平等，它们之间无大小级别之分；自然人与法人的民事权利能力平等，不存在"大集体、小个人"之说。

（2）在具体的合同关系中当事人的地位平等。当事人在合同的订立、履行和承担违约责任等方面都处于平等的法律地位，彼此的权利义务对等，不允许一方将自己的意志强加于另一方。

(3) 合同主体的合法权益平等地受法律保护。

(二) 自愿原则

《合同法》第 4 条规定："当事人依法享有自愿订立合同的权利，任何单位和个人不得非法干涉。"自愿原则是指任何人，包括法人、其他组织和自然人，在订立合同与否、同谁订立合同、订立合同的内容和形式，以及变更、解除合同和选择解决合同纠纷的途径时，完全由他们的自由意志来决定，任何单位和个人不得非法干涉。它反映了社会主义市场经济的本质要求。但自愿原则并不意味着当事人可以随心所欲地订立合同而不受任何约束，而是在法律规定范围内的自愿。

(三) 公平原则

《合同法》第 5 条规定："当事人应当遵循公平原则确定各方的权利和义务。"公平原则要求：合同当事人设定权利义务时不能将权利集中或主要集中于一方当事人，而将义务或主要义务集中于另一方当事人；当事人在实施合同时应按公平原则进行，履行各方的义务，从而实现各自的经济利益；双方当事人在合同发生纠纷时有权按照公平原则请求司法机关的保护，司法机关也应当按照公平原则处理合同纠纷；在当事人对合同有关条款约定不明或发生歧义时，当事人应按公平原则予以明确化或解释。

(四) 诚实信用原则

《合同法》第 6 条规定："当事人行使权利、履行义务应当遵循诚实信用原则。"诚实信用原则既是道德原则，也是法律原则。作为《合同法》的基本原则，诚实信用原则是指合同当事人在订立合同、行使权利和履行合同义务时，应当为对方当事人承担善意、诚实、信用的责任，保证不向对方做欺诈、蒙骗、损害对方利益的行为。如果违背这一原则，当事人应当承担相应的法律责任。

(五) 合法原则

《合同法》第 7 条规定："当事人订立、履行合同，应当遵守法律、行政法规，尊重社会公德，不得扰乱社会经济秩序，损害社会公共利益。"合法原则即订立合同必须遵守法律和法规，任何单位和个人不得利用合同进行违法活动。它要求合同的内容、形式、履行和目的等必须合法。合同不违反法律和不违反社会公共利益是合法性的两个方面，分别有不同的含义和要求。合同不违反法律，首先是指不得违反我国现行法律、法规和行政规章中的强制性规范；其次，不得违反国家政策的禁止性规定和命令性规定；再次，遵守国家指令性任务的要求，也是合同合法性的一个重要内容。合同应当尊重社会公德，不得扰乱社会经济秩序，不得损害社会公共利益。例如不得有损国家主权、危及国家安全、有碍社会风化，不得污染环境、损害珍稀资源、破坏生态平衡等。

第二节　合同的订立

一、合同订立的形式

合同的订立，是合同各方当事人依法就合同的主要条款经过协商一致达成合意的法律行为。

合同的形式是合同内容的外在表现，是合同内容的载体。按照《合同法》第10条的规定，合同的形式有三种：口头形式、书面形式和其他形式。它们都是合同的法定形式，具有相同的法律效力，当事人在订立合同时可根据实际的需要进行选择，但在法律做出强制性规定或当事人有特别约定的情况下，应依法律的规定和当事人的约定。

（一）口头形式

口头形式是指合同当事人通过口头交谈方式相互进行意思表示而订立的合同。口头形式的特点是简便、快捷，但在当事人发生纠纷时难以举证，故它一般用于当事人无歧义、数量不大、能够即时结清的合同关系。例如，日常生活用品的买卖合同多采用此种形式。

（二）书面形式

书面形式是指合同书、信件和数据电文（包括电报、电传、传真、电子数据交换和电子邮件）等可以有形地表现所载内容的形式。

书面形式的优点在于它能有形表现合同的内容，便于合同的履行和责任的判定，故其一般用于数量较大、内容较复杂、不能立即履行完毕的合同的关系。

书面形式主要有合同书、信件和数据电文三种形式，但又不仅限于此三种形式，凡是一切可以保留所载信息并能够被有形复制的形式都是书面形式的范畴。

书面形式分为一般书面形式和特殊书面形式。只需当事人达成书面协议，不需要再履行其他手续，合同即可成立的，为一般书面形式；凡需要经过公证、登记或审批的为特殊书面形式。公证形式是由国家公证机关对合同的真实性、合法性进行审查后，签署证明的形式，一般采取自愿原则，例如大型抽奖活动中公证机关对抽奖结果的公证证明；登记形式为依照法律的规定和当事人的约定，将合同提交国家登记机关登记的方式，如城市房屋买卖必须登记才能生效；审批形式是指按照国家法律或主管机关的规定，由主管部门对合同加以审核批准的特定形式，如中外合资经营企业合同必须经过省级人民政府的批准才能生效。

(三) 其他形式

其他形式是指除口头形式和书面形式以外的形式，主要包括默示形式和推定形式。默示形式是指当事人通过沉默的方法进行意思表示的形式，此种形式必须在法律有特殊规定或者当事人有特别约定的情况下才能产生肯定的法律效力，否则沉默视为拒绝，例如《合同法》关于试用买卖合同规定："试用期间届满，买受人对是否购买标的物未作表示的，视为购买。"推定形式是指当事人通过积极主动的行为进行意思表示的形式，例如房屋租赁期满，承租人继续交纳租金给出租人，而出租人接受的，此举就表明双方当事人已对继续租赁房屋达成合意。

二、合同的主要条款

合同的条款由当事人约定，不同的合同因其性质、订立的目的及形式的差异而在内容上繁简不一，表现出很大的差别，当事人可以根据有关国家机关公布的各类合同的示范文本订立合同。合同的主要条款是明确合同当事人的基本权利和义务，是合同成立不可缺少的核心内容。根据《合同法》第12条的规定，合同的主要条款有以下8项：

(一) 当事人的名称或者姓名和住所

名称是针对法人或其他组织而言，姓名是针对自然人而言。名称是法人或其他组织在登记机关登记的正式名称，住所是其主要办事机构所在地；自然人的住所是其户籍所在地或经常居住地。

（二）标的

标的是当事人之间权利义务所指向的对象。如果合同没有标的或标的不明确，当事人之间的权利义务就失去了目标，合同就无法履行。不同的合同有不同的标的，它可以是物，如货物买卖、财产租赁中的标的就是物；也可以是行为，如加工承揽合同、保管合同、运输合同等，其标的就是完成某种工作、提供某种服务的行为；还可以是智力成果，如专利权、商标权的转让和使用许可合同其标的就是专利和商标这种创造性的智力成果。

（三）数量

数量是标的在量的方面的表现，它是可以用单纯的独立单位加以衡量（如个数、件数）或度量衡尺度加以衡量（如重量、体积、长度等）的数据，是决定权利义务大小的标准。数量必须按照国家法定的计量单位计量。

（四）质量

质量是标的物内在素质和外观形态的综合，是产品或工作优劣程度的表现，是确定当事人是否适当履行合同的主要依据。不同的合同有不同的质量要求，所以当事人在订立合同时必须明确质量标准，如果有国家或行业标准的，要执行该标准；没有国家或行业标准的，由当事人协商确定。

（五）价款或报酬

价款或报酬是合同标的价值的表现。价款是取得标的的一方向对方支付的对价，报酬是完成工作或提供劳务的一方从对方所取得的报偿。价款或报酬是有偿合同的重要内容，一般由当事人自由约定，但属于国家定价或指导价的，双方当事人必须依据国家法律和政策来确定。

（六）履行的期限、地点和方式

履行期限是合同当事人确定的履行义务的起止时间，它是判断当事人是否提前履行或迟延履行的依据。履行地点是指当事人在什么地方履行合同义务和接受合同义务，它关系到标的风险的转移、履行费用的负担和纠纷案件的法院管辖等，应当做到具体、明确。履行合同义务的方式，按履行的期次，可分为一次履行和分期分批履行；按履行义务的当事人，可分为亲自履行和第三人代为履行；按标的的交付方式，可分为直接交付、送货、邮寄、代办托运、需方自提等。

（七）违约责任

违约责任是指合同当事人不履行或者不完全履行合同约定的义务应当承担的法律责任。当事人在订立合同时明确违约责任，有助于督促当事人自觉履行合同义务，也有利于在发生违约情况后确定责任，从而保护当事人的合法权利。

（八）解决争议的方法

对当事人在履行合同的过程中出现的争议可以有多种方法加以解决：协商、调解、仲裁和诉讼。诉讼和仲裁是具有法律意义的解决方法，但这两种方法处于平行状态，即当事人只能选择其一作为解决纠纷的途径。《中华人民共和国仲裁法》规定，当事人选择仲裁作为解决方式的，必须要在签订合同时约定仲裁条款或另行签订仲裁协议，否则就只能以诉讼来解决纠纷。

合同中解决争议条款的效力具有独立性，即使合同被撤销或被宣告无效，其解决争议的条款仍然有效。

三、合同订立的程序

合同订立的程序是指当事人相互作出意思表示并就合同条款达成一致的具体过程。这一过程分为要约和承诺两阶段。

（一）要约

要约，又称定约提议，是当事人希望和他人订立合同的意思表示。发出要约的一方为要约人，接受要约的一方为受要约人。

1. 要约应具备的条件

《合同法》规定，要约应具备以下条件：

（1）要约必须由特定的当事人作出。发出要约的目的在于订立合同，要约方必须使接受要约的相对方明确是谁发出要约以便作出承诺。所谓特定的当事人并不是指某个具体特定的人，而是指凡能为外界客观确定的人，例如，自动售货机、自动投币机的设置，即可认为是一种特定化的人所发出的要约。

（2）要约必须向要约人希望与之订立合同的相对人发出。原则上要约应向特定的当事人发出，因为要约人在特定的时间和场合只能与特定的对方当事人订立特定内容的合同；但是，对于要约方发出要约时主观上不知相对人为何人，但其意思表示的内容客观上又是指向特定的相对人的，只要对方满足其意思表示的内容其目的就可实现的，要约也可成立。例如自动售货机、悬赏广告就属此类。悬赏广告是以广告的方式声明对完成一定行为的人给予报酬的意思表示，是对不特定当事人的要约，相对人完成一定的行为即视为承诺。

（3）要约的内容必须具体确定。所谓具体是指要约的内容应具有足以使合同成立的主要条件，所谓确定是指要约的内容是明确肯定的，以供受要约人考虑是否承诺。如果要约人发出的意思表示只包含订立合同的愿望，而未提出决定合同内容的主要条件，或在主要内容上含糊其辞，就不是要约，而只是要约邀请。

（4）受要约人一旦承诺，要约人即受该要约约束。要约是一种法律行为，要约人受到要约的约束，要约的内容必须能够表明：如果对方接受要约，合同即告成立。

2. 要约邀请

要约邀请是希望他人向自己发出要约的意思表示。要约邀请与要约的区别在于：要约是一个法律行为，要约人受该要约的约束，而要约邀请不是法律行为，没有法律约束力；要约内容具体确定，包括足以使合同成立的主要条款，而要约邀请的内容则不受此约束。

3. 要约的法律效力

要约的法律效力主要表现在以下方面：

（1）要约法律效力的内容。要约虽然是一种意思表示，但也具有一定的法律意义，能产生一定的法律后果，具体表现为对要约人的效力和对受要约人的效力。

要约对要约人的效力表现为要约一经生效，要约人即受要约的约束，不得随意撤回、撤销要约或对要约加以限制、变更和扩张。在相对人承诺后，要约人必须按要约的内容满足对方的要求，否则即构成了违约。要约对受要约人的效力表现为要约生效时即取得依其承诺而成立合同的法律地位，即取得承诺的资格。在这里应特别注意的是其取得的只是承诺的资格，既可以承诺也可以不承诺，并没有必须承诺的义务，也没有不承诺而必须通知要约人的义务，即使要约人在要约中规定应为通知的，该规定对受要约人也无法律上的约束力。

（2）要约生效的时间。要约生效的时间因要约的不同形式而有差异：对于口头形式的要约，从相对人了解要约时开始生效；对书面形式的要约从要约到达受要约人时生效。所谓到达是指要约送达到受要约人能够控制的地方，如用邮寄方式送达的，只要要约送达到受要约人的邮箱或收发室即视为送达；采用数据电文形式（电报、电传、传真、电子数据交换和电子邮件等）发出要约的，该数据电文进入受件人指定系统的时间或者在受件人未指定接受系统的情况下电文进入受件人的任何系统的首次时间为要约的到达时间。

4. 要约的撤回和撤销

要约的撤回是指要约在到达受要约人之前，要约人欲使其不发生效力而取消要约的意思表示。《合同法》规定，要约的撤回应使撤回通知先于要约到达受要约人或者与要约同时到达受要约人，否则撤回不能成立。

要约的撤销是指要约在到达受要约人之后，要约人欲使其丧失法律效力而取消要约的意思表示。《合同法》规定，撤销要约的通知应当在受要约人发出承诺通知之前到达受要约人，否则撤销不能成立。但不是所有的要约都可以撤销，不得撤销的要约有：

（1）要约人确定了承诺期限或者其他的形式明示要约不得撤销的；

（2）受要约人有理由认为要约是不可撤销的，并已经为履行合同做了准备工作的。

5. 要约的失效

要约的失效是指要约丧失了对要约人和受要约人的法律约束力。要约失效后，合同即失去了成立的基础，受要约人即使承诺，合同也不能成立。要约失效的原因有：

（1）要约被拒绝，即受要约人以通知的方式明确表示不接受要约。

（2）要约被依法撤销。

（3）承诺期限届满而受要约人未作出承诺。

（4）受要约人对要约的内容作出实质性的变更。所谓实质性的变更是指有关合同标的、数量、质量、价款或者报酬、履行期限、履行地点和方式、违约责任和解决争议方法等的变更。在此种情况下受要约人的应答不是承诺，而是受要约人向要约人发出了新要约或反要约。

（二）承诺

承诺是受要约人同意接受要约的全部条件的意思表示。一个有效的承诺应当具备以下条件：

（1）承诺须是受要约人作出的意思表示。由于要约是向特定的当事人发出的，所以只有接受要约方才有承诺的资格。承诺既可以由受要约人亲自作出，也可以由其代理人在代理权限范围内以被代理人的名义作出，除此以外的第三人无论以本人名义还是以受要约人的名义作出同意要约的意思表示都不是承诺。

（2）承诺必须向要约人作出。

（3）承诺的内容须与要约的内容一致，即承诺是无条件的同意，不得限制、扩张或变更要约的实质性内容，否则就不是承诺，而构成新要约或反要约。

（4）承诺须在要约的有效期限内作出。如果要约中确定有承诺期限的，承诺须在该期限内到达要约人。要约没有确定承诺期限的，口头要约除当事人另有约定外，应即时作出承诺，书面要约的承诺应在合理的期限内到达要约人。受要约人过期承诺的，除要约人及时通知受要约人该承诺有效以外，为新要约；但承诺的迟延到达，即受要约人在承诺期限内发出承诺，按照通常情形能够及时到达要约人，但因其他原因（如邮寄传达过程中的耽搁）承诺到达要约人时超过承诺期限的，除要约人通知受要约人该承诺无效外，该承诺有效。

承诺到达要约人时生效，承诺生效时合同成立。生效的承诺不得撤销，但在生效前，即受要约人发出的承诺未到达要约人之前，受要约人可以作出意思表示阻止该承诺生效，撤回承诺的通知应当在承诺通知到达要约人之前或者与承诺通知同时到达要约人，否则撤回不成立。

四、合同成立

（一）合同成立的判断

合同当事人经过协商就合同的主要条款达成一致，合同即告成立，因此合同成立的依据是当事人意思表示一致。此处的"意思表示一致"是从内容上判断，而不仅仅从形式上来判断是否承诺，只要在实质上已经意思表示一致，即使在形式上有所欠缺，也应认为合同已成立。《合同法》第36条和第37条对此作了专门规定，"法律、行政法规规定或者当事人约定采用书面形式订立合同，当事人未采用书面形式"，或"采用合同书形式订立合同，在合同签字或盖章之前"，"当事人一方已经履行主要义务，对方接受的，该合同成立"。

（二）合同成立的时间

根据《合同法》的有关规定，承诺生效时合同成立，即合同成立的时间为承诺到达要约人的时间。当事人采用合同书形式订立合同的，自双方当事人签字或盖章时合同成立，签字的时间不一致的，合同成立的时间为最后当事人签字的时间。在签字或者盖章之前，当事人一方已经履行主要义务并且对方接受的，该合同成立。当事人采用信件、数据电文等形式订立合同且要求在合同成立之前签订确认书的，签订确认书时合同成立。

（三）合同成立的地点

合同成立的地点指完成合同订立程序的地点。《合同法》规定，承诺生效的地点为合同成立的地点。当事人采用数据电文形式订立合同的，收件人的主营业地为合同成立的地点；没有主营业地的（如自然人），其经常居住地为合同成立的地点。当事人另有约定的，按照其约定。当事人采用合同书形式订立合同的，双方当事人签字或盖章的地点为合同成立的地点，签字或盖章不在同一地点的，最后签字或盖章的地点为合同成立的地点。

五、缔约过失责任

缔约过失责任是指当事人在订立合同的过程中违背诚实信用原则，因故意或过失给对方造成损失时依法应承担的赔偿责任。

（一）缔约过失责任的构成条件

（1）缔约一方违反前合同义务。前合同义务（学理上又称为附随义务）是指当事人在签订合同时，基于诚实信用原则而依法负有的说明、告知、保密及保护义务。

（2）对方有损失。如果当事人实施了过错行为但没有给对方造成损失，就不用承担缔约过失责任。反之，就要承担相应责任。

（3）违反前合同义务的行为与损失之间有因果联系，即一方的损失是由另一方的缔约过失行为造成的。

（4）违反前缔约义务者在主观上有过错，即因故意或过失而违反前缔约义务。

(二) 缔约过失责任的具体表现

缔约过失理论为德国法学家耶林首创,后为许多国家的法学理论和立法机构所采纳。我国《合同法》吸收了该理论,并在第 42 条、第 43 条中明确规定了四种承担缔约过失责任的情形:

1. 假借订立合同,恶意进行"诈"买

例如,甲知道乙有转让餐馆的意图,甲并不想购买该餐馆,但为了阻止乙将餐馆卖给竞争对手丙,却假意与乙进行了长时间的"诈"买。当丙买了另一家餐馆后,甲中断了谈判。后来乙以比丙出价更低的价格将餐馆转让了。乙对于自己的损失可以缔约过失责任为由要求甲赔偿。

2. 故意隐瞒与订立合同有关的重要事实或者提供虚假情况

此条违背了合同订立过程中的如实告知义务,属于欺诈行为,由此而导致的对方损失应当赔偿,受欺诈方也有权撤销合同。

3. 违反保密义务

《合同法》规定,当事人在订立合同的过程中知悉的商业秘密,无论合同是否成立,均不得泄露或者不正当地使用;否则给对方造成损失的,应当承担损害赔偿责任。

4. 其他违背诚实信用原则的行为

当事人在订立合同过程中有上述行为之一,给对方造成损失的,都应当承担损害赔偿责任。

第三节 合同的效力

合同的效力,是指已成立的合同对合同当事人所产生的法律约束力。它是法律对合同当事人合意的评价,当当事人的合意符合法律所拟订的生效要件时,法律即给予肯定性的评价,即合同的生效;当法律对当事人的合意给予全然否定性评价时,则发生合同绝对无效的法律后果;当法律给予当事人的合意相对否定性评价时,则发生合同可撤销或效力未定的法律后果。从广义上来理解,合同的效力还涉及对第三人的效力,即一般情况下任何第三人不得侵害合同债权,以及合同债权人在行使保全措施时可针对第三人作出撤销和代位行为。

第七章 合 同 法

一、合同的生效

合同成立后,能否产生法律效力要看合同是否具有生效要件。所谓合同的生效要件是指使已成立的合同发生当事人预期的法律效果,受到法律的保护所必须具备的条件。

(一) 合同生效应当具备的条件

1. 合同当事人具有相应的民事权利能力和民事行为能力

从事合同行为的主体可分为自然人、法人及非法人团体。依据不同的主体和不同的合同,法律对其资信状况、认知能力、独立承担责任的能力有不同的要求。就自然人而言,按照《民法通则》的规定,完全民事行为能力人可以独立进行合同行为,限制民事行为能力人能从事与他们的年龄、智力和精神健康状况相适应的合同行为,无民事行为能力人从事合同行为须由其法定代理人代理,但无行为能力人订立的自己纯获利益的合同是有效合同,无须法定代理人代理。法人是具有民事权利能力和民事行为能力的社会组织,一般情况下,具有签约的主体资格。而非法人团体中有的具有行为能力,有的不具有行为能力,是否具有签约的主体资格要具体情况具体分析,大致而言,具有行为能力的可以签订合同,不具有行为能力的则无权签订合同。同时这里应特别注意的是,合同主体资格的要求不仅仅局限于"是否"具有权利能力和行为能力,更要求具有"相应"的权利能力和行为能力,故在具体的合同中当事人是否具有主体资格,还应根据具体法律、法规和政策来确定,如国家机关工作人员不能成为个人合伙企业合同的主体,不具有对外贸易经营权的企业不能独立签订外贸合同。

2. 当事人意思表示真实

当事人意思表示真实是对合同行为中当事人意思表示一致的提升,是指行为人的意思表示应当真实反映其内心的效果意思,即内外意思一致。它不仅要求表意人不受到对方的欺诈、胁迫等,本人有完全的表达自由;同时要求表意方客观上也未出现重大误解和显失公平的情况,使内外意思完全吻合。

3. 合同不违反法律或者社会公共利益

这主要包括两层含义:一是合同的内容合法,即合同条款中约定的权利、义务及其指向的对象符合法律和社会公共利益的要求;二是合同的目的合法，即当事人缔约的原因合法，不存在以合法的手段达到非法目的等规避法律的事实。

合同的生效以合同的成立为前提，只有已成立的合同才存在有效与无效的问题，已生效的合同必然已经成立，但已成立的合同不一定有效，合同成立的条件和合同有效的条件并不等同。合同成立的条件是：须有双方或多方当事人；当事人意思表示一致；当事人的意思表示以设立、变更、终止民事权利义务为目的。

(二) 合同生效的时间

1. 依法成立的合同成立时生效

合同一旦成立，若符合合同的生效要件，自成立时起具有法律效力；若不符合法定的生效要件，即使成立也不产生法律效力。

2. 需要办理特定手续的，手续完成时合同生效

在实践中，有些合同须办理特定的手续方能生效，在没有办理特定的手续之前，合同虽已成立，但还不能生效。因此，《合同法》第44条第2款规定："法律、行政法规规定应当办理批准、登记等手续生效的，依照其规定。"

3. 当事人约定附条件、附期限的合同，自当事人约定的条件成就或期限到来时生效或失效

所谓附条件的合同是指当事人在合同中规定一定的条件，并把该条件的成就与否作为合同发生效力或失去效力的依据的合同。当事人所约定的条件应具备以下要求：

第一，应是将来发生的事实。

第二，应是可能发生或可能不发生的事实，即事实的发生具有或然性。此点也是和期限最重要的区别，即期限必定到来。

第三，应是当事人商定的事实，而不是法律规定必须具备的事实。

第四，应是合法的事实。《合同法》第45条第2款规定："当事人为自己的利益不正当地阻止条件成就的，视为条件已成就；不正当地促成条件成就的，视为条件不成就。"所谓附期限的合同是指当事人在合同中约定一定期限，并以该期限的到来作为合同生效或终止的依据的合同。期限由当事人自由约定，但不能将法定期限作为所附的期限，同时所附的期限应对当事人具有意义。

二、无效合同

(一) 无效合同的概念和特征

无效合同是指因违反法律、法规要求,国家不予承认和保护的不发生法律效力的合同。

无效合同具有以下特征:

第一,违法性。它表明此类合同不符合国家的意志和立法的目的,所以国家对此类合同进行干预,使其不发生效力,而不管当事人是否主张合同的效力。

第二,不得履行性。即当事人在订立无效合同后,不得依据合同实际履行,也不承担不履行合同的违约责任。

第三,自始无效性。合同一旦被确认无效,就将产生溯及力,从合同订立时起就不具有法律约束力,以后也不能转化成有效合同,应通过返还财产、赔偿损失等方式使当事人的财产恢复到合同订立前的状态。

第四,当然无效性。即无论当事人是否主张合同无效,人民法院或仲裁机构都可依职权主动宣告合同无效。

(二) 合同无效的情形

根据我国《合同法》第52条的规定,有以下情形之一的,合同无效:

1. 一方以欺诈、胁迫的手段订立合同,损害国家利益的

欺诈是一方当事人故意告知对方虚假情况或者故意隐瞒真实情况,诱使对方当事人作出错误意思表示的行为。胁迫是以将来要发生的损害或以直接施加损害相威胁,使对方产生恐惧并因此作出错误意思表示的行为。

2. 恶意串通,损害国家、集体或者第三人利益的合同

合同双方当事人恶意串通,以损害国家、集体或第三人利益来达到自己目的的合同不受国家法律保护。

3. 以合法形式掩盖非法目的的合同

此类合同又被称为伪装合同、规避法律的合同。例如,为了逃避税收,而以赠与之名行买卖之实;为逃避人民法院的强制执行而故意将财产赠与他人。这种行为实际上由两种行为构成,一是表面行为,即具有掩盖性的伪装行为;二是隐藏行为,即被掩盖的真实行为。表面行为出于当事人虚假的意思表示,

欠缺真实的意思表示生效要件，隐藏行为虽然反映行为人的真实意思，但欠缺合法性生效要件，因此不能受到法律保护而属于无效合同。

4. 损害社会公共利益的合同

社会公共利益涉及全体社会成员的共同利益，若不予保护，社会将处于混乱状态，个人利益也将受到损害，故该类合同为无效合同。所谓社会公共利益，通常是指社会公共秩序和善良风俗。此类行为的范围相当广泛，例如，危害社会公序的行为（如以从事犯罪为内容的合同），危害家庭关系的行为（如断绝亲子关系的合同、婚姻关系中的违约金条款），违反性道德的行为（如对婚外同居人所作的赠与行为），赌博合同，损害人格尊严的行为（如规定企业有权对雇员或顾客进行搜身的格式合同）等。

5. 违反法律、行政法规中的强制性规定的合同

例如，《合同法》第53条规定，合同的下列免责条款无效：一是造成对方人身伤害的；二是因故意或重大过失造成对方财产损失的。

合同无效可分为全部无效和部分无效，部分无效不影响合同其他部分效力的，合同的其他部分仍然有效。

(三) 无效合同的法律效果

无效合同同样能引起法律后果，只不过是该后果不是当事人预期的后果，而是法律强制规定的后果，表现为行为人应承担的法律责任。合同被确认无效后，当事人根据该合同所取得的财产，应返还对方。有过错的一方应赔偿对方所受的损失。双方都有过错的，各自承担相应的责任。双方恶意串通，利用合同损害国家利益的，应由有关机关追缴双方所取得的财产，收归国家所有。双方恶意串通，利用合同损害第三人利益的，应当由有关机关追缴双方所取得的财产，返还第三人；第三人也可以直接请求恶意串通人共同承担民事责任。

三、可撤销合同

(一) 可撤销合同的概念和特征

可撤销合同是指因合同当事人意思表示的不真实，从而法律赋予一方当事人享有撤销该合同效力的合同。该类合同的主要特点是：

（1）当事人的意思表示存在瑕疵，不具备有效合同所要求的意思表示应真实的要件；

(2) 对该类合同的撤销由享有撤销权的一方当事人通过行使撤销权来实现，但权利人是否行使撤销权由当事人自由决定。

(3) 该类合同在撤销前是有效合同，只有在撤销后才变成无效，即其是相对无效的合同。

(二) 可撤销合同的情形

根据我国《合同法》第54条的规定，有下列情形之一的，当事人一方有权请求人民法院或仲裁机构变更或撤销合同：

(1) 因重大误解订立的。

(2) 在订立合同时显失公平的。

(3) 一方以欺诈、胁迫或乘人之危，使对方在违背真实意思的情况下订立的合同。

所谓重大误解是指当事人作出意思表示时，因自己的过失对涉及合同效果的重大事项发生认识上的显著错误而使自己遭受重大不利的法律事实。一般认为它包括对行为性质的误解，如把买卖当成租赁；标的物的误解，如误认赝品为真迹，误认普通石头为宝石；对价格金额的误解，如把价格金额10 000元标成1 000元；对当事人的误解，如误认甲为乙而实施民事行为。该类行为与欺诈、胁迫行为虽然都属于当事人意思表示不真实的情况，但它和欺诈、胁迫的主要区别在于：误解是由于自己的过错造成的，对方并无过错。

显失公平是指合同双方当事人的权利义务明显不对等，一方遭受重大不利。造成显失公平的原因可能是欺诈、胁迫、重大误解或乘人之危等，但《合同法》在这里将其并列为合同可撤销的事由，说明显失公平是在无上述可撤销事由的情况下而出现的在结果上的权利义务明显不对等，当合同中存在有上述可撤销的法定事由时，一般适用该事由作为撤销的依据。如用欺诈的方法让对方以5 000元的价格购买了价值300元的假宝石，该合同可撤销的理由应是欺诈，而不适用显失公平。

乘人之危是指行为人利用他人的危难处境或紧迫需要，强迫对方接受某种明显不公平的条件并作出违背其真实意思的意思表示。例如，出租车司机借抢救危重病人之际，提高十倍的车价，即属于乘人之危。

欺诈、胁迫的含义在无效合同中已说明，此处不再赘述。应注意的是《合同法》第54条规定的欺诈、胁迫合同属于可撤销的合同，而第52条规定的欺诈、胁迫合同属于无效合同，二者的主要区别在于后者违背了国家利益，而前者侵害的是非国家利益，因此前者的效力由当事人的意志来决定，由当事人自己来决定是否予以变更或撤销，而后者却由国家意志断然否定其效力。

(三) 撤销权的行使和期限

撤销权是指权利人依其单方的意思表示使合同消灭的权利。撤销权通常由意思表示不真实而受损的一方当事人享有，如欺诈、胁迫行为的受害人，重大误解中的误解人，显失公平中的遭受重大不利的一方。撤销权人向对方作出撤销的意思表示，对方未表示异议，则可以直接发生撤销合同的效果；如果双方发生争议，则必须提起诉讼或仲裁，由人民法院或仲裁机构来裁决。撤销权人不仅可以自由决定是否行使该权利，而且可以在撤销合同或变更合同中进行选择，当事人选择变更合同的，人民法院或仲裁机构不得撤销该合同。

当事人行使撤销权必须在法定期限内进行，《合同法》第 55 条规定，撤销权应当在当事人知道或应当知道撤销事由之日起 1 年内行使，过期未行使或通过语言、行为放弃该权利的，该权利消灭。合同被撤销后的法律后果与无效合同的法律后果大致相同，都是返还财产、赔偿损失。

四、效力待定合同

(一) 效力待定合同的含义

效力待定合同，是指因合同当事人主体资格的瑕疵而使合同效力处于不确定状态，需由第三人作出承认或者拒绝的意思表示才能确定其效力的合同。合同订立后，权利人对此承认，合同有效；对此拒绝，合同无效；在权利人未作出意思表示前，合同效力处于待定状态。由此可见，效力待定合同与可撤销合同不同，可撤销合同在撤销前是有效的，只在撤销后才变成无效，未撤销则始终有效；而效力待定合同在追认前效力是不确定的，不追认则无效，追认则有效。效力待定合同与无效合同也不相同，无效合同是自始无效、当然无效、绝对无效。

(二) 效力待定合同的种类

1. 限制民事行为能力人超越其行为能力而与他人订立的合同

限制民事行为能力人可以在其民事行为能力的范围内订立合同，也可以订立使自己纯获利益的合同，但超越其能力范围而订立的合同，应经过其法定代理人追认后方才有效。根据《合同法》第 47 条的规定，合同相对人可以催告其法定代理人在 1 个月内予以追认；法定代理人未作表示的，视为拒绝追认；合同被追认前，善意相对人也有撤销合同的权利。

2. 无权代理人与相对人订立的合同

无权代理行为是指行为人没有代理权、超越代理权或者代理权终止后仍以被代理人的名义进行民事行为的情形。无权代理的行为人与相对人订立的合同，若未经被代理人追认，该合同对被代理人不发生效力，由无权代理人与相对人承担无效合同的法律后果。根据《合同法》第 48 条的规定，相对人可以催告被代理人在 1 个月内予以追认；被代理人未作表示的，视为拒绝追认；合同在被追认之前，善意相对人有撤销合同的权利。

如果无权代理人与相对人订立合同属于表见代理，则合同有效。所谓表见代理是指代理人虽无代理权，但在表面上具备了有权代理的某些要件，从而使善意相对人相信其有代理权而与之进行民事行为的情形。表见代理虽属无权代理，但为保护善意相对人的利益，维护交易的安全，我国《合同法》承认它的效力，即表见代理的法律后果由被代理人承担。例如，甲公司开除了业务员王某，但未收回盖有公章的空白合同书，致使王某利用该合同书与乙公司签订了合同，此时就应认定该代理为表见代理，甲公司必须履行合同，否则就要承担违约责任。

3. 法人或其他组织的法定代表人、负责人越权订立的合同

法人的法定代表人或者其他组织的负责人是代表法人或其他组织行使职权的，法定代表人或者其他组织的负责人的权限是由法人或其他组织的章程或者法律规定的，法人或其他组织的负责人应在其权限范围内从事民事活动，但并非超越权限的民事行为都无效。因为其权限范围的确定是法人或其他组织内部的事情，外部人不知道也没有义务去详细了解法定代表人或其他组织的负责人的权限到底有哪些，同时法人或其他组织的内部规定也不应对外部人构成约束力，否则，将不利于保护交易的安全，也不利于保护合同相对人的利益，对合同相对人也是不公平的，故认为法定代表人或负责人是能够代表法人或其他组织的，即使其越权，其代表行为仍有效。但相对人知道或者应当知道法定代表人或负责人超越权限，而仍与之订立合同，则具有恶意，此时合同就无效。例如某股份有限公司的总经理未经过股东大会的同意而与另一公司签订的投资合同就属无效合同，因为按《公司法》的规定，公司的投资计划属于股东大会的职权，企业的总经理无此权力，对于这条法律规定，也属于相对方应当知道的范围。

4. 无处分权人与相对人订立的处分权利人财产的合同

当事人通过合同处分财产，应以享有财产处分权为前提，否则，该处分行为无效，如将保管物、租赁物出售的行为即为无效行为。但在合同订立后，得到权利人追认或者取得财产处分权的，该合同有效。

第四节　合同的履行

合同履行是指当事人双方根据合同规定的内容全面履行各自承担的义务。只有当事人全面、完全履行合同中所约定的各项义务，当事人订立合同的目的才能实现，因此，合同的有效成立是前提，合同的履行是关键。

一、合同履行的规则

合同履行的规则是指在合同履行过程中需要遵循的基本准则。按照《合同法》的规定，合同履行的规则有：

(一) 条款约定不明时的履行规则

当事人约定了合同的标的、数量，合同成立，但对质量、价款、履行的地点、期限、方式及履行费用未作约定，或者约定不明确，当事人可以通过补充协议加以确定。不能达成补充协议的，可以通过合同的有关条款或者交易习惯确定。既不能通过协商达成补充协议，又不能按照合同的有关条款或者交易习惯确定，则依照法律所规定的以下规则来处理：

(1) 质量要求不明确的，有国家标准的按照国家标准履行；没有国家标准但有行业标准的，按照行业标准履行；没有国家标准、行业标准的，按照通常标准或者符合合同目的的特定标准履行。

(2) 价款或者报酬不明确的，有政府定价、政府指导价的，按照政府定价、政府指导价履行；没有政府定价、政府指导价，即执行市场价的，按照订立合同时履行地的市场价格履行。

(3) 履行地点不明确，给付货币的，在接受货币一方所在地履行；交付不动产的，在不动产所在地履行；其他标的，在履行义务一方所在地履行。

(4) 履行期限不明确的，债务人可以随时履行，债权人也可以随时要求履行，但应当给对方必要的准备时间。

(5) 履行方式不明确的，按照有利于实现合同目的的方式履行。

(6) 履行费用（如运费、技术鉴定费、产品包装费等）负担不明确的，由履行义务一方负担。

（二）价格变动时的履行规则

执行政府定价或者政府指导价的合同，在合同约定的交付期限内政府价格调整时，按照交付时的价格计价。逾期交付标的物的，遇价格上涨时，按照原价格执行；价格下降时，按照新价格执行。逾期提取标的物或者逾期付款的，遇价格上涨时，按照新价格执行；价格下降时，按照原价格执行。

（三）第三人履行规则

第三人履行包括向第三人履行债务和第三人代替履行债务。债务人本应向债权人履行义务，但由于债权人和债务人经过约定由债务人向第三人履行债务，债权人地位不变，即为向第三人履行债务，例如指定受益人为投保人以外的第三人的人身保险合同。若债务人未向第三人履行债务或履行债务不符合约定，应当向债权人承担违约责任。第三人代替履行债务是指债务人本应亲自向债权人履行债务，但由于债权人和债务人经过约定由第三人代替债务人履行债务的情形。在此种情况下，若第三人不履行债务或者履行债务不符合约定的，债务人应当向债权人承担违约责任。

（四）提前履行、部分履行规则

对于债务人提前履行或部分履行债务的，债权人可以拒绝，但提前履行或部分履行不损害债权人利益的除外。由于提前履行或部分履行而给债权人增加的费用，由债务人承担。

（五）债权人发生变化时的履行规则

在合同履行中，债权人分立、合并或者变更住所时，应当通知债务人，以便其能够及时履行债务；若没有通知债务人，致使履行债务发生困难的，债务人可以中止履行或将标的物提存。合同生效后，当事人不得因姓名、名称的变更或者法定代表人、负责人、承办人的变动而不履行合同。

二、合同履行抗辩权

抗辩权是指对抗或否认对方请求权的权利，通过行使该权利从而使对方的请求权消灭或使其效力延期发生。在双务合同中一方的履行义务与对方的履行互为条件，二者具有对等给付的性质，因此，《合同法》赋予一方当事人在对方未履行或不能保证履行其义务时也享有不履行自己所负义务的权利，从而在某种程度上保证合同能够实际履行，规避合同履行中出现不必要的风险，这一种权利和措施就是合同履行抗辩权，它具体包括同时履行抗辩权、后履行抗辩权和先履行抗辩权三种。

（一）同时履行抗辩权

同时履行抗辩权是指在双务合同中，应当同时履行义务的一方在对方未履行其义务或未适当履行其义务时有拒绝履行义务或只相应履行义务的权利。

同时履行抗辩权须具备以下条件：

（1）须是在双务合同中，双方当事人互负债务。
（2）双方互负的债务已届清偿期，即无先后履行顺序。
（3）须对方未履行债务或未适当履行债务。
（4）须对方的对待给付是可能履行的。

一方当事人在对方全部不履行债务以前有权拒绝其全部履行请求，若对方是部分不履行债务的，当事人有权拒绝其相应的履行请求。例如，甲向乙购买10 000斤大米，约定一手交钱，一手交货。某日，乙交付8 000斤大米给甲，提出先交8 000斤，另2 000斤10天后再交，甲表示同意。但乙要甲在当天付清10 000斤大米的价款。对此，甲即享有同时履行抗辩权，只用付清8 000斤大米的价款，对另2 000斤大米的价款不予支付。

（二）后履行抗辩权

后履行抗辩权是指在双务合同中应当先履行的一方当事人未履行或者不适当履行义务，到期履行的对方当事人享有不履行、部分履行的权利。后履行抗辩权须具备以下条件：

（1）须是在双务合同中，双方当事人互负债务。
（2）按合同约定须由一方当事人先为履行。
（3）先履行方不履行债务或不适当履行债务。

若具备以上条件，后履行方就可行使抗辩权，后履行义务的当事人有权对应当履行义务而没有履行义务的当事人提出的履行请求予以拒绝，即全部拒绝履行；对履行义务不符合约定的当事人，后履行义务的当事人有权对没有按约定履行的部分予以拒绝，对已经按约定履行的部分，则不能拒绝。

(三) 先履行抗辩权

先履行抗辩权又称不安抗辩权，是指双务合同中应当先履行债务的当事人在有确切的证据证明后履行债务的当事人不能履行债务或不履行债务的可能时，中止合同履行的权利。该抗辩权是为了保护先履行债务的一方当事人在对方有丧失或可能丧失履行债务能力的情况下的合同利益的一种措施，行使的方式是通知对方中止履行合同，因此，先履行债务的当事人只有在有确切证据证明对方有以下情形之一时，才能行使：

(1) 经营状况严重恶化。
(2) 转移财产、抽逃资金以逃避债务。
(3) 丧失商业信誉。
(4) 有丧失或者可能丧失履行债务能力的其他情形。

根据我国《合同法》的有关规定，当事人行使先履行抗辩权可能出现三种法律后果：一是对方提供适当担保时，应当恢复履行；二是中止履行方在对方未恢复履约能力又未提供适当担保时可以解除合同；三是中止履行方承担违约责任，此种情况发生在先履行义务的一方没有确切的证据而擅自中止履行合同时。

三、保全措施

合同履行中的保全措施是指为防止债务人财产的不当减少而危害债权人的债权时，允许债权人为保障其债权的实现而采取的法律措施。我国《合同法》规定，保全措施包括代位权和撤销权两种。

(一) 代位权

代位权是指因债务人怠于行使其对第三人的到期债权而损害债权人的债权时，债权人可以自己的名义直接向第三人行使债务人债权的权利。代位权不是代理权，因为它是债权人直接以自己的名义而不是以债务人的名义向第三人主张债务人的债权。

根据我国《合同法》的规定，代位权的行使应具备以下条件：

(1) 债权人与债务人之间存在着合法的债权债务关系，此是代位权成立的基础。
(2) 债务人享有对第三人的债权，但怠于行使其权利。所谓怠于行使其权利是指能够且应当行使其权利,但却不主张或迟延行使其权利的情形。

(3) 债务人在债务到期以后,没有履行债务。

(4) 债务人对第三人的债权不专属于债务人,专属于债务人自身的权利如抚养请求权、人身伤害赔偿请求权等不能代位。

代位权的行使,需要由债权人以自己的名义向人民法院提出申请,由法院通过诉讼程序来实现。代位权的范围以债权人的债权为限,而不以债务人的债权为限。债权人行使代位权所支出的必要费用,由债务人承担。

(二) 撤销权

撤销权是指因债务人实施的不当减少其财产的行为而危及债权人债权的实现时,债权人享有的请求法院撤销该行为的权利。

根据我国《合同法》的规定,债权人行使撤销权应具备以下条件:

(1) 债务人实施了一定的财产处分行为,具体包括放弃到期债权、无偿转让财产、以明显不合理的低价转让财产,从而使自己的应有财产不当减少。

(2) 该行为已经发生法律效力。

(3) 债务人的行为危害债权,即已经危害到债权的实现。在这里,债务人放弃到期债权和无偿转让财产的行为只需要具备以上三个客观要件,债权人即可行使撤销权,但债务人若是以明显不合理的低价转让财产的,则还须具备主观要件上的恶意,即债务人与第三人在进行该行为时明知有害于债权人而仍进行,方能撤销。

债权人行使撤销权必须由债权人向人民法院起诉,由人民法院作出撤销债务人行为的判决,才能发生撤销的效果,因此,撤销权又被称为撤销诉权或废罢诉权;撤销权行使的范围应以保全债权的范围为限,对债务人不当处分财产行为超出债权保全的必要部分,不应发生撤销的效力,且撤销权应在法定期限内行使,该期限为 1 年,自债权人知道或应当知道撤销事由之日起计算,但自该行为发生之日起 5 年内没有行使的,撤销权消灭;行使撤销权的必要费用由债务人承担。

【例 7-1】甲乙两公司采用合同书形式订立了一份货物买卖合同,双方约定:由甲公司向乙公司提供 100 台精密仪器,于 8 月 31 日前交货,并负责将货物运至乙公司;乙公司收到货物后 10 日内付清货款。合同订立后双方均未及时签字盖章。7 月 28 日,甲公司与丙运输公司订立货物运输合同,双方约定由丙公司将 100 台精密仪器运至乙公司。8 月 1 日,丙公司先运送了 70 台精密仪器至乙公司,乙公司验货后全部接收,并于 8 月 8 日将 70 台精密仪器的货款付清。8月20日,甲公司掌握了乙公司转移财产、逃避债务的确切证据,随即通知丙公司暂停运输其余30台精密仪器,并通知乙公司中止了发货,要求乙公司提供担保方能发货。

请分析回答下列问题:

(1) 甲乙两公司订立的货物买卖合同是否成立?并说明理由。

(2) 甲公司8月20日中止履行合同的行为是否合法?并说明理由。

解析:

(1) 甲乙两公司订立的货物买卖合同成立。《合同法》规定,采用书面形式订立合同的,在签字或者盖章之前,当事人一方已经履行主要义务,对方接受的,该合同成立。

(2) 甲8月20日中止履行合同的行为合法。因甲行使的是不安抗辩权。《合同法》规定,双务合同成立后,应当先履行债务的当事人,有确切的证据证明对方不能履行债务或者有不能履行债务的可能时,在对方没有履行或者没有提供担保之前,有权中止履行合同义务。8月20日,甲在供第二批货之前掌握了乙转移财产、逃避债务的证据,可以中止供货,要求乙提供担保,这是行使不安抗辩权。

第五节　合同的担保

一、合同担保的概念

合同的担保是指法律的规定或者合同当事人约定的为确保合同义务的履行而采取的法律措施。

合同中的债务人必须以自己现有的和将有的全部财产作为对外偿债的基础,并确保其财产不出现不当减少,否则任何债权人均享有代位权和撤销权,此为合同履行的保全;而合同的担保是为确保债务人的特定债务的履行而设立的法律措施。合同的担保作为保障债权人实现债权的一种法律行为,具有以下法律特征:

(一) 从属性

担保作为保障合同债权实现的法律措施,它不能独立存在,而是从属于被担保的主合同,它以主合同的有效存在为前提,主合同无效,则担保合同当然无效，主合同消灭，则担保合同随之消灭。

（二）补充性

合同担保一旦成立，就在主债关系基础上补充了某种权利义务关系，从而大大增加了债务人的压力，增强了债权人权利实现的可能性；在主债已得到清偿时，担保所设定的义务不需要实际履行，只有在主合同的债权未实现时，担保规定的权利义务才要求实现。

（三）保障性

设立担保的目的就是为防止违约或在违约情况发生时保障权利人不受损失，担保一旦确立，就具有法律效力，当一方不履行合同时，另一方就有权请求担保方履行合同担保的义务，因此合同的担保对违约行为能起到预防作用，促使当事人更好地履行合同。

二、合同担保的方式

根据《中华人民共和国担保法》（于1995年6月30日经第八届全国人民代表大会常务委员会第十四次会议通过，并于同年10月1日起施行，以下简称《担保法》）的规定，合同的担保方式有保证、抵押、质押、留置和定金五种。

（一）保证

1. 保证的含义

保证是保证人和债权人约定，当债务人不履行债务时，保证人按照约定履行债务或承担责任的行为。

保证属于人的担保，即用人的信誉来担保。按《担保法》的规定，保证人给债务人提供保证，应以书面形式和债权人订立保证合同，该书面形式的保证合同既可单独订立，也可是经保证人签字确认的主合同中的保证条款。

2. 保证人的资格

按《担保法》规定，凡是具有代为清偿债务能力的法人、其他组织或者自然人都可作为保证人。但国家机关、学校、幼儿园、医院等以公益为目的的事业单位、社会团体因其设立目的的限制不能作为保证人；企业法人的分支机构、职能部门因不具有独立的财产和行为能力的限制不能充当保证人；企业法人的分支机构有法人的书面授权的,可以在授权范围内提供保证。

3. 保证方式

保证人承担保证责任的方式有两种:一般保证和连带责任保证。当事人在保证合同中约定,债务人不能履行债务时由保证人承担保证责任的为一般保证。连带责任保证是指保证人与债务人对主合同债务承担连带责任的保证。具体来说,这两种保证方式的主要区别在于保证人承担保证责任的前提不同,债权人要求一般保证人承担保证责任必须是在主合同之债已经审判或仲裁并对主债务人的财产强制执行后仍未获得清偿时,否则无权要求保证人承担责任,此即一般保证人所享有的先诉抗辩权;而连带责任的保证人无此特权,只要债务人在主合同规定的债务履行期届满没有履行债务,债权人即可要求其在保证范围承担保证责任。由此可见,一般保证人承担的只是补充责任,而后者承担的是连带责任。根据《担保法》的规定,一般保证以当事人的明确约定为前提,若未约定或约定不明的,则一律推定为连带责任保证。

4. 保证期限

保证人承担保证责任的时间界限为保证期间,一般由当事人在保证合同中自由约定,并自主合同债务履行期届满开始起算;但若当事人对保证期间未约定或约定不明时,一般来说未约定的(含约定的期间等于或短于主债务履行期)保证期间为6个月,约定不明的(如约定"直至主债务本息还清为止"等类似内容的)保证期间为2年。债权人在保证期间内未对债务人提起诉讼或申请仲裁,则一般保证人的保证责任免除。若提起诉讼或申请仲裁,则保证期间中断,即保证期间不予计算;债权人在保证期间未要求连带责任保证人承担保证责任的,则保证人免除保证责任。

保证期间内,债权人依法将主债权转让给第三人的,保证人在原保证范围内继续承担保证责任;但债务人转让债务给第三人未经过保证人书面同意的,则其保证责任免除。债权人与债务人协议变更主合同的,应当取得保证人的书面同意,否则保证人不再承担保证责任。

(二) 抵押

1. 抵押的含义

抵押是债务人或第三人不转移对所拥有财产的占有,将该财产作为债权的担保。当债务履行期届满债务人不履行债务时,债权人即有权变卖、拍卖抵押物,从所得价款中优先受偿而实现自己的债权,该项权利就是抵押权。

2. 抵押物的范围

能够作为抵押的物是当事人享有处分权的动产和不动产，还可以是财产权利，就物而言它一般要求是具有特定性、可让与性、可公示性且价值较稳定的非消耗物。我国《担保法》对可抵押物和不可抵押物作了明确规定，可以抵押的财产包括房屋、交通运输工具、国有土地使用权等。不能抵押的财产有：①土地所有权。②学校、幼儿园、医院等以公益为目的的事业单位的教育设施、医疗卫生设施和其他社会公益设施。③所有权、使用权不明或有争议的财产。④依法被查封、扣押、冻结的财产。⑤集体土地的使用权（但依法承包并经发包方同意抵押的荒山、荒沟、荒丘、荒滩等荒地的土地使用权除外，以乡、村企业的厂房等建筑物抵押的，其占用范围内的土地使用权同时抵押）。

3. 抵押物的登记

抵押人和抵押权人应当以书面形式订立抵押合同。抵押合同的生效时间以抵押物是否需要登记分为两种：需要登记的自向有关部门登记之日起生效；不需要登记的，自抵押合同依法签订之日起生效。一项物上存在多个抵押权时，变卖抵押物后债权人受偿的顺序会因是否登记而不同：都登记的依登记的先后顺序受偿；都未登记的依合同生效时间的先后顺序受偿；既有登记的又有未登记的，登记的优先于未登记的先受偿；顺序相同的，按债权比例受偿。

抵押期间，抵押人转让已登记的抵押物的，应当通知抵押权人并告知受让人转让物已经抵押的情况，未通知或未告知的，转让行为无效。转让所得的价款应提前清偿所担保的债权或向第三人提存。

（三）质押

质押是债务人或第三人将动产或权利交于债权人占有，作为债务履行担保的行为。质押和抵押都属于物的担保方式，但二者有以下区别：一是标的物不同，质押物只能是动产和权利，而抵押物既可以是动产和权利，还可以是不动产；二是质押必须将质押物转移于质权人占有，而抵押不转移占有。

质押分为动产质押和权利质押两种。动产质押双方当事人须以书面形式订立质押合同，质押合同自质物移交于质权人占有时生效。权利质押中的权利有四种：一是债权，包括汇票、本票、支票、债券、存款单等金钱类债权和仓单、提单等动产类债权；二是依法可以转让的股份、股票；三是依法可转让的知识产权中的财产权；四是依法可以转让的其他权利。以债权出质的，应当在合同约定的期限内将权利凭证交付质权人，质押合同自权利凭证交付之日起生效；以依法可以转让的股票出质的，质押合同自向证券机构办理出质登记之日起生效；以有限责任公司的股份出质的，质押合同自股份出质记载于股东名册之日起生效；以依法可转让的商标专用权、专利权、著作权中的财产权出质的，质押合同自向有关主管部门办理出质登记之日起生效。

当债务履行期届满，主合同债务人不履行债务时，债权人即享有将质物折价受偿或从变卖、拍卖质物的价款中受偿的权利，此即为质权。在质押期间，质权人应妥善保管质物，因保管不善致使质物灭失或毁损的，质权人应当承担民事责任。

(四) 留置

留置是债权人按照合同的约定实际合法地占有债务人的动产，在对方到期不履行债务时，有权扣留处置该财产以实现债权的担保方式。

留置是法定的担保方法，而不是约定的担保方法，即只要符合留置的法定条件，债权人即可以运用该方法来担保自己债权的实现，而不必经过债务人的同意，除非当事人在合同中有相反的约定。按照《担保法》的规定，可以适用留置的合同有货物运输合同、仓储保管合同、加工承揽合同及法律规定可以留置的其他合同。

留置权具有二次效力，一是当符合法定条件时，债权人可以扣留债务人的动产并拒绝返还该动产的权利，也就是留置权的成立；二是经过一定的宽限期债务人仍不履行债务时，留置权人即可依法处分留置物，从该财产折价或者从拍卖、变卖该财产的价款中优先受偿，此即为留置权的实现。

根据我国《担保法》和《民法通则》的有关规定，留置权的成立必须符合以下要件：

(1) 债权人按合同的约定直接占有债务人的动产。如果属于债权人以侵权行为非法占有债务人财产的，留置权则不能成立；债权人占有的财产必须是债务人享有所有权的财产，非债务人所有的财产不能予以留置。

(2) 债权人的债权必须与债权人占有的动产存在关联关系，具体表现为：债权和留置物占有因某一特定的合同同时发生，二者存在于一个合同中，财产的占有是这一合同的必然结果。

(3) 须债权已届清偿期而债务人不履行债务。如果债务人的履行义务尚未到期，而债权人交付其占有的标的物的义务已经到期，则不能成为债权人的留置权。

根据《担保法》的有关规定，债权人对债务人的财产进行留置后，不能立即处置留置物而实现债权，留置权的实现必须具备以下条件：

(1) 须确定留置财产后债务人履行债务的宽限期，该期限不得少于 2 个月。
(2) 通知债务人于确定的宽限期内履行其义务。
(3) 须债务人于宽限期内仍不履行义务，且也无另外提供担保。

（五）定金

定金是合同当事人约定一方在合同订立时或在合同履行前预先给付对方一定数量的金钱，以保障合同债权实现的一种担保方式。

定金合同要求当事人必须以书面形式订立，定金合同自定金交付之日起生效。定金之所以具有担保的功能，是因为定金具有惩罚性，即给付定金的一方不履行约定的债务的，无权要求返还定金；收受定金的一方不履行约定的债务的，应当双倍返还定金。当事人一方不完全履行合同，应当按照未履行部分所占合同约定内容的比例，适用定金罚则。当合同按约履行后，定金应当收回或抵作价款。定金的数额由当事人自己约定，但不得超过主合同标的额的 20%，超出部分无效。

第六节　合同的变更、转让及终止

一、合同的变更

合同的变更是指有效成立的合同在尚未履行之前或未履行完毕之前由于一定法律事实的出现而使合同内容发生改变。合同的变更是在合同主体不改变的情况下，当事人对合同内容的部分修改或补充，如标的物数量的增减、履行期限、地点、方式、价款的改变等。

合同的变更是对已发生法律效力的合同内容的变更，它以有效成立的合同为前提。合同未成立，谈不上变更；合同已成立但无效，不会对当事人产生法律效力，即当事人之间根本不存在任何合同上的约束，无须变更。

合同变更的情形有两种：

一是当事人协商变更，它以当事人的协商一致为要件，应遵循要约承诺规则，且应符合合同的生效要件。这里应特别注意的是，当事人对合同变更的内容约定不明确的，推定未变更，即变更未成立，原合同继续有效；另外，法律、行政法规规定变更合同应当办理批准、登记等手续的，必须依照规定办理，否则不发生变更的效力，例如中外合资经营企业在合营期内增加、转让注册资本，应由董事会会议通过，并报原审批机构批准，向原登记管理机关办理变更登记手续，其变更合同的行为才有效。

二是依据法律的直接规定引起的合同变更，这种情形不以当事人的协商一致为条件，变更权属于一方当事人，如根据《合同法》第54条规定，对于重大误解、显失公平，以及一方以欺诈、胁迫的手段或者乘人之危订立的合同，当事人一方可向法院或仲裁机构提出变更的请求，由法院或仲裁机构依法作出变更的裁决。

二、合同的转让

合同的转让是指在不变更合同内容的前提下，合同的当事人将自己在合同中的权利、义务或者权利与义务转让给第三人的合法行为。合同转让是合同主体的改变，而不改变合同中所规定的权利和义务。

合同的转让包括债权转让、债务转让和债权债务的概括转让。

（一）债权转让

债权转让是指合同的债权人依法将自己的债权转让给合同当事人以外的第三人的行为。

1. 债权转让的限制

《合同法》规定，债权人可以将合同的权利全部或部分转让给第三人，但存在以下情形的权利不得转让：

（1）根据合同性质不得转让的，如以某个特定演员的演出活动为基础所订立的演出合同而产生的债权。

（2）根据当事人的约定不得转让的权利。

（3）根据法律规定不得转让的权利，如抚养请求权、抚恤金债权、因身体伤害产生的赔偿金请求权。

2. 债权人转让债权须履行的义务

（1）通知义务。债权人转让债权的应当通知债务人，未经通知的，该转让对债务人不发生效力，且通知到达生效后，未经受让人同意不得撤销。

（2）办理法律规定的手续。债权人转让权利需要办理批准、登记手续的，应依其规定办理。

第六节 合同的变更、转让及终止

3. 债权人转让债权后的法律后果

（1）受让人取得与债权有关的从权利，如抵押权、利息获得权、损害赔偿请求权等，但该从权利专属于债权人自身的除外，如专利的署名权不随专利权的转让而转让。

（2）债权转让生效后，债务人原对让与人的抗辩，可以向受让人主张，即债务人的抗辩权既可以对抗原债权人，亦可以对抗新债权人。

（3）抵消权。债务人接到债权转让通知时，债务人对让与人享有债权，并且债务人的债权先于转让的债权到期或者同时到期的，债务人可以向受让人主张抵消。如甲借给乙5万元，后甲将该借据交给丙作为甲向丙合伙企业的投资并通知了乙，但不久甲因家庭急需又向乙借回2万元，现两项借款均已到期，乙只需向丙交付3万元即可。

（二）债务转让

1. 债务转让的含义和分类

债务转让又称债务承担，即债务人将自己在合同中的义务全部或部分地转移给合同以外第三人的行为。债务人转让自己在合同中的全部债务于第三人为免责的债务承担，原债务人完全脱离债务关系；转移自己在合同中的部分义务于第三人为并存的债务承担，即第三人加入债务关系与原债务人共同负担同一内容的债务，而原债务人并不脱离债务关系。

无论是免责的债务承担还是并存的债务承担，债务人转让债务于第三人均须取得债权人的同意，否则该转让不发生法律效力。同时依法应办理批准、登记手续的，应依法办理。

2. 免责的债务承担的法律后果

（1）新债务人应当承担与主债务有关的从债务，如利息之债、损害赔偿之债，但该债务从属于原债务人自身的除外。如甲向乙借款3万元，同时甲允诺替乙作画一幅以表感谢，后甲将归还借款的义务转移于丙，但作画之义务因具有人身属性不能同时转移。

（2）新债务人可以主张原债务人对债权人的抗辩。如甲将向乙支付货款的义务转移于丙，后因乙交付的货物存在严重的质量问题，甲因此对乙享有延期支付货款的同时履行抗辩权，甲将义务转移于丙后，丙同样享有此项抗辩权。

（3）新债务人不得以对抗原债务人的事由对抗债权人，否则，债权人的债权会因为债务转移过程中的不确定因素而受到损害。例如，甲将5万元借款的债务经债权人乙同意后转让于丙，但随后甲因事又找丙借了 2 万元，现乙的债权已到期，丙应当向乙偿还 5 万元，而不是 3 万元。

3. 并存的债务承担的处理规则

若原债务为可分之债，并且新债务人与原债务人约定按各自的份额分担债务，债权人也表示同意的，则按照按份之债来处理；若债的性质为不可分之债，或新旧债务人之间并未约定按照确定的份额分担债务，则他们共同对债务承担连带责任。

(三) 债权债务的概括转让

债权债务的概括转让是指合同的一方当事人将自己的权利义务一并转让于第三人的行为。概括转让分为当事人合意的概括转让和法定的概括转让两种，二者的区别主要在于，前者须经过合同相对人的同意，否则，转让无效；后者是依据法律的直接规定而发生的转移，不以当事人的合意为条件，《合同法》第 90 条规定的因当事人的合并、分立引起的债权债务的概括转移就属此例。该条规定：当事人订立合同后合并的，由合并后的法人或其他组织行使合同权利，履行合同义务。当事人订立合同后分立的，除债权人和债务人另有约定的以外，由分立的法人或其他组织对合同的权利和义务享有连带责任。

合同债权债务的概括转让适用于债权转让和债务转让的法律规定，此处不再赘述。

三、合同权利义务的终止

合同权利义务的终止是指由于一定的法律事实的发生，使合同中所设定的权利义务关系归于消灭。

合同的权利义务终止后，当事人应当遵循诚实信用的原则，根据交易习惯履行通知、协助、保密等义务；同时合同权利义务的终止不影响合同中结算和清理条款的效力。

根据《合同法》第 91 条的规定，引起合同权利义务终止的法律事实有：债务已经按照约定履行；合同解除；债务相互抵消；债务人依法将标的物提存；债权人免除债务；债权债务同归一人；法律规定或当事人约定终止的其他情形。以下主要介绍合同解除、债务抵消和债务提存三种。

（一）合同解除

合同解除是指在合同成立后、履行完毕前，合同当事人依照法律规定或者合同约定的条件和程序，终止合同的效力。

依解除权行使的不同，合同解除的方式有两种：一是当事人协商一致而解除，此时合同的解除权不在一方当事人的手里；二是单方解除，此时合同的解除权在一方当事人的手里，它不以当事人的协商一致为要件，但解除合同的一方应当通知另一方，这种单方解除权可因当事人的约定而产生，也可因法律的直接规定而产生。《合同法》第93条第2款规定的"当事人可以约定一方解除合同的条件，解除合同的条件成就时，解除权人可以解除合同"即属于前者，而法定解除包含的情形有：

（1）因不可抗力致使不能实现合同目的。所谓不可抗力是指不能预见、不能避免并且不能克服的客观情况。

（2）在履行期间届满之前，当事人一方明确表示或者以自己的行为表明不履行主要债务，即发生预期违约时，合同的另一方当事人有权解除合同。

（3）当事人一方迟延履行主要债务，经催告后在合理期限内仍未履行的。在此种情况下解除合同应具备四个条件：一是当事人一方迟延履行债务；二是所迟延的是主要债务，而不是次要债务；三是必须给迟延方宽限期，而不得立即解除合同；四是迟延方在宽限期内仍未履行主要债务。

（4）当事人一方迟延履行债务或者有其他违约行为致使不能实现合同目的的。

（5）法律规定的其他解除合同的情形。

合同解除的法律效力有：

（1）合同解除后，尚未履行的，终止履行；已经履行的，根据履行情况和合同性质，当事人可以要求恢复原状、采取其他补救措施。

（2）合同解除不影响当事人请求赔偿损失的权利。

（3）合同解除不影响合同中有关结算和清理条款的效力。

（二）债务抵消

债务抵消是指当事人互负给付种类相同的债务时，双方各以其债权充当债务之清偿，而使自己的债务与对方的债务在对等的数额内相互消灭。抵消可分为法定抵消和约定抵消。

1. 法定抵消

法定抵消是指当事人互负给付种类相同的债务,且债务均已届清偿期,一方主张以自己的债权与对方的债权按对等数额消灭的单方意思表示。其构成要件为:

(1) 双方当事人互负债务,互享债权。

(2) 须双方债权均已届清偿期。

(3) 双方债务的种类相同,如金钱债务和以同种类物为标的的债务即属此类。

(4) 须双方债务均非不能抵消的债务,如提供劳务的债务和与人身不可分离的债务等就不得抵消。

当事人主张法定抵消的,应当通知对方,通知自到达对方时生效;抵消不得附条件或者附期限,因为附条件或者附期限使抵消不能在通知到达时当然生效,使抵消的效力处于不确定的状态,并且也给对方带来不合理的负担。

2. 约定抵消

约定抵消是指当事人以协议为基础而消灭相互间的债务,即使当事人互负债务的种类、性质不同,但只要当事人协商一致,也可以相互抵消。

(三) 债务提存

提存是指由于债权人的原因使义务难以履行时,债务人将标的物交于提存机关而使合同权利义务关系消灭的行为。

债务人提存的前提条件是由于债权人的原因致使债务履行出现困难,具体来说有以下四种情况:

(1) 债权人无正当理由拒绝受领标的物。

(2) 债权人下落不明。

(3) 债权人死亡未确定继承人,或者丧失行为能力未确定监护人。

(4) 法律规定的其他情形。

提存中债务人的权利和义务包括:

(1) 标的物不适于提存或提存费用过高时(如容易变质或毁损之物、容积数量过大之物、需专人看护或特殊设备防护之物),可以拍卖、变卖标的物而提存所得价款。

(2) 标的物提存后,除债权人下落不明的以外,债务人应及时通知债权人或其继承人、监护人。

提存中债权人的权利和义务包括:

（1）有权领取提存物，该期限为 5 年，自提存之日起计算。
（2）收取提存期间标的物所产生孳息的权利。
（3）承担提存期间标的物毁损、灭失的风险。
（4）支付提存费用。
（5）履行对等给付的义务，即当债权人对债务人负有到期债务时，应向债务人履行债务或提供担保，否则，提存部门可根据债务人的要求拒绝其领取提存物。

第七节　违约责任

一、违约责任的概念

违约责任即违反合同的法律责任，是指合同当事人不履行或者不完全履行合同规定的义务所应承担的民事法律后果。

追究违约方的违约责任不在于对违约方的惩罚，而在于对权利方的补救。违约责任产生的基础前提是合同的有效，若一个合同为无效合同，就无违约之说，也就谈不上违约责任的问题，对其只能采取返还财产、赔偿损失或追缴等方式来处理；其直接原因是违约事实的存在，无违约就无违约责任，至于违约方在主观上是否有过错，则在所不问，即只要有违约行为而又无免责情形时就要承担违约责任，违约责任的归责原则为严格责任原则。

二、承担违约责任的主要形式

（一）继续履行合同

继续履行，是指当事人一方不履行合同义务或履行合同义务不符合约定时，另一方当事人可要求其在合同履行期限届满后继续按原合同要求履行义务的行为。

当事人基于不同的利益而订立合同，其独特的目的依赖于合同的履行才能实现，故《合同法》将继续履行合同作为承担违约责任的首要方法，但继续履行与一般履行不同，它是法律规定的对违约行为人的一种强制措施，不论责任人是否愿意，只要具备实际履行的条件，就应继续履行；若其拒绝履行，权利人可诉请人民法院强制其履行。

我国《合同法》对金钱债务和非金钱债务的继续履行分别作了具体规定：当事人一方未支付价款或者报酬的，对方可以要求其支付价款或者报酬。当事人一方不履行非金钱债务或者履行不符合约定的，对方也可要求其履行，但有下列情形之一的除外：一是法律上或者事实上不能履行，如作为履行标的的特定物已经灭失、毁损或者已被有关机关查封、扣押，或者提供劳务的当事人死亡等；二是债务的标的不适宜强制履行或履行费用过高，前者如演出合同、科研开发合同等与特定劳务相连，不可能强制履行，后者如存在一定缺陷但仍可使用的大、中型建筑工程；三是债权人在合理的期限内未要求履行的。

（二）采取补救措施

《合同法》规定，履行义务质量不符合约定的，应当按照当事人的约定承担违约责任。受损害方可以根据标的的性质及损失的大小，合理选择要求对方采取修理、更换、重做、退货、减少价款或者报酬等补救措施。

（三）支付违约金

1. 违约金的含义和特点

违约金是指合同当事人在合同中约定，当一方当事人违约后向另一方当事人支付一定数额的金钱的责任形式。

违约金具有的特点是：

（1）是否设定违约金由当事人协商确定。

（2）违约金的数额预先确定。

（3）违约金是一种违约后生效的补救措施。

（4）违约金具有担保和补偿的双重功能。

2. 违约金的支付条件

（1）合同当事人有违约行为，即存在不履行合同或不适当履行合同义务的行为，这是支付违约金的先决条件。

（2）当事人在合同中约定有违约金条款，未约定则不产生违约金责任，在《合同法》中并未直接规定当事人一方违约必须向对方支付违约金，即无法定违约金的规定。

3. 违约金的性质和数额

违约金是对不能履行或者不能完全履行合同行为的一种带有惩罚性质的经

济补偿手段，无论违约的当事人一方是否已给对方造成损失，都应支付。我国《合同法》规定，约定的违约金低于造成损失的，当事人可以请求人民法院或者仲裁机构予以增加；约定的违约金过分高于造成损失的，当事人可以请求人民法院或者仲裁机构予以适当减少。同时《合同法》第116条还明确规定，当事人既约定违约金，又约定定金的，一方违约时，对方可以选择适用违约金或者定金条款，即二者不能并用。

(四) 支付赔偿金

赔偿金是合同一方当事人违约给对方造成财产损失时所作的经济补偿。支付赔偿金的条件是：

(1) 有违约行为；

(2) 有损害事实；

(3) 违约行为和损害事实之间有因果联系。

1. 损害赔偿的范围

根据合同当事人意思自治的原则，合同当事人可以事先约定损害赔偿的数额或者损害赔偿额的计算方法；若未约定，则按照《合同法》第113条的规定，损失赔偿额应相当于因违约所造成的损失，包括合同履行后可以获得的利益，即直接损失和间接损失的总和。直接损失是指现有物质财富的实际减损，如财物毁损、灭失和费用的支出等；间接损失是指未来可得利益的丧失，如利润损失等。损害赔偿只限于财产损害，不包括精神损害；同时若法律对赔偿范围和赔偿数量有规定的，则应依法确定。例如，按照《中华人民共和国消费者权益保护法》的规定，经营者提供商品或服务有欺诈行为的，应当按消费者的要求增加其受到的损失，赔偿的数额为消费者购买商品的价款或接受服务的费用的两倍。

2. 赔偿金的限制

如上所述，《合同法》在确定全部赔偿为损害赔偿的基本原则的同时，考虑到违约行为的复杂性，避免当事人利益的失衡，维护公正，从而作出了一些限制：

(1) 合理预见限制，即赔偿的数额不得超过违约方订立合同时预见到或者应当预见到的因违反合同可能造成的损失。

(2) 扩大损失限制，一方违约时对方未尽防止损失扩大的义务，从而违约方对扩大的损失不负赔偿之责。若对方已采取适当措施防止损失扩大的，违约方除应赔偿全部损失外，还应赔偿对方因防止损失扩大而支出的合理费用。

(3) 双方违约限制，即双方都存在违约责任时，应根据各自的责任来确定赔偿责任和赔偿数额，使违约者的赔偿限定在合理的范围内。

(五) 给付或者双倍返还定金

当事人可以根据《担保法》的规定，约定一方向对方给付定金作为债权的担保。债务人履行债务后，定金应当抵作价款或者收回。给付定金的一方不履行约定债务的，无权要求返还定金；收取定金的一方不履行约定债务的，应当双倍返还定金。《合同法》规定，当事人既约定了违约金，又约定定金的，一方违约时，对方可以选择适用违约金或者定金条款。但由于二者在目的、性质、功能等方面相同，所以不能并用。

【例 7-2】甲乙双方签订了一份货物购销合同。合同约定：5 月 10 日甲给乙供 100 吨货，6 月 10 日乙付给甲 100 万元货款；如违约按违约价值的 10%支付违约金。合同签订后，乙向甲交付了 5 万元定金。在合同规定的期间内甲没有按期供货。乙要求甲承担支付 10 万元违约金和双倍返还定金的违约责任。

请问乙的要求是否合法？为什么？

解析：

乙的要求不合法。《合同法》规定，合同既约定了违约金，又约定了定金，只能由守约的一方选择其中一项，二者不能并用。

【例 7-3】甲乙两公司于 2016 年 5 月 2 日签订了一份货物买卖合同，合同约定：乙公司于 10 月 31 日前向甲公司提供 150 万元的货物，甲收到货物后 10 日内付清货款。乙和丙约定，如果甲不能按时付款由丙承担保证责任。10 月 31 日乙向甲交付了 150 万元的货物，甲收到货物后没有按期付款，给乙造成了 10 万元的损失，乙要求丙偿还 150 万元的货款，丙予以拒绝。

请分析回答下列问题：

(1) 丙拒绝支付 150 万元的货款是否合法？为什么？

(2) 甲应该承担什么责任？

解析：

(1) 丙拒绝支付 150 万元的货款合法，因丙承担的是一般保证。《担保法》规定，一般保证的保证人享有先诉抗辩权。

(2) 甲应承担违约责任。首先，甲应继续履行合同约定的义务，支付所欠 150 万元的货款。其次，甲应赔偿乙 10 万元的损失，因为甲违约给乙造成了 10 万元的损失。

三、违约责任的免除

一般来说,在合同订立之后,如果一方当事人不履行合同或者履行合同不符合约定,无论是自己的原因,还是第三人的原因,都应该承担违约责任。但《合同法》规定,因不可抗力不能履行合同约定义务的,可根据不可抗力的影响,部分或者全部免除责任。不可抗力是指不能预见、不能避免且不能克服的客观情况。当事人一方因不可抗力不能履行合同的,应当及时通知对方,以减轻可能给对方造成的损失,并应当在合理期限内提供证明。当事人迟延履行义务后发生不可抗力的,不能免除责任。

【思考题】

1. 要约与要约邀请有什么区别?
2. 有效合同、无效合同、可撤销合同、效力待定合同之间有哪些区别?
3. 合同履行中当事人可以行使哪些抗辩权?这些抗辩权分别适用于何种情况?
4. 什么是违约责任?承担违约责任的主要形式有哪些?

第八章 金融法律制度

【教学目的与要求】

通过本章的学习,学生应了解我国金融法律制度,重点掌握证券法律制度,即证券的发行、交易及上市等内容。

第一节 金融法律制度概述

一、金融法律制度的概念

(一)金融的概念

金融,是指货币资金的融通,即以银行为中心的各种信用活动以及在信用基础上组织起来的货币流通。金融的范围主要包括:货币的发行、流通和回笼,贷款的发放和收回,存款的存入和提取,汇兑的往来等经济活动。

金融产品的种类有很多,其中主要包括银行、证券、保险、信托等。金融所涉及的学术领域很广,其中主要包括:会计、财务、投资学、银行学、证券学、保险学、信托学等。

(二)金融法的概念

金融法是调整金融关系的法律总称。金融关系包括金融监管关系与金融交易关系。金融监管关系主要是指政府金融主管机关对金融机构、金融市场、金融产品及金融交易的监督管理的关系。金融交易关系主要是指在货币市场、证券市场、保险市场和外汇市场等各种金融市场,金融机构之间,金融机构与大众之间,大众之间进行的各种金融交易的关系。

(三) 我国金融法的构成

在我国没有以"金融法"来命名的单独的某个法律。涉及金融类的具体法律，通常由它所涉及的金融行业的名称来命名。例如，中国人民银行法和商业银行法等。目前，我国已经颁布的金融法律与法规相当多。其中，全国人大常委会已颁布的金融法律包括商业银行法、票据法、保险法、担保法、证券法等 8 部法律。

1. 银行业法

银行业法是我国金融法律制度最基本的内容，主要包括《商业银行法》和《银行业监督管理法》。

2. 票据法律制度

票据法律制度是调整票据关系的法律规范的总称，包括广义的票据法和狭义的票据法。广义的票据法是指涉及票据关系调整的各种法律规范，既包括专门的票据法律、法规，也包括其他法律、法规中有关票据的规范。而一般意义上所说的票据法是指狭义的票据法，即专门的票据法规范，它是规定票据的种类、形式和内容，明确票据当事人之间的权利义务，调整因票据而产生的各种社会关系的法律规范。

3. 保险法律制度

保险法律制度主要是规范保险合同、保险公司、保险经营、保险业监管、代理人和保险经纪人等行为，如《中华人民共和国保险法》。

4. 担保法律制度

担保法律制度是指当事人根据法律规定或者双方约定，为促使债务人履行债务实现债权人的权利的法律制度。《中华人民共和国担保法》中规定的担保方式为保证、抵押、质押、留置和定金。

5. 证券法律制度

证券法律制度是调整有价证券的发行、交易、清算以及国家在证券监管过程中所发生的各种社会关系的法律规范的总称，如《中华人民共和国证券法》。

二、我国金融机构与金融体系

(一) 金融机构

金融机构，是指依法设立的专门从事金融业务活动的各类信用机构的总

第八章 金融法律制度

称，主要包括各类银行、信用合作社、保险公司、信托投资公司、财务公司、租赁公司、证券公司、互助基金、投资基金、金融公司、住宅金融公司等。

(二) 我国金融体系构成

金融机构的组织及其管理关系，形成了金融体系。我国初步形成了以中央银行即中国人民银行为核心、以国有商业银行为主体、政策性银行与商业银行相分离、多种金融机构并存的分工协作的新的金融体系。我国金融体系的构成如下：

1. 中央银行

中央银行是指国家控制与调节货币流通和信用的中心机构，是我国金融体系的核心，享有国家法律赋予的各种职权，是国家的货币发行银行，负责制定和执行国家金融方针、政策和法令，并对国家整个金融体系和金融活动实行管理和监督。中国银行业监督管理委员会成立后，加强了对金融活动实施的监管。中国证券监督管理委员会和中国保险监督管理委员会成立后，证券和期货金融机构由中国证券监督管理委员会监督，保险金融机构由中国保险监督管理委员会监管。

2. 政策性银行

政策性银行是指由政府设立的、专门从事某一方面的政策性货币信用业务且不以盈利为目的的金融机构。我国政策性银行包括国家开发银行、中国农业发展银行和中国进出口银行。这些银行是具有法人资格的国有银行，直属国务院领导，业务受中国人民银行监督。主要业务是贯彻国家产业政策，支持国家区域发展战略；其资金和财产主要由政府财政部门拨付，并坚持自担风险、保本经营、不与商业性银行竞争的原则。

3. 商业银行

商业银行是以获得利润为目的并以追求利润最大化为目标，以吸收公众存款、发放短期和中长期贷款、办理国内外结算和票据贴现、发行金融债券、代理发行和代理兑付及承销政府债券、买卖政府证券、从事同业拆借、买卖和代理买卖外汇、提供保管箱服务等业务的具有法人资格的金融机构。目前我国的商业银行主要有中国工商银行、中国农业银行、中国银行、中国建设银行、交通银行、中信实业银行、光大银行、华夏银行、招商银行、深圳发展银行、上海浦东发展银行、中国民生银行、城市商业银行等。

4. 非银行金融机构

非银行金融机构指除中央银行、政策性银行和商业银行以外的，具有一定的融通职能，其业务被限定在一定的范围内，并担负某一专项社会职能的金融机构。我国非银行金融机构主要有农村信用社、城市信用社、保险公司、信托投资公司、财务公司、租赁公司、证券公司等。

5. 境内外资金融机构

境内外资金融机构是指外资金融机构在我国境内设立的代表处、营业性外国银行分行、中外合资银行、外国独资银行、外资保险公司、中外合资保险公司、中外合资投资银行等。

第二节 现金管理法律制度

一、现金及现金管理

现金，是指具备现实购买力或者法定清偿力的通货。在金属货币流通条件下，现金是指金属铸币及其他辅币使用的铸币；在纸币或者信用货币流通的条件下，现金包括铸币、纸币和信用货币。我国的现金指人民币，包括纸币和金属辅币。

现金管理，指现金管理单位按照规定管理各单位的现金收入、支出和库存的一项重要财经管理活动。我国对现金管理的法律依据主要有：国务院1988年9月8日发布的《现金管理暂行条例》（1988年10月1日起施行）和中国人民银行1988年9月23日发布的《现金管理暂行条例实施细则》等。

二、现金管理的原则

各现金管理机关和现金使用单位，应当严格遵守以下现金管理原则：

（1）凡在银行和其他金融机构（以下简称开户银行）开立账户的机关、团体、部队、企业、事业单位和其他单位（以下简称开户单位）必须依照规定收支和使用现金，接受开户银行的监督；

（2）国家鼓励开户单位和个人在经济活动中采取转账方式进行结算，减少使用现金；

（3）开户单位之间的经济往来，除按规定的范围可以使用现金外，应当通过开户银行进行转账结算；

（4）中国人民银行各级机构严格履行金融主管机关职责，负责对开户银

第八章 金融法律制度

行执行现金管理情况进行监督和稽核;

(5) 开户银行负责现金管理的具体实施,对开户单位收支、使用现金进行监督管理。

三、现金使用范围规定

开户单位可以在下列范围内使用现金:
1. 职工工资、津贴;
2. 个人劳务报酬;
3. 根据国家规定颁发给个人的科学技术、文化艺术、体育等各项奖金;
4. 各种劳保、福利费用以及国家规定的对个人的其他支出;
5. 向个人收购农副产品和其他物资的价款;
6. 出差人员必须随身携带的差旅费;
7. 结算起点 1000 元以下的零星支出;
8. 中国人民银行确定需要支付现金的其他支出。

在上述 1、2、3、4、7 和 8 项中,开户单位支付给个人的款项超过结算起点 1000 元的部分,应当以支票或者银行本票支付;确需全额支付现金的,经开户银行审核后,予以支付现金。

四、现金管理的基本要求

(1) 开户单位在购销活动中不得对现金结算给予比转账结算优惠的待遇;不得只收现金而拒收支票、银行本票或其他转账结算凭证。转账结算凭证在经济往来中具有同现金相同的支付能力。

(2) 开户单位必须严格遵守开户银行核定的库存现金限额;库存现金限额由开户银行根据开户单位 3~5 天的日常零星开支所需要的现金核定,开户单位需要增加或者减少库存现金限额的,应当向开户银行提出申请,由开户银行核定。

(3) 开户单位应当建立健全现金账目,逐笔记载现金支付。账目应当日清月结,账款相符;不准用不符合财务会计制度规定的凭证顶替库存现金,不准单位之间相互借用现金,不准谎报用途套用现金,不准利用存款账户代替其他单位和个人存入或者支取现金,不准将单位收入的现金以个人名义存入储蓄,不准保留账外公款(即小金库),禁止发行变相货币,不准以任何票券代替人民币在市场上流通。

（4）一家单位在几家金融机构开户的，只能在一家金融机构开设一个基本存款账户，一般存款账户不得办理现金支付。

（5）实行大额现金支付登记备案制度。根据中国人民银行1997年4月发布的《大额现金支付登记备案规定》，凡在商业银行、城市商业银行、农村信用社开设账户的机关、团体、企业、事业单位、其他经济组织、个体工商户以及外国驻华机构，除工资性支出和农副产品采购所用现金支出外，提取现金超过中国人民银行各地区分行确定的大额现金数量标准的，要填写有关大额现金支取登记表格，表格的主要内容包括支取时间、单位、金额、用途等，同时，开户银行要建立台账，实行逐笔登记，并于季后15日内报送中国人民银行当地支行备案。开户银行对本行签发的超过大额现金标准、注明"现金"字样的银行汇票、银行本票，视同大额现金支付，实行登记备案制度。

（6）开户单位应当按照下列要求办理现金收支：

①开户单位现金收入应当于当日送存开户银行；当日送存有困难的，由开户银行确定送存时间。

②开户单位支付现金，可以从本单位库存现金限额中支付或者从开户银行提取，不得从本单位的现金收入中直接支付（即坐支）。因特殊情况需要坐支现金的，应当事先报经开户银行审查批准，由开户银行核定坐支范围和限额。坐支单位应当定期向开户银行报送坐支金额和使用情况。

③开户单位在规定的现金使用范围内从开户银行提取现金，应当写明用途，由本单位财会部门负责人签字盖章，经开户银行审核后，予以支付现金。

④因采购地点不固定、交通不便、生产或者市场急需、抢险救灾以及其他特殊情况必须使用现金的，开户单位应当向开户银行申请，由本单位财会部门负责人签字盖章，经开户银行审核后，予以支付现金。

第三节　支付结算的法律规定

一、支付结算概述

（一）支付结算的概念

支付结算，是指单位、个人在社会经济活动中使用票据、银行卡和汇兑、托收承付、委托收款、信用证等结算方式进行货币给付及其资金清算的行为,是国民经济活动中资金清算的中介。支付结算的任务表现为根据经济往来,准确、及时、安全地办理支付结算,并按照有关法律、法规和规章的规定管理支付结算,保障支付结算活动的正常运行。

(二) 支付结算的原则

支付结算原则,是指单位、个人和银行在办理支付结算时必须遵守的准则。根据规定,支付结算应当遵循以下原则:
(1) 恪守信用、履约付款原则。
(2) 谁的款进谁的账、由谁支配原则。
(3) 银行不垫款原则。

(三) 办理支付结算的基本要求

(1) 银行、单位和个人办理支付结算必须遵守国家的法律、行政法规和《支付结算办法》的各项规定,不得损害社会公众利益。

(2) 单位、个人和银行应当按照《银行账户管理办法》的规定开立、使用账户。

(3) 在银行开立存款账户的单位和个人办理支付结算,账户内必须有足够的资金保证支付。没有开立存款账户的个人向银行交付款项后,也可以通过银行办理支付结算。

(4) 票据和结算凭证是办理支付结算的工具。单位、个人和银行办理支付结算必须使用按中国人民银行统一规定印刷的票据凭证和统一规定的结算凭证。未使用按中国人民银行统一规定印刷的票据,为无效票据;未使用中国人民银行统一规定格式的结算凭证,银行不予受理。

(5) 票据和结算凭证上的签章和其他记载事项应当真实,不得伪造、变造。票据和结算凭证上的签章,为签名、盖章或者签名加盖章;单位、银行在票据上的签章和单位在结算凭证上的签章,为该单位、银行的公章加其法定代表人或者其授权的代理人的签名或者盖章。

(6) 票据和结算凭证的金额、出票或者签发日期、收款人名称不得更改,更改的票据无效;更改的结算凭证,银行不予受理。

(7) 票据和结算凭证金额以中文大写和阿拉伯数码同时记载,二者必须一致,否则票据无效,结算凭证银行不予受理。

(8) 办理支付结算需要交验的个人有效身份证件包括居民身份证、军官证、警官证、文职干部证、士兵证、户口簿、护照、港澳台同胞回乡证等符合法律、行政法规以及国家有关规定的身份证件。

（9）银行以善意且符合规定和正常操作程序进行审查，对伪造、变造的票据和结算凭证上的签章以及需要交验的个人有效身份证件，未发现异常而支付金额的，对出票人或付款人不再承担受委托付款的责任，对持票人或收款人不再承担付款的责任。

（10）银行依法为单位及个人在银行开立的基本存款账户、一般存款账户、专用存款账户和临时存款账户保密，维护其资金的自主支配权。对单位、个人在银行开立上述存款账户的存款，除国家法律、行政法规另有规定外，银行不得为任何单位或者个人提供查询；除国家法律另有规定外，银行不代任何单位或者个人冻结、扣款，不得停止单位、个人存款的正常支付。

（四）填写票据和结算凭证的基本要求

票据和结算凭证是银行、单位和个人凭以记载账务的会计凭证，是记载经济业务和明确经济责任的一种书面证明。填写票据和结算凭证，必须做到标准化、规范化，要素齐全、数字正确、字迹清晰、不错漏、不潦草，防止涂改。

（1）中文大写金额数字应用正楷或行书填写，不得自造简化字。如果金额数字书写中使用繁体字，也应受理。

（2）中文大写金额数字到"元"为止的，在"元"之后，应写"整"（或"正"）字，在"角"之后可以不写"整"（或"正"）字。大写金额数字有"分"的，"分"后面不写"整"（或"正"）字。

（3）中文大写金额数字前应标明"人民币"字样，大写金额数字应紧接"人民币"字样填写，不得留有空白。大写金额数字前未印"人民币"字样的，应加填"人民币"三字。在票据和结算凭证大写金额栏内不得预印固定的"仟、佰、拾、万、仟、佰、拾、元、角、分"字样。

（4）阿拉伯小写金额数字中有"0"时，中文大写应按照汉语语言规律、金额数字构成和防止涂改的要求进行书写。

（5）阿拉伯小写金额数字前面，均应填写人民币符号。阿拉伯小写金额数字要认真填写，不得连写、分辨不清。

（6）票据的出票日期必须使用中文大写。为防止变造票据的出票日期，在填写月、日时，月为壹、贰和壹拾的，日为壹至玖和壹拾、贰拾和叁拾的，应在其前加"零"；日为拾壹至拾玖的，应在其前面加"壹"。如，2月12日，应写成零贰月壹拾贰日；10月20日，应写成零壹拾月零贰拾日。

(7) 票据出票日期使用小写填写的，银行不予受理。大写日期未按要求规范填写的，银行可予受理，但由此造成损失的，由出票人自行承担。

二、银行账户的种类及开立银行账户的规定

（一）银行账户种类

银行账户，是指办理支付结算业务的存款人在经办银行开立的存款账户。根据规定，银行账户一般分为基本存款账户、一般存款账户、临时存款账户和专用存款账户四类。

1. 基本存款账户

基本存款账户是指存款人办理日常转账结算和现金收付的账户，是存款人在银行的主要存款账户。存款人的工资、奖金等现金的支取，只能通过基本存款账户办理。

2. 一般存款账户

一般存款账户是指存款人在基本存款账户以外的银行借款转存，与基本存款账户的存款人不在同一地点的附属非独立核算单位开立的账户。存款人可以通过一般存款账户办理结算和现金缴存，但不能办理现金支取。

3. 临时存款账户

临时存款账户是指存款人因临时经营活动需要开立的账户。存款人可以通过临时存款账户办理转账结算和根据国家现金管理的规定办理现金收付。

4. 专用存款账户

专用存款账户是指存款人因特定用途需要开立的账户。

（二）开立银行账户的基本规定

开户单位在银行账户开立过程中，一般应遵守以下基本规定：存款人一般只能在银行开立一个基本存款账户；任何单位和个人不得干预存款人在银行开立和使用银行账户，存款人可以自主选择银行，银行也可以自愿选择存款人开立账户；存款人在其账户内应有足够的资金保证支付；存款人在银行开立基本存款账户，实行由中国人民银行当地分支机构核发开户许可证制度；银行应依法为存款人保密，维护存款人资金自主支配权，除国家法律、行政法规另有规定外，不得代任何单位和个人查询、冻结、扣划存款人账户

内存款。

(三) 开立银行账户的条件

1. 开立基本存款账户的条件

根据规定，下列存款人可以申请开立基本存款账户：企业法人；企业法人内部单独核算的单位；管理财政预算资金和预算外资金的财政部门；实行财政预算管理的行政机关、事业单位；县级（含）以上军队、武警单位；外国驻华机构；社会团体；单位附设的食堂、招待所、幼儿园；外地常设机构；私营企业、个体经济户、承包户和个人。存款人申请开立基本存款账户，应当向开户银行出具下列证明文件之一：当地工商行政管理机关核发的《企业法人执照》或《营业执照》正本；中央或地方编制委员会、人事、民政等部门的批文；军队军以上、武警总队财务部门的开户证明；单位对附设机构同意开户的证明；驻地有权部门对外地常设机构的批文；承包双方签订的承包协议；个人的居民身份证和户口簿。

2. 开立一般存款账户的条件

根据规定，下列情况下存款人可以申请开立一般存款账户：在基本存款账户以外的银行取得借款的；与基本存款账户的存款人不在同一地点的附属非独立核算单位。存款人在开立一般存款账户时，应当向开户银行出具下列证明文件之一：借款合同或借款借据；基本存款账户的存款人同意其附属的非独立核算单位开户证明。

3. 开立临时存款账户的条件

根据规定，下列情况下存款人可以申请开立临时存款账户：外地临时机构；临时经营活动需要的。存款人申请开立临时存款账户时，应向开户银行出具下列证明文件之一：当地工商行政管理机关核发的临时执照；当地有权部门同意设立外来临时机构的批件。

4. 开立专用存款账户的条件

根据规定，对于下列资金，存款人可以申请开立专用存款账户：基本建设的资金；更新改造的资金；特定用途需要专户管理的资金。存款人申请开立专用存款账户时，应当向开户银行出具下列证明文件之一：经有权部门批准立项的文件；国家有关文件的规定。

三、票据法的基本知识

(一) 票据的概念和票据当事人

票据结算是支付结算的重要内容。为便于学习和运用票据结算，下面依据《票据法》《票据管理实施办法》和《支付结算办法》，对有关票据的基本知识进行介绍。

1. 票据

票据，是指由出票人签发的、约定由自己或者委托他人于见票时或确定的日期，向持票人或收款人无条件支付一定金额的有价证券，包括汇票、本票和支票。一般来说，票据具有汇兑、支付、信用、结算和融资等功能，其特征主要表现在以下几个方面：

(1) 票据是完全有价证券。权利依附票据。持票人行驶票据权利，应当按照法定程序在票据上签章，并出示票据。

(2) 票据是要式证券。票据的"要式性"主要体现为：票面记载要严格按照《票据法》及相关法规的规定记载，否则会影响票据的效力甚至导致票据的无效；票据上的行为，包括出票、背书、承兑、保证、追索等，必须严格按照规定的程序和规则进行，否则票据行为无效。

(3) 票据是无因证券。无因证券，又叫"不要因证券"，是指证券效力与取得证券的原因完全分离，证券权利的存在和行使，不以取得证券的原因为要件的一类证券。即使原因关系无效或有瑕疵，均不影响票据的效力。

(4) 票据是文义证券。该特征是指，票据上权利义务的内容必须以票据上的文字记载为准，即使票据上的记载和实际情况不符，也不允许当事人以票据外的方法加以变更或是补充。

(5) 票据是流通证券。票据的流通非常灵活，无须依民法有关债权让与的规定。

2. 票据当事人

票据当事人，是指票据法律关系中享有票据权利、承担票据义务的当事人，也称票据法律关系主体。票据当事人可分为基本当事人和非基本当事人。

(1) 基本当事人是指在票据出票时就存在于票据上的，是绝不能欠缺的，欠缺其中的任何一个，票据都将归于无效，包括出票人、付款人和收款人。

(2) 非基本当事人是指在票据出票以后，流通转让的过程中加入到票据关系当中来的人，包括承兑人、背书人、被背书人、保证人等。非基本当事人可有可无，可多可少。欠缺基本当事人，会导致票据无效；欠缺非基本当事人，对票据没有影响。

（二）票据权利与义务

票据权利与义务是指票据法律关系主体所享有的权利和应承担的义务，是票据法律关系的重要内容。

1. 票据权利

票据权利是指票据持票人向票据债务人请求支付票据金额的权利，包括付款请求权和追索权。票据付款请求权，是指持票人向汇票的承兑人、本票的出票人、支票的付款人出示票据要求付款的权利，是第一次权利，又称主要票据权利。行使付款请求权的持票人可以是票据收款人或最后的被背书人，担负付款请求权付款义务的主要是主债务人。票据追索权，是指票据当事人行使付款请求权遭到拒绝或有其他法定原因存在时，向其前手请求偿还票据金额及其他法定费用的权利，是第二次请求权，又称偿还请求权利。行使追索权的当事人除票据收款人和最后被背书人外，还可能是代为清偿票据债务的保证人、背书人。

2. 票据义务

票据义务是指票据债务人向持票人支付票据金额的责任。它是基于债务人特定的票据行为（如出票、背书、承兑等）而应承担的义务，不具有制裁性质，主要包括付款义务和偿还义务。实务中，票据债务人承担票据义务一般有四种情况：一是汇票承兑人因承兑而应承担付款义务；二是本票出票人因出票而承担自己付款的义务；三是支票付款人在与出票人有资金关系时承担付款义务；四是汇票、本票、支票的背书人，汇票、支票的出票人、保证人，在票据不获承兑或不获付款时的付款清偿义务。

（三）票据行为

票据行为是指能够产生票据权利与义务关系的法律行为。我国《票据法》规定的票据行为则是指票据当事人以发生票据债务为目的的、以在票据上签名或盖章为权利义务成立要件的法律行为，包括出票、背书、承兑和保证四种。其中，出票是指出票人签发票据并将其交付给收款人的行为；背书是指持票人为将票据权利转让给他人或者将一定的票据权利授予他人行使而在票据背面或者粘单上记载有关事项并签章的行为；承兑是指汇票付款人承诺在汇票到期日支付汇票金额并签章的行为；保证是指票据债务人以外的人，为担保特定债务人履行票据债务而在票据上记载有关事项并签章的行为。

票据行为是一种特定的法律行为，其特征一是要式性，即票据行为必须依据《票据法》的规定在票据上记载法定事项并交付；二是无因性，即票据行为不因票据的基础关系无效或有瑕疵而受到影响；三是文义性，即票据行为的内容完全依据票据上记载的文义而定，即使其与实质关系的内容不一致，仍按票据上的记载而产生效力；四是独立性，即票据上的各个票据行为各自独立发生效力，不因其他票据行为的无效或有瑕疵而受到影响。

一般来讲，票据行为可以按两种方法分类，一种是按票据行为的效力不同分为基本票据行为与附属票据行为。基本票据行为是指创设的行为即出票行为，又称主票据行为。附属票据行为是指以出票行为的有效存在为前提所进行的行为，又称从票据行为。背书、承兑和保证都属于从票据行为。另一种是按适用票据的不同，分为共同票据行为和独有票据行为。出票、背书为共同票据行为，而承兑是汇票独有行为，保证是汇票和本票的独有票据行为。

（四）票据代理

票据代理，是指票据行为权利人授权代理人代理其进行票据行为的行为。在票据上设立票据代理制度是为了适应票据交易范围扩大和距离遥远所造成的票据流通的需要，方便票据当事人及时、有效地利用票据进行经济活动。一般来讲，形成票据代理关系必须具备三个条件：一是票据当事人需要有委托代理的意思表示，一般以书面形式即以授权委托书的方式为宜；二是代理人必须在票据上签章，如果代理人未在票据上以自己的名字或名称签章，则不产生票据代理效力；三是代理人应在票据上表明代理关系，即注明"代理"字样或类似的文句。否则，代理行为不受法律保护。

（五）票据签章

票据签章，是指票据有关当事人在票据上签名、盖章或签名加盖章的行为。票据签章是票据行为生效的重要条件，也是票据行为表现形式中绝对应记载的事项。如果票据缺少当事人的签章，该项票据行为便无效。票据上的签章因票据行为的性质不同，签章当事人也不相同。票据签发时，由出票人签章；票据转让时，由背书人签章；票据承兑时，由承兑人签章；票据保证时，由保证人签章；票据代理时，由代理人签章；持票人行使票据权利时，由持票人签章。签章当事人在票据上的签章不符合法定要求的则为效力无效。一般来讲，出票人在票据上的签章不符合法定规定的，票据无效；背书人在票据上的签章不符合法定规定的，其签章无效，但不影响其前手符合规定签章的效力；承兑人、保证人在票据上的签章不符合法定规定的，其签章无效，但不影响其他符合规定签章的效力。

（六）票据记载事项

票据记载事项，是指依法在票据上记载票据相关内容的行为。票据记载事项一般分为绝对记载事项、相对记载事项和任意记载事项等。绝对记载事项，是指《票据法》明文规定必须记载的，若不记载，票据即为无效的事项。如表明票据种类的事项，必须记明"汇票"、"本票"、"支票"，否则票据无效。相对记载事项，是指《票据法》规定应该记载而未记载，适用法律的有关规定而不使票据失效的事项。如汇票上未记载付款日期的，为见票即付等属于相对记载事项。任意记载事项，是指《票据法》不强制当事人必须记载而允许当事人自行选择，不记载时不影响票据效力，记载时则产生票据效力的事项。如出票人在汇票记载"不得转让"字样的，汇票不得转让。其中的"不得转让"事项即为任意记载事项。

（七）票据丧失的补救措施

票据丧失，是指票据因灭失、遗失、被盗等原因而使票据权利人脱离其对票据的占有。票据丧失分为绝对丧失和相对丧失两种。票据丧失后，可以采取挂失止付、公示催告、普通诉讼三种形式进行补救。

挂失止付，是指失票人将丧失票据的情况通知付款人，由接受通知的付款人审查后暂停支付的一种方式。只有确定付款人的票据丧失才可以进行挂失止付，具体包括商业汇票、支票、填明"现金"字样的银行汇票和银行本票四种。挂失止付并不是票据丧失后采取的必经措施，而只是一种暂时的预防措施，最终要通过申请公示催告或提起普通诉讼来解决后续问题。公示催告，是指在票据丧失后由失票人向人民法院提出申请，请求人民法院以公告方式通知不确定的利害关系人限期申报权利，逾期未申报者，则权利失效，而由法院通过除权判决宣告所丧失的票据无效的一种制度或程序。普通诉讼，是指丧失票据的失票人直接向人民法院提起民事诉讼，要求法院判令付款人向其支付票据金额的活动。

无论采取哪种补救措施，都必须符合三个条件：一是必须有丧失票据的事实；二是失票人必须是真正的票据权利人；三是丧失的票据必须是未获付款的有效票据。

四、汇票、本票、支票、银行卡

汇票分为银行汇票和商业汇票。银行汇票，是指由出票银行签发的，由其在见票时按照实际结算金额无条件支付给收款人或者持票人的票据。商业汇票，是指出票人签发的，委托付款人在指定日期无条件支付确定的金额给收款人或者持票人的票据。商业汇票分为商业承兑汇票和银行承兑汇票。本票，是指由银行签发的，承诺自己在见票时无条件支付票据金额给收款人或持票人的票据。支票，是指出票人签发的、委托办理支票存款业务的银行在见票时无条件支付确定的金额给收款人或者持票人的票据。支票的基本当事人包括出票人、付款人和收款人。出票人即存款人，是在中国人民银行当地分支行批准办理支票业务的银行机构开立可以使用支票的存款账户的单位和个人；付款人是出票人的开户银行；持票人是票面上填明的收款人，也可以是经背书转让的被背书人。银行卡，是指商业银行向社会发行的具有消费信用、转账结算、存取现金等全部或部分功能的信用支付工具。汇票、本票、支票和银行卡的基本规定适用于《票据法》。

五、托收承付

托收承付，是指根据购销合同由收款人发货后委托银行向异地付款人收取款项，由付款人向银行承认付款的结算方式。

（一）托收承付的基本规定

（1）使用托收承付结算方式的收款单位和付款单位，必须是国有企业、供销合作社以及经营管理较好，并经开户银行审查同意的城乡集体所有制工业企业。

（2）办理托收承付结算的款项必须是商品交易，以及因商品交易而产生的劳务供应的款项。代销、寄销、赊销商品的款项不得办理托收承付结算。

（3）收付双方使用托收承付结算必须签有符合《合同法》的购销合同，并在合同上面订明使用托收承付结算方式；办理结算时，必须重合同、守信用。收款人对同一付款人发货托收累计 3 次收不回货款的，收款人开户银行应暂停收款人向该付款人办理托收；付款人累计 3 次提出无理拒付的，付款人开户银行应暂停其向外办理托收。

(4) 托收承付结算款项的每笔金额起点是 10 000 元；新华书店系统每笔的金额起点是 1 000 元。

(5) 托收承付结算款项的划回方法分邮寄和电报两种，由收款人选用。

(6) 签发托收承付凭证必须记载：表明"托收承付"的字样，确定的金额，付款人名称与账号，收款人名称与账号，付款人开户银行名称，收款人开户银行名称，托收附寄单证张数或册数，合同名称、号码，委托日期，收款人签章。缺少上述任何一项记载的，银行不予受理。

(7) 收款人办理托收承付必须具有商品确已发运的证件（包括铁路、航运、公路等运输部门签发的运单、运单副本和邮局包裹回执）。特殊情况下没有发运证件的，可凭其他有关证件办理托收承付。

（二）办理托收承付结算的基本程序

1. 托收

收款人按照签订的购销合同发货后，委托银行办理托收。

(1) 收款人应将托收凭证并附发运证件或其他符合托收承付结算的有关证明和交易单证送交银行。收款人如需要取回发运证件，银行应在托收凭证上面加盖"已验发运证件"戳记。

(2) 收款人开户银行接到托收凭证及其附件后，应当按照托收范围、条件和托收凭证记载的要求认真进行审查，必要时还应查验收付款人签订的购销合同。凡不符合要求或违反购销合同发货的，不能办理托收。审查时间最长不得超过次日。

2. 承付

付款人开户银行收到托收凭证及其附件后，应当及时通知付款人。承付货款有验单付款和验货付款两种，由收付双方商量选用，并在合同中明确规定。

(1) 验单付款。验单付款的承付期为 3 天，从付款人开户银行发出承付通知次日算起。付款人在承付期内未向银行表示拒绝付款的，银行即视为承付，并在承付期满的次日上午银行开始营业时，将款项主动从付款人的账户内付出，按照收款人指定的划款方式划给收款人。

(2) 验货付款。验货付款的承付期为 10 天，从运输部门向付款人发出提货通知的次日算起。付款人收到提货通知后应立即向银行交验提货通知；收款人必须在托收凭证上面加盖明显的"验货付款"字样戳记。托收凭证未注明验货付款，经付款人提出合同证明是验货付款的，银行可按验货付款处理。

不论验单付款还是验货付款，付款人都可在承付期内提前向银行表示承付，并通知银行提前付款，银行应立即办理划款；因商品的价格、数量或金额变动，付款人应多承付款项的，必须在承付期内向银行提出书面通知，银行据以随同当次托收款项划给收款人。付款人不得在承付货款中扣抵其他款项或以前托收的货款。

3. 逾期付款

付款人在承付期满日银行营业终了时，若无足够资金支付，其不足部分即为逾期未付款项，按逾期付款处理。

(1) 付款人开户银行对付款人逾期支付的款项，应当根据逾期付款金额和逾期天数，按每天万分之五计算逾期付款赔偿金。逾期付款天数从承付期满日算起。承付期满日银行营业终了时，付款人若无足额资金支付，其不足部分应当算作逾期1天，计算1天的赔偿金；在承付期满的次日银行营业终了时，仍无足够资金支付，其不足部分应当算作逾期2天，计算2天的赔偿金；以此类推。

(2) 赔偿金实行定期扣付，每月计算一次，于次月3日内单独划给收款人。赔偿金的扣付列为企业销货收入扣款顺序的首位。付款人账户余额不足全额支付时，应排列在工资之前，付款人开户银行对该账户采取"只收不付"的控制办法，待一次足额扣付赔偿后，才准予办理其他款项的支付。因此而产生的经济后果，由付款人自行负责。

(3) 付款人开户银行对付款人逾期未能付款的情况，应当及时通知收款人开户银行，由其转告收款人。

(4) 付款人开户银行对不执行合同规定、3次拖欠货款的付款人，应当通知收款人开户银行转知收款人，停止对付款人办理托收。收款人不听劝告继续对该付款人办理托收，付款人开户银行对发出通知的次日起1个月之后收到的托收凭证，可拒绝受理，注明理由，原件退回。

(5) 付款人开户银行对逾期未付的托收凭证，负责进行扣款的期限为3个月（从承付期满日算起）。在此期限内，银行必须按照扣款顺序陆续扣款；期满时，付款人仍无足够资金支付该笔尚未付清的欠款，银行应于次日通知付款人将有关交易单证（单证已经作账务处理或已部分支付的，可填制应付款项证明单）于2日内退回银行。银行将有关结算凭证连同交易单证或应付款项证明单退回收款人开户银行转交收款人，并将应付的赔偿金划给收款人。对付款人逾期不退回单证的，开户银行应当自发出通知的第3天起，按照该笔尚未付清欠款的金额，每天处以万分之五但不低于50元的罚款，并暂停付款人向外办理结算业务,直到退回单证时为止。

4. 拒绝付款

付款人在承付期内,对以下款项可以向银行提出全部或部分拒绝付款的请求:没有签订购销合同或购销合同未订明托收承付结算方式的款项;未经双方事先达成协议,收款人提前交货或因逾期交货付款人不再需要该项货物的款项;未按合同规定的到货地址发货的款项;代销、寄销、赊销商品的款项;验单付款,发现所列货物的品种、规格、数量、价格与合同规定不符,或货物已到,经查验货物与合同规定或与发货清单不符的款项;验货付款,经查验货物与合同规定或与发货清单不符的款项;货款已经支付或计算有错误的款项。不属于以上情况的,付款人不得向银行提出拒绝付款。

付款人对上述情况提出拒绝付款时,必须填写"拒绝付款理由书"并签章,注明拒绝付款理由。开户银行必须认真审查拒绝付款理由,查验合同。对于付款人提出拒绝付款的手续不全、依据不足或理由不符合规定的,银行都不予受理,应实行强制扣款。银行同意部分或全部拒绝付款的,应在拒绝付款理由书上签注意见。部分拒绝付款,除办理部分付款外,应将拒绝付款书连同拒付证明和拒付商品清单邮寄收款人开户银行转交收款人。全部拒绝付款,应将拒绝付款理由书连同拒付证明和有关单证邮寄收款人开户银行转交收款人。

付款人提出的拒绝付款,银行按照支付结算规定审查无法判明是非的,应由收付双方自行协商处理,或向仲裁机构、人民法院申请调解或裁决。

5. 重办托收

收款人对被无理拒绝付款的托收款项,在收到退回的结算凭证及其所附单证后,需要委托银行重办托收,应当填写四联"重办托收理由书",将其中三联连同购销合同、有关证据和退回的原托收凭证及交易单证,一并送交银行。经开户银行审查确属无理拒绝付款,可以重办托收。

六、委托收款

委托收款,是指收款人委托银行向付款人收取款项的结算方式。

(一) 委托收款的基本规定

(1) 单位和个人凭已承兑商业汇票、债券、存单等付款人债务证明办理款项的结算,都可使用委托收款结算方式。委托收款在同城、异地都可使用。

(2) 委托收款结算款项的划回方式可分为邮寄和电报两种,由收款人

第八章 金融法律制度

选用。

（3）签发委托收款凭证必须记载：表明"委托收款"字样，确定的金额，付款人名称，收款人名称，委托收款凭据名称及附寄单证张数，委托日期，收款人签章。缺少上述任何一项记载的委托收款凭证，银行不予受理。

（4）委托收款以银行以外的单位为付款人的，委托收款凭证必须记载付款人开户银行名称；以银行以外的单位或在银行开立存款账户的个人为收款人的，委托收款凭证必须记载收款人开户银行名称；未在银行开立存款账户的个人为收款人的，委托收款凭证必须记载被委托银行名称。欠缺记载的上列事项之一，银行不予受理。

（二）办理委托收款的基本程序

1. 委托

收款人办理委托收款应向银行提交委托收款凭证和有关的债务证明。

2. 付款

银行接到寄来的委托收款凭证及债务证明，审查无误后办理付款。

（1）以银行为付款人的，银行应当在当日将款项主动支付给收款人；以单位为付款人的，银行应及时通知付款人，按照有关办法规定，需要将有关债务证明交给付款人的应交给付款人，并由付款人签收。

（2）付款人应于接到通知的当日书面通知银行付款。按有关办法规定，付款人未在接到通知日的次日起3日内通知银行付款的，视同付款人同意付款，银行应于付款人接到通知日的次日起第4日上午开始营业时，将款项划给收款人。

（3）付款人提前收到由其付款的债务证明，应通知银行于债务证明的到期日付款。付款人未于接到通知日的次日起3日内通知银行付款，付款人接到通知日的次日起第4日在债务证明到期日之前的，银行应于债务证明到期日将款项划给收款人。

（4）银行在办理划款时，付款人存款账户不足支付的，应通过被委托银行向收款人发出未付款项通知书。按照有关办法规定，债务证明留存付款人开户银行的，应将其债务证明连同未付款项通知书邮寄被委托银行转交收款人。

3. 拒绝付款

付款人审查有关债务证明后，对收款人委托收取的款项需要拒绝付款的，可办理拒绝付款。以银行为付款人的，应自收到委托收款及债务证明的次日起3日内出具拒绝证明，连同有关债务证明、凭证寄给被委托银行，转交收款人;以单位为付款人的,应在付款人接到通知日的次日起 3 日内出具拒绝证明,持有债务证明的,应将其送交开户银行。银行将拒绝证明、债务证明和有关凭证一并寄给被委托银行,转交收款人。

七、信用证

信用证,是指开证银行依照申请人(购货方)的申请向受益人(销货方)开出的一定金额,在一定期限内凭信用证规定的单据支付款项的书面承诺。我国信用证为不可撤销、不可转让的跟单信用证。不可撤销信用证是指信用证开具后在有效期内,非经信用证各有关当事人(即开证银行、开证申请人和受益人)的同意,开证银行不得修改或者撤销的信用证。不可转让信用证是指受益人不能将信用证的权利转让给他人的信用证。

(一)信用证的基本规定

(1)信用证结算方式只适用于国内企业之间商品交易产生的货款结算,并且只能用于转账结算,不得支取现金。

(2)经中国人民银行批准经营结算业务的商业银行总行以及经商业银行总行批准开办信用证结算业务的分支机构,可以办理信用证结算业务;未经批准的其他金融机构不得办理信用证结算业务。

(3)信用证结算是以开证银行的信用作为付款保证的银行信用。信用证开出后开证银行负第一性的付款责任。

(4)信用证与作为其依据的购销合同相互独立,银行在处理信用证业务时,不受购销合同的约束。

(5)在信用证结算中,各有关当事人处理的只是单据,一切以单据为准,而不是与单据有关的货物及劳务。

(二)办理信用证的基本程序

1. 开证申请

开证申请人使用信用证时应委托开户银行办理信用证业务,填具开证申请书、信用证申请人承诺书并提交有关购销合同。

2. 受理开证

开证银行根据申请人提交的开证申请、信用证申请人承诺书及购销合同决定是否受理开证业务。如果受理,则应向申请人收取不低于开证金额 20% 的保证金,并可根据申请人资信情况要求其提供抵押、质押或由其他金融机构出具保函。开立信用证应当包括以下基本内容:开证银行名称与地址、开证日期、信用证编号、不可撤销或不可转让信用证、开证申请人名称与地址、受益人名称与地址、通知银行名称、信用证有效期与有效地点、交单期、信用证金额、付款方式、运输条款(包括运输方式、货物装运地和目的地、装运方式、最迟装运期等)、货物名称和数量及价格、据以付款或议付的单据、开证银行保证文句和其他内容。其中付款方式包括即期付款、延期付款和议付。

3. 信用证方式

信用证可以采用信开和电开两种开立方式,并可以按规定进行修改。

4. 信用证通知

开证银行与受益人开户银行为同一系统银行的,受益人开户银行为通知银行;开证银行与受益人开户银行为跨系统银行的,开证银行确定的在受益人开户银行的同城同系统银行机构为通知银行;开证银行与受益人开户银行所在地没有同系统分支机构的,应在受益人所在地选择一家银行机构建立信用证代理关系,其代理银行即为通知银行。

5. 信用证注销

信用证未逾有效期的,经信用证当事人协商同意且开证银行已收回正本信用证后,该信用证可予以注销;受益人未在信用证有效期内提交单据的,开证银行可在信用证逾有效期 1 个月后注销该信用证。信用证注销后,开证银行应解除开证申请人提供的担保。

6. 议付

议付是指信用证指定的议付银行在单证相符条件下,扣除议付利息后向受益人给付对价的行为。只审核单据而未付出对价的,不构成议付。议付仅限于延期付款信用证。议付银行必须是开证银行指定的受益人开户行。受益人可以对议付信用证在交单期或信用证有效期内向议付银行提交单据、信用证(修改书)正本及信用证(修改)通知书,并填制信用证议付委托收款申请书和议付凭证,请求议付。

7. 付款

受益人在交单期或信用证有效期内向开证银行交单收款,应向开户银行填制委托收款凭证和信用证议付委托收款申请书,并出具单据和信用证(修改书)正本;开户银行收到凭证和单证,审查齐全后,应及时向开证银行办理交单和收款。开证银行收到议付银行寄交委托收款凭证和有关单证的次日起 5 个营业日内及时核对有关内容,无误后,对即期付款信用证,从申请人账户收取款项支付给受益人；对延期付款信用证，应向议付银行或受益人发出到期付款确认书，并于到期日从申请人账户收取款项支付给议付银行或受益人。

八、支付结算纪律与责任

（一）支付结算纪律

1. 单位和个人的结算纪律

根据《支付结算办法》及有关规定，办理支付结算的单位和个人必须遵守下列结算纪律：

（1）不准签发没有资金保证的票据或支票，套取银行信用；

（2）不准签发、取得和转让没有真实交易和债权债务的票据，套取银行和他人资金；

（3）不准无理拒绝付款，任意占用他人资金；

（4）不准违反规定开立和使用账户。

2. 银行的结算纪律

根据《支付结算办法》和有关规定，银行在办理支付结算时应当遵守下列纪律：

（1）不准以任何理由压票、任意退票、截留挪用客户和他行资金；

（2）不准无理拒绝支付应由银行支付的票据款项；

（3）不准无理拒付、不扣少扣滞纳金；

（4）不准违章签发、承兑、贴现票据，套取银行资金；

（5）不准签发空头银行汇票、银行本票和办理空头汇款；

（6）不准在支付结算制度之外规定附加条件，影响汇路畅通；

（7）不准违反规定为单位和个人开立账户；

（8）不准拒绝受理、代理他行正常结算业务；

（9）不准放弃对企事业单位和个人违反结算纪律的制裁；

（10）不准逃避向人民银行转汇大额汇划款项。

（二）支付结算责任

1. 单位和个人办理结算的责任

根据《支付结算办法》的规定，单位和个人在办理结算业务过程中，应承担下列责任：

第一,自行负责。单位和个人办理支付结算时,因错填结算凭证致使银行错投结算凭证或对款项不能解付,影响资金使用的,应由责任单位和个人负责;单位和个人对使用的支票、商业承兑汇票和银行签发的银行汇票、本票、银行承兑汇票以及预留银行印章,因管理不善造成丢失、被盗,发生款项冒领,造成资金损失的,应由责任单位和个人负责;付款人及其代理人以恶意或者重大过失付款的,应当自行承担责任;单位和个人违反规定,银行停止其使用有关支付结算工作,因此造成的后果,由单位和个人自行负责。

第二,连带责任。允许背书转让的票据,由于付款人拒绝付款退回票据,持票人对出票人、背书人和其他债务人进行追索时,出票人、背书人和其他债务人(如保证人)要负连带责任。

第三,经济处罚和行政处罚。经济处罚包括计扣赔偿金或赔款、罚息、罚款、没收非法所得。行政处罚包括警告、通报批评、停止使用有关结算方式、停止办理部分直至全部结算业务等。这些可单独进行,也可合并进行。具体处罚规定如下:商业承兑汇票到期,付款人不能支付票款,按票面金额对其处以5%但不低于1 000元的罚款。银行承兑汇票到期,承兑申请人未能足额交存票款,对尚未扣回的承兑金额按每天万分之五计收罚息。单位和个人签发空头支票或者签发与其预留签章不符的支票,不以骗取财物为目的的,由中国人民银行处以票面金额5%但不低于1 000元的罚款;持票人有权要求出票人赔偿支票金额2%的赔偿金。收款单位对同一付款单位发货托收累计3次收不回货款的,银行应暂停其向该付款单位办理托收。付款单位违反规定无理拒付,对其处以2 000元至5 000元罚款,累计3次提出无理拒付,银行应暂停其向外办理托收等。

2. 银行办理结算的责任

根据《支付结算办法》规定,银行办理结算违反规定,除银行承担有关责任外,还要根据情节轻重追究有关工作人员的责任。

【例8-1】甲公司从乙公司购进一批设备,价款为80万元。甲公司开出一张付款期限为6个月的商业承兑汇票给乙公司,丙公司在该汇票的正面记载了保证事项。乙公司取得汇票后,将该汇票背书转让给了丁公司。汇票到期,丁公司委托银行付款时,才得知甲公司的存款账户不足以支付。银行将付款人未付票款通知书和该商业承兑汇票一同交给丁公司。丁公司遂要求乙公司付款。

根据上述情况和票据法律制度的有关规定,请回答下列问题:

(1) 丁公司在票据未获付款的情况下是否有权向乙公司要求付款?为什么?

(2) 丁公司在乙公司拒绝付款的情况下是否可向甲公司、丙公司要求付款？为什么？

(3) 如果丙公司代为履行票据付款义务，则丙公司可向甲公司要求付款，为什么？

解析：

(1) 丁公司在票据未获支付的情况下有权向乙公司要求付款。我国票据法律制度规定，持票人行使汇款请求权受到拒绝时，可以向其前手请求支付票据金额。

(2) 丁公司可以向甲公司、丙公司要求付款。根据票据法律制度规定，汇票的出票人、背书人、保证人、承兑人对持票人承担连带责任。持票人可以不按照汇票债务人的先后顺序，对其中任何一人、数人或者全体行使追索权。因此，丁公司有权向甲公司、乙公司、丙公司进行追索。

(3) 丙公司代为履行票据付款义务后，则有权向甲公司进行追索。因为丙公司是保证人，甲公司是被保证人，保证人在被保证人不能履行票据付款的责任时，以自己的金钱履行票据付款义务，然后取得持票人的权利，可向票据债务人（甲公司）追索。

第四节 证 券 法

一、证券法概述

(一) 证券的概念和范围

所谓证券，一般是指证明或设定民事权利为目的所制作的书面凭证。其主要有三个特征：一是证券具有要式性，即证券的制作与转让必须符合法律法规规定的格式和条件；二是证券是权利凭证，其反映并代表一定的财产权利关系；三是证券具有流通性，由于证券代表一定的民事权利，因此，为确保财产的充分利用，法律法规规定证券可通过一定方式流转，以达到财产权利转移的法律效果。

证券的范围有广义和狭义之分，广义的证券一般指财物证券（如货运单、提单等）、货币证券（如支票、汇票、本票等）和资本证券（如股票、公司债券、基金凭证等）。狭义的证券仅指资本证券。我国《证券法》规定的证券为股票、公司债券和国务院依法认定的其他证券。

(二)《证券法》调整范围

1. 在中华人民共和国境内发行和交易的股票、公司债券、国务院依法认定的其他证券

股票是股份有限公司发行的用以证明股东所持股份并享有股东权利的有价证券,其具有不可偿还性、参与性、收益性、流通性等特征。

公司债券则指公司依法发行,承诺在一定期限到来时还本付息的有价证券。其具有到期偿还性、收益性、流通性等特征。

国务院依法认定的其他证券,是指股票、公司债券以外的国务院依相关法规通过一定形式认可可以适用《证券法》的有价证券。

2. 在中华人民共和国境内上市交易的政府债券、证券投资基金份额

政府债券与公司债券相似,只不过发行主体换为有权政府,相比公司债券,因有政府信用,因此其利息较低且可免税,主要表现为国债。

证券投资基金份额主要表现为证券投资基金券,是指经依法批准设立证券投资基金时,由基金发起人向投资者发行的证明持有基金份额的凭证。其包括开放式基金和封闭式基金等。

(三)《证券法》基本原则

一般而言,《证券法》基本原则主要包括:①三公(公开、公平、公正)原则;②分业经营、分业管理原则;③集中监管与行业自律相结合原则。

二、证券发行

(一) 证券发行的基本概念

1. 定义

证券发行是指符合发行条件的证券发行人,依法定程序,将证券按相同条件销售给投资者,以募集资金的行为。与从银行筹集资金等间接融资不同的是,证券发行是一种直接融资方式,由发行人直接向投资人募集资金。一般而言,证券发行所在的市场又称为一级市场或初级市场。

2. 证券发行的分类:公开发行与非公开发行

证券发行的种类很多,按不同标准可分为不同类别,其中最主要的发行方

式为公开发行和非公开发行。公开发行是针对所有社会不特定公众或向特定对象但超过法定人数发行证券的行为。不公开发行是只将证券发行给特定投资者的行为。

（1）公开发行

①发行核准。公开发行证券，必须依法报经国务院证券监督管理机构或者国务院授权的部门核准；未经依法核准，任何单位和个人不得公开发行证券。

②发行场合。有下列情形之一的，为公开发行：ⓐ向不特定对象发行证券的；ⓑ向特定对象发行证券累计超过200人的；ⓒ法律、行政法规规定的其他发行行为。

③公开发行中的保荐制度。保荐制度又称保荐人制度，是指由保荐人（券商）对发行人发行证券进行推荐和辅导，并核实公司发行文件中所载资料是否真实、准确、完整，协助发行人建立严格的信息披露制度，承担风险防范责任等一系列制度的总称。其适用对象为：依法采取承销方式公开发行的股票和可转换为股票的公司债券；公开发行法律、行政法规规定实行保荐制度的其他证券。

（2）非公开发行

非公开发行证券，不得采用广告、公开劝诱和变相公开方式。

（二）股票的发行

股票发行，指拟成立的股份有限公司和已成立的股份有限公司以募集资金为目的，向投资者发售自身股票的行为。一般可将股票发行分为设立发行和新股发行两大类。其中设立发行又可细分为两种方式：一是发起设立发行；二是募集设立发行。

1. 设立发行

（1）发行前提。首次公开发行股票，必须先设立股份有限公司。而且该股份有限公司应当符合《公司法》规定的条件和经国务院批准的国务院证券监督管理机构规定的其他条件。（详见《公司法》第78、79、84、90、91条）

（2）报送文件。设立股份有限公司，公开发行股票，应向国务院证券监督管理机构报送募股申请和相关文件。

（3）文件预披露。发行人申请首次公开发行股票的，在提交申请文件后，应当按照国务院证券监督管理机构的规定预先披露有关申请文件。

2. 新股发行

股份有限公司设立后，为募集资金，公开发行新股票必须符合公开发行新股的条件并向国务院证券监管机构报送相关文件。

（1）公开发行新股的条件如下：①具备健全且运行良好的组织机构；②具有持续盈利能力，财务状况良好；③最近3年财务会计文件无虚假记载，无其他重大违法行为；④经国务院批准的国务院证券监督管理机构规定的其他条件。另外，上市公司非公开发行新股，应当符合经国务院批准的国务院证券监督管理机构规定的条件，并报国务院证券监督管理机构核准。

（2）报送下列相关文件：①公司营业执照；②公司章程；③股东大会决议；④招股说明书；⑤财务会计报告；⑥代收股款银行的名称及地址；⑦承销机构名称及有关的协议。

依法聘请保荐人的，还应当报送保荐人出具的发行保荐书。

3. 新股发行限制

公司改变招股说明书所列资金用途，必须经股东大会做出决议。擅自改变用途而未作纠正的，或者未经股东大会认可的，不得公开发行新股。

（三）公司债券的发行

公司债券是公司向投资者发行的，并约定债券到期时还本付息的有价证券。发行人将债券销售给投资者的行为称为公司债券的发行行为。按公司债券的发行先后可将公司债券分为公司债券首次发行和公司债券增次发行两大类。公司债券首次发行是指公司第一次发行公司债券的行为；而公司债券增次发行是公司首次发行公司债券后，以后增加发行公司债券的总称。

1. 公司债券公开发行的基本条件

（1）股份有限公司的净资产不低于人民币3 000万元，有限责任公司的净资产不低于人民币6 000万元；

（2）累计债券余额不超过公司净资产的40%；

（3）最近3年平均可分配利润足以支付公司债券1年的利息；

（4）筹集的资金投向符合国家产业政策的项目；

（5）债券的利率不超过国务院限定的利率水平；

（6）国务院规定的其他条件。

上市公司发行可转换为股票的公司债券，还应当符合《证券法》关于公开发行股票的条件，并报国务院证券监督管理机构核准。

2. 公司债券公开发行的限制条件

具有以下情形之一者，不得再次发行公司债券：

（1）前一次公开发行的公司债券尚未募足；

（2）对已公开发行的公司债券或者其他债务有违约或者延迟支付本息的

事实，仍处于继续状态。

（3）违反《证券法》规定，改变公开发行公司债券所募资金的用途，将其用于弥补亏损和非生产性支出。

(四) 证券投资基金份额的发行

证券投资基金份额的发行，是指基金管理人经证券监管机构审核后，依照法定程序，向社会公开发行证券投资基金份额的行为。募集的证券投资基金，由基金管理人管理，基金托管人托管，为基金份额持有人的利益，以资产组合方式进行证券投资活动。

1. 基金份额发售程序

（1）基金份额的发售，由基金管理人负责办理；基金管理人可以委托经国务院证券监督管理机构认定的其他机构代为办理。

（2）基金管理人应当在基金份额发售的3日前公布招募说明书、基金合同及其他有关文件。

（3）基金管理人应当自收到核准文件之日起6个月内进行基金募集。超过6个月开始募集，原核准的事项未发生实质性变化的，应当报国务院证券监督管理机构备案；发生实质性变化的，应当向国务院证券监督管理机构重新提交申请。基金募集不得超过国务院证券监督管理机构核准的基金募集期限。基金募集期限自基金份额发售之日起计算。

（4）基金募集期限届满，封闭式基金募集的基金份额总额达到核准规模的80%以上，开放式基金募集的基金份额总额超过核准的最低募集份额总额，并且基金份额持有人人数符合国务院证券监督管理机构规定的，基金管理人应当自募集期限届满之日起10日内聘请法定验资机构验资，自收到验资报告之日起10日内，向国务院证券监督管理机构提交验资报告，办理基金备案手续，并予以公告。

2. 基金管理人的法律责任

如果基金募集失败，则基金管理人必须履行以下法律义务：

（1）以其固有财产承担因募集行为而产生的债务和费用。

（2）在基金募集期限届满后30日内返还投资人已缴纳的款项，并加计银行同期存款利息。

(五) 证券承销

证券承销是指证券发行人与承销商（具有承销资格的证券公司）之间达成协议，由承销商代发行人销售证券的行为。

1. 证券承销形式

发行人向不特定对象发行的证券,法律、行政法规规定应当由证券公司承销的,发行人应当同证券公司签订承销协议。证券承销业务采取代销或者包销方式。在特殊情形下,证券承销可采用承销团承销形式。

(1) 证券代销

证券代销是指证券公司代发行人发售证券,在承销期结束时,将未售出的证券全部退还给发行人的承销方式。股票发行采用代销方式,代销期限届满,向投资者出售的股票数量未达到拟公开发行股票数量70%的,为发行失败。发行人应当按照发行价并加算银行同期存款利息全额返还给股票认购人。

(2) 证券包销

证券包销是指证券公司将发行人的证券按照协议全部购入或者在承销期结束时将售后剩余证券全部自行购入的承销方式。

(3) 承销团承销

承销团承销,是指由两个或两个以上的承销商组成承销团,代理发行人向投资者出售证券的承销方式。向不特定对象发行的证券票面总值超过人民币5 000万元的,应当由承销团承销。承销团应当由主承销和参与承销的证券公司组成。在以承销团形式发售证券时,主承销商承担发行中的全部责任,而分销商则仅对与主承销商之间的承销协议中约定的责任负责。

2. 承销禁止事项

(1) 期限禁止。证券的代销、包销期限最长不得超过90日。

(2) 预留或预购禁止。证券公司在代销、包销期内,对所代销、包销的证券应当保证先行出售给认购人;证券公司不得为本公司预留所代销的证券和预先购入并留存所包销的证券。

三、证券的交易

(一) 证券交易的一般规定

1. 对证券交易的一般要求

(1) 证券交易的范围。按照《证券法》的规定,证券交易当事人依法买卖的证券,必须是依法发行并交付的证券。所谓依法发行并交付,是指证券的发行是按照有关法律的规定进行的,符合法律规定的条件和程序,具有法律的依据,通过发行程序将证券销售给购买者。

（2）证券交易的形式。经依法核准的上市交易的股票、公司债券及其他证券，应当在上海或深圳证券交易所挂牌交易，并以现货进行交易。证券在证券交易所挂牌交易，应当采用公开的集中竞价交易方式。具体可以采用口头申报竞价、上报申报竞价、专柜书面竞价、电脑竞价等。证券交易集中竞价应当实行价格优先、时间优先的原则，即出价最低的卖方和出价最高的买方优先成交、最先出价者优先成交。证券交易当事人买卖的证券可以采用书面形式或国务院证券监督管理机构规定的其他形式。

2. 对证券业从业机构、人员的一般要求

（1）对证券业从业机构的要求。《证券法》规定，证券公司不得从事向客户融资或者融券的证券交易活动。融资融券交易，又称保证金交易或信用交易，是指投资者在买卖证券时只向证券商缴付一定数额的保证金或部分证券，其应支付价款或应支付证券不足部分，由证券商提供融资或融券来进行交易，其中融资买进证券为买空，融券卖出证券为卖空。

证券交易所、证券公司、证券登记结算机构还必须为客户所开立的账户保密。证券交易的收费必须合理，并按照国务院有关管理部门的统一规定公开收费项目、收费标准和收费方法。

（2）对证券业从业人员的要求。《证券法》规定：证券交易所、证券公司、证券登记结算机构、证券监督管理机构的工作人员和法律、行政法规禁止参与股票交易的其他人员，在任期或者法定限期内，不得直接或者以化名、借他人名义持有、买卖股票，也不得收受他人赠送的股票。任何人在成为上述所列人员时，其原有已持有的股票必须依法转让。

为股票发行出具审计报告、资产评估报告或者法律意见书等文件的专业机构和人员，在该股票承销期内和期满后6个月内，不得买卖该种股票。

为上市公司出具审计报告、资产评估报告或者法律意见书等文件的专业机构和人员，自接受上市公司委托之日起至上述文件公开后5日内，不得买卖该种股票。

3. 对股东的一般要求

股东在证券交易活动中必须遵守"持股报告制度"，即持有一个股份有限公司已发行的股份5%的股东，应当在其持股数额达到该比例之日起3日内向该公司报告，公司必须在接到报告之日起3日内向国务院证券监督管理机构报告；属于上市公司的，应当同时向证券交易所报告。该股东将其持有的该公司股票在买入后6个月内卖出，或者在卖出后6个月内又买入，由此所获得的收益归公司所有，公司董事会应当收回该股东所得的收益。公司董事会不按照上述规定执行的,其他股东有权要求董事会执行;致使公司遭受损害的,负有责任的董事依法承担连带赔偿责任。《公司法》规定,公司的发起人持有的本公司股票,自公司成立之日起1年内不得转让;公司董事、监事、经理在任职期间内不得转让等。

【例8-2】王某担任甲上市公司董事期间,知晓甲公司即将被乙公司收购,于2017年10月6日将自己所持的甲公司60万股以每股6元卖出,获利360万元。请问王某行为是否合法?

解析:

王某的行为不合法。《公司法》规定,公司的董事、监事、经理在任职期间不得转让该公司股票。

(二)股票、公司债券上市交易

1. 股票上市交易条件

我国《证券法》规定,"国家鼓励符合产业政策并符合上市条件的公司股票上市交易"。股份有限公司申请其股票上市必须符合下列条件:

(1)股票经国务院证券监督管理机构核准已公开发行;

(2)公司股本总额不少于人民币3 000万元;

(3)公开发行的股份达到公司股份总数的25%以上;公司股本总额超过人民币4亿元的,公开发行股份的比例为10%以上;

(4)公司最近3年内无重大违法行为,财务会计报告无虚假记载。

2. 股票上市的程序

股票上市的一般程序是:

(1)确定证券公司为上市推荐人,签订上市推荐协议书;

(2)向国务院证券监督管理机构提交上市申请书;

(3)获得国务院证券监督管理机构核准后,向证券交易所提交上市申请书;

(4)证券交易所应当在接到上述文件起6个月内安排上市。

股票发行人向国务院证券监督管理机构提交股票上市交易申请时,还应当提交下列文件:

- 上市报告书
- 申请上市的股东大会决议
- 公司章程
- 公司营业执照

- 经法定验证机构验证的公司最近 3 年的或者自成立以来的财务会计报告
- 法律意见书和证券公司的推荐书
- 最近一次招股说明书
- 证券交易所上市规则规定的其他文件

3. 股票的暂停上市交易或终止上市交易

上市公司有下列情形之一的，由证券交易所决定暂停其股票上市交易：
- 公司股本总额、股权分布等发生变化不再具备上市条件；
- 公司不按照规定公开其财务状况，或者对财务会计报告作虚假记载，可能误导投资者；
- 公司有重大违法行为；
- 公司最近三年连续亏损；
- 证券交易所上市规则规定的其他情形。

上市公司有下列情形之一的，由证券交易所决定终止其股票上市交易：
- 公司股本总额、股权分布等发生变化不再具备上市条件，在证券交易所规定的期限内仍不能达到上市条件；
- 公司不按照规定公开其财务状况，或者对财务会计报告作虚假记载，且拒绝纠正；
- 公司最近三年连续亏损，在其后一个年度内未能恢复盈利；
- 公司解散或者被宣告破产；
- 证券交易所上市规则规定的其他情形。

4. 公司债券的上市

公司申请其发行的公司债券上市交易，必须报国务院证券监督管理机构核准。国务院证券监督管理机构也可授权证券交易所依照法定条件和法定程序核准公司债券上市。申请公司债券上市交易的公司必须符合下列条件：

（1）公司债券的期限为 1 年以上；

（2）公司债券实际发行额不少于人民币 5 000 万元；

（3）公司申请其债券上市时仍符合法定的公司债券发行条件。

公司向国务院证券监督管理机构提出公司债券上市交易申请时应当提交下列文件：
- 上市报告书
- 申请公司债券上市的董事长决议
- 公司章程

- 公司营业执照
- 公司债券募集办法
- 公司债券的实际发行数额
- 证券交易所上市规则规定的其他文件

申请可转换为股票的公司债券上市交易,还应当报送保荐人出具的上市保荐书

5. 公司债券的暂停上市交易或终止上市交易

公司有下列情形之一的,由国务院证券监督管理机构决定暂停其公司债券上市交易:

(1) 公司有重大违法行为;
(2) 公司情况发生重大变化不符合公司债券上市条件;
(3) 公司债券所募资金不按照审批机关批准的用途使用;
(4) 未按照公司债券募集办法履行义务;
(5) 公司最近两年连续亏损。

公司债券上市交易的终止情形与暂停情形基本一样,只是程度和要求上有差别,其中有暂停情形第 (1) 项、第 (4) 项所列形式之一,经查实后果严重的,终止其上市交易;有暂停情形第 (2) 项、第 (3) 项、第 (5) 项所列情形之一,在限期内未能消除的,终止其债券上市交易。公司解散、依法被责令关闭或者被宣告破产的,由证券交易所终止其公司债券上市。

四、证券机构

证券机构主要有证券交易所、证券公司、证券交易服务机构、证券监督管理机构和证券协会等,它们共同构成了我国完整的证券系统。下面主要就证券交易所、证券公司、证券交易服务机构作简单的介绍。

(一) 证券交易所

证券交易所是证券交易活动的中心,是提供证券集中竞价交易场所的且不以营利为目的的法人。证券交易所的设立、解散权属于国务院。我国目前只有上海证券交易所、深圳证券交易所两家。这两家证券交易所实行统一的组织形式和统一的交易规则,实行规范的运作和有效的自律性管理。

1. 证券交易所的组织机构及从业人员

(1) 大会会员,是证券交易所的最高权力机构,依法决定交易所的重大

事项，会员是会员大会的当然成员。

（2）理事会，是证券交易所的决策机构，也是会员大会的执行机构，对会员大会负责。理事长是证券交易所的法定代表人，其职务行为的法律后果由证券交易所承担。

（3）总经理，证券交易所设总经理一人，由国务院证券监督管理机构任免，并根据国务院证券监督管理机构授权，负责证券交易所的日常工作。

2. 进行证券交易的规定

（1）对券商资格的规定。根据《证券法》规定，进入证券交易所参与集中竞价的，必须是具有证券交易所会员资格的证券公司。脱离证券业自律性组织的"个体"券商不能进入证券交易所开展业务。

（2）对竞价的具体规定。投资者应当在证券公司开立证券交易账户，即股东账户和现金账户，以书面、电话以及其他方式，委托为其开户的证券公司代其买卖证券。投资者通过其开户的证券公司买卖证券的，按照《证券法》规定，应当采用市价委托或者限价委托；实践中，上海证券交易所和深圳证券交易所都采用限价委托。

（3）证券交易所的责任。证券交易所在证券交易活动中的责任是为组织公平的竞价交易提供保障，及时公布证券交易行情，按交易日制作证券市场行情表，予以公布。同时，按照法律、行政法规的规定，办理股票、公司债券的暂停上市的事务。证券交易所有责任对在交易所进行的证券活动实施监控，并按照国务院证券监督管理机构的要求，对异常的交易情况提出报告。同时，对上市公司披露的信息进行监督，督促上市公司依法及时、准确地披露信息。

(二) 证券公司

1. 证券公司的设立

证券公司是指依照《公司法》的规定和经国务院证券监督管理机构审查批准设立的从事证券经营业务的有限责任公司或者股份有限公司。国家对证券公司实行分类管理，分为综合类证券公司和经纪类证券公司，并由国务院证券监督管理机构按照其分类颁发业务许可证。设立证券公司必须符合法律规定的条件。

2. 证券公司的从业规定

综合类证券公司可以经营下列业务：

(1) 证券经纪业务，即代理投资者买卖证券的活动。

(2) 证券自营业务，即证券买卖业务，证券公司以自己的名义和用自己的资金买卖证券以达到获利的目的。

(3) 证券承销业务，指在证券发行过程中，证券公司接受发行人的委托，代理发行人发行证券的活动。

(4) 经国务院证券监督管理机构核定的其他证券业务。

经纪类证券公司只允许专门从事证券经纪业务，只能代理投资者买卖证券，不得开展其他证券业务，其业务收入是按规定的比例收取佣金。

证券公司从业的具体规定如下：

(1) 证券公司是独立的法人，依法享有自主经营的权利，其合法经营不受干涉，其财产所有权和独立经营权受法律保护，任何部门、组织和个人不得干涉证券公司的合法经营活动。

(2) 综合类证券公司必须将其经纪业务和自营业务分开办理，业务人员、财务账户均应分开，不得混合操作。客户的交易结算资金必须全额存入指定的商业银行，单独立户管理。严禁挪用客户交易结算资金。

(3) 证券公司办理经纪类业务，必须为客户分别开立证券和资金账户，并对客户交付的证券和资金按账户分账管理，如实进行交易记录，不得作虚假记载。

(4) 证券公司接受委托卖出证券必须是客户证券账户上实有的证券，不得为客户融资交易。不得以任何方式对客户证券买卖的受益或者赔偿证券买卖的损失做出承诺。

(5) 证券公司及其从业人员不得未经过其依法设立的营业场所私下接受客户委托买卖证券。证券公司的从业人员在证券交易活动中，按其所属的证券公司的指令或者利用职务违反交易原则的，由所属的证券公司承担全部责任。

(三) 证券交易服务机构

1. 证券交易服务机构的概念

证券交易服务机构是指专门从事证券投资咨询业务、证券资信评级业务、证券发行与交易业务的机构。这些机构为发行人发行证券和投资者投资证券提供必要的资信服务，这些机构主要是指投资咨询机构和资信评估机构。

2. 对证券交易服务机构从业人员的规定

专业的证券投资咨询机构、资信评估机构的从业人员，必须具备证券专业知识和从事证券业务2年以上的经验,并且必须取得证券咨询从业资格,且不得从事法律规定的禁止行为。

另外,会计师事务所、审计师事务所和律师事务所的从事证券业务的人员,其从业资格还必须符合相关法律、法规的规定。

【思考题】

1. 我国在改革开放中逐步形成了什么样的金融体系?
2. 支付结算遵循的原则有哪些?
3. 股票上市的条件有哪些?
4. A面粉厂财务部8月15日开出两张票据:一张为面额10 000元的支票,用于向甲宾馆支付会议费;另一张为面额200 000元的银行承兑支票,到期日为9月5日,用于向乙公司支付材料费,该汇票已经银行承兑。

8月20日,甲宾馆向银行提示付款。银行发现该支票为空头支票,遂予以退票,并对A面粉厂处以1 000元罚款。甲宾馆要求A面粉厂除支付其10 000元会议费外,还另需支付其2 000元赔偿金。

9月5日,乙公司向银行提示付款时,得知A面粉厂的账户余额不足200 000元。

要求:根据金融法律制度的有关规定,回答下列问题:

(1) 银行对A面粉厂签发空头支票处以1 000元的罚款是否合法?说明理由。

(2) 宾馆能否以A面粉厂签发空头支票为由要求其支付2 000元赔偿金?说明理由。

(3) 银行能否以A面粉厂账户余额不足200 000元为由,拒绝向乙付款?说明理由。

第九章 税　　法

【教学目的与要求】

通过本章的学习，要求学生了解税收以及增值税、消费税、营业税、企业所得税的概念和特征；熟悉增值税、消费税、营业税和企业所得税的纳税人、征收范围、税率、计税依据的法律规定；掌握增值税、消费税、营业税和企业所得税应纳税额的计算方法。

第一节　税法的概述

一、税收的概念和分类

（一）税收的概念

税收是指以国家为主体，为实现国家职能，凭借政治权力，按照法定标准，无偿取得财政收入的一种特定分配方式。它体现了国家与纳税人在征税、纳税的利益分配上的一种特定收入分配关系。它具有强制性、无偿性和固定性三个特征。

（二）税收的分类

我国对税种的分类，通常有以下几种主要分类方法：

1. 按课税对象不同划分

据此可将全部税种划分为流转税、所得税、财产税、资源税和行为税五种类型。

流转税包括增值税、消费税、营业税、关税等。

所得税包括企业所得税、外商投资企业和外国企业所得税、个人所得税。

财产税包括房产税、契税等。

资源税包括资源税、城镇土地使用税、土地增值税、耕地占用税等。

行为税包括车船使用税、车船使用牌照税、印花税、屠宰税、船舶吨税等。

2. 按税收的征收权限和收入支配权限不同划分

据此可以将全部税种分为中央税、地方税和中央地方共享税。

中央税，是指收入划归中央并由中央政府征收管理的税种，包括关税、海关代征的进口环节消费税和增值税、消费税等。

地方税，是指属于地方财政固定收入的税种，包括营业税、地方企业所得税、城镇土地使用税、城市维护建设税、房产税、车船使用税、车船使用牌照税、城市房地产税、印花税、屠宰税、耕地占用税、契税、土地增值税等。

中央地方共享税，是指税收收入支配由中央和地方按比例分享的税种，包括增值税、资源税、企业所得税等。

3. 按计税依据不同划分

据此可分为从价税和从量税。

从价税是指作为征税对象的商品、财产或所得是以价值量（或者价格）为计税依据，按一定比率计算征收的税种。

从量税是指以课税对象的数量、重量、体积等为计税依据来计算征税的税种。

4. 按税收与价格的关系划分

据此可以把税种划分为价内税和价外税。

价内税是把税额作为价格的组成部分包括在商品价格之内的税种。

价外税是指税收是附加在价格之外的税种。

5. 按税负能否转嫁划分

据此可分为直接税和间接税。

直接税是指由纳税人直接负担，不易转嫁的税种，如所得税类、财产税类等。

间接税是指纳税人能将税负转嫁给他人负担的税种，如增值税、消费税、营业税等。

二、税法的概念和构成要素

（一）税法的概念

税法是国家制定的用以调整国家与纳税人之间在征纳税方面的权利与义务

关系的法律规范的总称。它是国家法律的重要组成部分,是国家依法征税、纳税人依法纳税的行为准则。

(二) 税法的构成要素

税法的构成要素,是指税法应当具备的必要因素和内容。税法的构成要素主要包括下列内容:

1. 征税人

征税人是指代表国家行使税收征管职权的各级税务机关和其他征收机关。目前我国的税收征收机关有国家税务局、地方税务局和海关。

2. 纳税人

纳税人是指依法直接负有纳税义务的自然人、法人和其他组织。

3. 征税对象

征税对象即纳税客体,是指税收法律关系中征纳双方权利义务所指的对象。征税对象包括物或行为,它是区别不同税种的主要标志。不同的征税对象构成不同的税种。例如,企业所得税的征税对象就是应纳税所得额,增值税的征税对象是商品或部分劳务在生产和流通过程中的增值额。

4. 税目

税目是指各个税种所规定的征税对象的具体项目。它是征税的具体根据,是征税对象的具体化。例如,消费税规定了烟、酒、化妆品等11个税目,有的税目还进一步规定了若干子税目。营业税规定了交通运输业、建筑业、金融保险业、邮电通信业等9个税目。

5. 税率

税率是指应纳税额与征税对象的比例或征收额度,它是计算税额的尺度,也是衡量税负轻重与否的重要标志。我国现行税率主要有:

(1) 比例税率,是指对同一征税对象,不论其数额大小,均按同一个比例征收的税率。我国的增值税、营业税、企业所得税等采用的是比例税率。

(2) 定额税率,又称固定税率,是指对单位征税对象规定固定的税额。它适用于从量计征的税种。目前我国的资源税、城镇土地使用税、车船使用税等采用定额税率。

(3) 累进税率,是指按征税对象数额的大小规定不同等级的税率,课税对象数额越大,税率越高。累进税率可分为全额累进税率、超额累进税率和超率累进税率。全额累进税率,是按征税对象的全部金额的多少划分为若干等级并按其达到的等级的不同规定不同的税率,征税对象的金额达到哪一个等级,即全部按相应的税率征税。目前,我国的税收法律制度中已不采用这种税率。超额累进税率,是将征税对象的数额划分为若干个等级,按不同的等级规定不同的税率,对每个等级分别计算税额。目前我国的个人所得税采用这种税率。超率累进税率,是指以征税对象数额的相对率划分若干级距,分别规定相应的差别税率,相对率每超过一个级距的,对超过的部分按高一级的税率计算征税的税率。

6. 计税依据

计税依据是指计算应纳税额的依据或标准。计税依据与征税对象既有联系,又有区别。其联系是二者都反映着征税客体,其区别是二者解决的问题不同。征税对象解决的问题是对什么征税,计税依据解决的问题是在确定了征税对象之后,以什么为依据计算应纳税额的问题。如消费税的征税对象是税法列举的五个类别的消费品,而计税依据则是消费品的销售收入。计税依据有两种类型:一是从价计征应纳税额的计税依据,它以计税金额为计税依据,而计税金额是征税对象的数量乘以计税价格的数额;二是从量计征应纳税额的计税依据,它是以征税对象的重量、体积、数量等为计税依据。

7. 纳税环节

商品流转过程包括生产、进出口、批发、零售各个环节。纳税环节是指税法规定的商品从生产到消费的流转过程中缴纳税款的环节。例如,我国现行的消费税除金银首饰在零售环节征税以外,其他只在生产环节、加工环节和进口环节征税。而增值税从商品生产环节到商品零售环节,每一个环节都要就其增值额部分征税。

8. 纳税期限

纳税期限是指纳税人发生纳税义务后,应依法缴纳税款的期限。规定纳税期限是为了及时保证国家税收收入的入库。纳税人发生了纳税义务以后,必须在税法规定的纳税期限内缴纳税款。

9. 减免税

减免税是指国家对某些纳税人和征税对象给予鼓励和照顾的一种特殊规定。制定这种特殊规定的目的,一方面是为了鼓励和支持某些行业或项目的发展,另一方面是为了照顾某些纳税人的特殊困难。减免税主要包括三个方面的内容:

(1) 减税和免税。减税是指从应征税额中减征部分税款。免税是对按规定应征收的税款全部免除。减税和免税具体又分为两种情况,一种是税法直接规定的长期减免税项目,另一种是依法给予的一定期限内的减免税措施,期满之后仍按规定纳税。

（2）起征点。起征点是指对征税对象开始征税的界限。征税对象的数额没有达到规定起征点的不征税，达到或超过起征点的，就其全部数额征税。

（3）免征额。免征额是指对征税对象总额中免予征税的数额，即对纳税对象中的一部分给予减免，只就减除后的剩余部分计征税款。例如我国个人所得税中的工资、薪金所得，每月收入未超过免征额的部分免税，超过免征额的部分征税。

10. 法律责任

法律责任是指对违反国家税法规定的行为人采取的处罚措施。税法中的法律责任包括行政责任和刑事责任。纳税人和税务人员违反税法规定，都将依法承担法律责任。

第二节 增值税法

一、增值税的概念

增值税是对以销售货物或者提供加工、修理修配劳务以及进口货物的单位和个人取得的增值额为计税依据征收的一种流转税。增值额是指纳税人在其生产、经营或劳务服务活动中所创造的新增价值，即纳税人在一定时期内销售产品或提供劳务服务所取得的收入大于其购进商品或取得劳务服务时所支付金额的差额。

二、增值税的征收范围和纳税人

（一）增值税的征收范围

增值税的征收范围主要包括：

1. 在中华人民共和国境内销售货物、进口货物和提供加工、修理修配劳务

（1）销售货物。货物是指除土地、房屋和其他建筑物等不动产之外的有形动产，包括电力、热力、气体在内。单位和个人凡在中国境内销售货物，不论是从受让方取得货币，还是获得货物或其他经济利益，都应视为有偿转让货

物的销售行为,征收增值税。

(2) 提供加工、修理修配劳务。加工,是指受托加工货物,即由委托方提供原料及主要材料,受托方按照委托方的要求制造货物并收取加工费的业务,经加工形成的货物,其所有权仍归委托方。修理修配,是指受托对损伤和丧失功能的货物进行修复,使其恢复原状和功能的业务。

单位和个人凡在境内提供加工、修理修配劳务,不论受托方从委托方取得的加工费是以货币形式,还是以货物或其他经济利益形式,都应视作有偿销售行为,征收增值税。

(3) 进口货物。凡进入中国关境的货物,在报关进口环节,除了依法缴纳关税之外,还必须缴纳增值税。

2. 视同销售货物行为

下列行为视同销售应税货物,征收增值税:

(1) 将货物交付他人代销;

(2) 销售代销货物;

(3) 设有两个以上机构并实行统一核算的纳税人,将货物从一个机构移送其他机构用于销售,但相关机构在同一县(市)的除外;

(4) 将自产或委托加工的货物用于非应税项目;

(5) 将自产、委托加工或购买的货物作为投资提供给其他单位或个体经营者;

(6) 将自产、委托加工或购买的货物分配给股东或投资者;

(7) 将自产、委托加工的货物用于集体福利或个人消费;

(8) 将自产、委托加工或购买的货物无偿赠送他人。

3. 混合销售行为

从事货物生产、批发或零售的企业、企业性单位及个体经营者的混合销售行为,视同销售货物,征收增值税。

混合销售行为是指一项销售行为既涉及货物,又涉及非应税劳务的行为。非应税劳务是指属于应缴营业税的交通运输业、建筑业、金融保险业、邮电通信业、文化体育业、娱乐业以及服务业等。对于混合销售行为,《税法》规定:从事货物的生产、批发或零售的企业、企业性单位及个体经营者的混合销售行为,视同销售货物,征收增值税;其他单位和个人的混合销售行为,视同销售非应税劳务,不征收增值税,而征收营业税。

4. 兼营非应税劳务的行为

兼营非应税劳务的行为,是指增值税纳税人在从事货物销售和提供加工、修理修配劳务的同时，还从事非应税劳务，且从事的非应税劳务与某一项销售货物或提供的应税劳务无直接联系或从属关系的行为。纳税人兼营非应税劳务的，应分别核算货物或应税劳务和非应税劳务的销售额。如果不分别核算或者不能准确核算的，其非应税劳务应与货物或应税劳务一并征收增值税。这里的应税劳务是指应纳增值税的劳务，即加工、修理修配劳务。

5. 增值税的免税项目

根据 2017 年 11 月最新修订的《增值税暂行条例》的规定，下列项目免征增值税：

（1）农业生产者销售的自产农业产品；

（2）避孕药品和用具；

（3）古旧图书；

（4）直接用于科学研究、科学试验和教学的进口仪器、设备；

（5）外国政府、国际组织无偿援助的进口物资和设备；

（6）由残疾人的组织直接进口供残疾人专用的物品；

（7）销售的自己使用过的物品。

除前款规定外，增值税的免税、减税项目由国务院规定。任何地区、部门均不得规定免税、减税项目。

（二）增值税纳税人

1. 增值税纳税人的基本规定

根据《增值税暂行条例》的规定，凡在中华人民共和国境内销售货物或者提供加工、修理修配劳务以及进口货物的单位和个人，为增值税的纳税人。单位包括国有企业、集体企业、私有企业、股份制企业、其他企业和行政单位、事业单位、军事单位、社会团体及其他单位。个人包括个体经营者及其他个人。

2. 增值税小规模纳税人

增值税小规模纳税人，是指年销售额在规定标准以下，并且会计核算不健全的纳税人。会计核算不健全，是指不能正确核算增值税的销项税额、进项税额和应纳税额。

根据经营规模，小规模纳税人的认定标准为：

（1）从事货物生产或提供应税劳务的纳税人，以及以从事货物生产或提供应税劳务为主，并兼营货物批发或零售的纳税人，年应征增值税销售额（以下简称应税销售额）在 100 万元以下的，为小规模纳税人。

（2）从事货物批发或零售的纳税人，年应税销售额在 180 万元以下的，为小规模纳税人。年应税销售额超过小规模纳税人标准的个人、非企业性单位、不经常发生应税行为的企业，视同小规模纳税人。

另外，根据会计核算是否健全划分，年应税销售额未超过小规模纳税人标准的企业，如果会计核算健全，能够核算销项税额、进项税额和应纳税额，而且年应税销售额不低于 30 万元的，经企业申请，主管税务机关批准，按增值税一般纳税人对待。但年应税销售额在 180 万元以下的小规模商业企业、企业性单位，以及以从事货物批发或零售为主，并兼营货物生产或提供应税劳务的企业、企业性单位，无论会计核算是否健全，均不得认定为增值税一般纳税人。

3. 增值税一般纳税人

增值税一般纳税人，是指年应征税销售额超过税法规定的小规模纳税人标准的企业和单位。

下列纳税人不属于一般纳税人：

（1）年应纳税销售额未超过小规模纳税人标准的企业。

（2）个人。

（3）非企业性单位。

（4）不经常发生增值税应税行为的企业。

三、增值税税率

我国现行增值税税率基本上是按照国际通行做法，遵循中性和简便原则，结合本国实际加以设计的，其主要内容包括：

（一）增值税基本税率

根据《增值税暂行条例》的规定，增值税的基本税率为 17%，适用于除实行低税率和零税率以外的所有销售或进口货物以及提供加工、修理修配劳务。

（二）增值税低税率

纳税人销售或进口下列货物，适用 11% 的低税率：

（1）粮食等农产品、食用植物油、食用盐；

（2）自来水、暖气、冷气、热水、煤气、石油液化气、天然气、二甲醚、沼气、居民用煤炭制品；

（3）图书、报纸、杂志、音像制品、电子出版物；

（4）饲料、化肥、农药、农机、农膜；

（5）国务院规定的其他货物。

（三）增值税零税率

根据《增值税暂行条例》的规定：纳税人出口货物，税率为零，但是国务院另有规定的除外；境内单位和个人跨境销售国务院规定范围内的服务、无形资产，税率为零。

（四）小规模纳税人增值税征收率

由于小规模纳税人经营规模小，且会计核算不健全，因此实行按销售额与征收率计算应纳税额的简易办法。

根据《增值税暂行条例》的规定，纳税人销售服务、无形资产，除本条第一项、第二项、第五项另有规定外，税率为6%。

《增值税暂行条例》规定，纳税人兼营不同税率的项目，应当分别核算不同税率项目的销售额；未分别核算销售额的，从高适用税率。

四、增值税应纳税额的计算

（一）增值税计税依据

1. 增值税销售额

增值税的计税依据是纳税人的销售额。销售额为纳税人销售货物或者提供应税劳务向购买方或承受应税劳务方收取的全部价款和价外费用，但是不包括收取的销项税额。

价外费用是指价外向购买方收取的手续费、补贴、基金、集资费、返还利润、奖励费、违约金（延期付款利息）、包装费、包装物租金、储备费、优质费、运输装卸费、代收款项、代垫款项及其他各种性质的价外费用。

但价外费用不包括下列项目：

（1）向购买方收取的销项税额。

（2）受托加工应征消费税的消费品所代收代缴的消费税。

（3）同时符合下列条件的代垫运费：①承运部门的运费发票开具给购货

方的；②纳税人将该项发票转交给购货方的。

凡价外费用，无论其会计制度如何核算，均应并入销售额计算应纳税额。

2. 增值税销售额计算方法

对于增值税销售额的计算，《增值税暂行条例及实施细则》作了以下规定：

（1）增值税销售额换算为不含增值税销售额。纳税人销售货物或者提供应税劳务采用销售额和销项税额合并定价方法的，按下列公式计算销售额：

一般纳税人不含税销售额＝含税销售额／（1+税率）

小规模纳税人不含税销售额＝含税销售额／（1+征收率）

（2）销售额以人民币计算。纳税人按外汇结算销售额的，其销售额的人民币折合率可以选择销售额发生的当天或当月1日的国家外汇牌价（原则上为中间价）。纳税人应事先确定采用何种折合率，确定后一年内不得变更。

（3）包装物押金是否计入销售额。对纳税人为销售货物而出租出借包装物收取的押金，单独记账核算的，不并入销售额（税法另有规定的除外），但对逾期未收回包装物而不再退还的押金，应并入销售额，按所包装货物的适用税率计算销项税额。

（4）采取折扣方式销售货物或应税劳务销售额的确定。对纳税人采取折扣方式销售货物，即销货方在销售货物或应税劳务时，给予购货方价格上优惠的，按以下情况处理：

①销售额和折扣额在同一张发票上分别注明的，可按冲减折扣额后的销售额征收增值税；

②将折扣额另开发票的，不论在财务上如何处理，在征收增值税时，折扣额不得冲减销售额。

（5）采取以旧换新方式销售货物销售额的确定。纳税人采取以旧换新方式销售货物，应按新货物的同期销售价格确定销售额。以旧换新销售，是指纳税人在销售过程中，折价收回同类旧货物，并以折价款部分冲减货物价款的一种销售方式。但《增值税法》规定，对金银首饰以旧换新业务，可以按销售方实际收取的不含增值税的全部价款征收增值税。

（6）采取还本销售方式销售货物销售额的确定。还本销售是指纳税人在将货物销售出去之后，按约定的时间一次或分次将购货款部分或全部退还给购货方，退还的货款即为还本支出。《增值税法》规定，采取还本销售方式销售货物的，不得从销售额中减除还本支出。

（7）纳税人销售货物或者提供应税劳务，价格明显偏低且无正当理由销售额的确定。纳税人销售货物或者提供应税劳务价格明显偏低并无正当理由的，或者视同销售货物行为而无销售额的，由主管税务机关按下列顺序确定销售额：

第一，按纳税人当月同类货物的平均销售价格确定；

第二，按纳税人最近时期同类货物的平均销售价格确定；

第三，按组成计税价格确定。组成计税价格的公式为：

$$组成计税价格 = 成本 \times (1+成本利润率)$$

属于应征收消费税的货物，其组成计税价格中应加计消费税税额。

（8）进口货物计税依据的确定。纳税人进口货物，以组成计税价格为计算其增值税的计税依据。其计算公式如下：

$$组成计税价格 = 关税完税价格 + 关税 + 消费税$$

（二）增值税销项税额的计算

销项税额是纳税人销售货物或者应税劳务，按照销售额和规定的税率计算并向购买方收取的增值税额。销项税额的计算公式为：

$$销项税额 = 销售额 \times 税率$$

或：
$$销项税额 = 组成计税价格 \times 税率$$

（三）增值税进项税额的计算

进项税额，是指纳税人购进货物或接受应税劳务所支付或负担的增值税税额。它与销项税额相对应，销售方收取的销项税额就是购买方支付的进项税额。

1. 准予从销项税额中抵扣的进项税额

根据《增值税暂行条例》及其实施细则的规定，准予从销项税额中抵扣的进项税额，限于下列在增值税扣税凭证上注明的增值税额：

（1）纳税人购进货物或者接受应税劳务，从销售方取得的增值税专用发票上注明的增值税额。

（2）纳税人进口货物，从海关取得的完税凭证上注明的增值税额。

（3）一般纳税人向农业生产者购进免税农业产品，或者向小规模纳税人购买农业产品，准予按买价 11% 的扣除率计算进项税额，从当期销项税额中扣除。计算公式为：

$$进项税额 = 买价 \times 扣除率$$

（4）一般纳税人外购货物（固定资产除外）所支付的运输费用，以及一般纳税人销售货物而支付的运输费用,除按规定不并入销售额的代垫运费外,根据运费结算单据(普通发票)所列运费金额,包括交通建设基金7%的扣除率计算进项税额准予扣除,但随同运费支付的装卸费、保险费等其他杂费不得计算扣除进项税额。纳税人购买或者销售免税货物所发生的运输费用,不得计算进项税额抵扣。

(5)对增值税一般纳税人购入废旧物资不能取得增值税专用发票的,按10%的扣除率计算进项税额予以抵扣。

(6)一般纳税人取得由税务机关为小规模纳税人代开的专用发票,可以专用发票上填写的税额为进项税额计算抵扣。

2. 不得从销项税额中抵扣的进项税额

根据《增值税暂行条例》第十条规定,下列项目的进项税额不得从销项税额中抵扣:

(1)购进固定资产的进项税额。固定资产是指使用期限超过一年的机器、机械、运输工具,以及其他与生产经营有关的设备、工具、器具;单位价值在2 000元以上,并且使用年限超过两年的不属于生产经营主要设备的物品。

(2)用于非应税项目的购进货物或者应税劳务的进项税额。非应税项目是指提供非应税劳务、转让无形资产、销售不动产和固定资产在建工程等。纳税人新建、改建、扩建、修缮、装饰建筑物,无论会计制度规定如何核算,均属于固定资产在建工程。

(3)用于免税项目的购进货物或者应税劳务的进项税额。

(4)用于集体福利或个人消费的购进货物或者应税劳务的进项税额。

(5)非正常损失购进货物的进项税额。非正常损失是指生产经营过程中正常损耗以外的损失,包括自然灾害损失,因管理不善造成货物被盗窃、发生霉烂变质等损失,其他非正常损失。

(6)非正常损失的在产品、产成品所耗用的购进货物或者应税劳务的进项税额。

(7)对于纳税人购进货物或应税劳务,未按照规定取得并保存增值税扣税凭证,或者增值税扣税凭证上未按照规定注明增值税额及其他有关事项的,其进项税额不得从销项税额中抵扣。

另外,小规模纳税人不得抵扣进项税额;纳税人进口货物时,也不得抵扣任何进项税额。

纳税人因进货退出或折让而收回的增值税税额,应从发生进货退出或折让当期的进项税额中扣减。

纳税人发生了《增值税条例》规定不允许抵扣而已经抵扣进项税额情况的，应将该项购进货物或应税劳务的进项税额从当期发生的进项税额中扣减。无法准确确定该项进项税额的，按当期实际成本计算应扣减的进项税额。

$$实际成本=进价+运费+保险费+其他有关费用$$

$$应扣减的进项税额=实际成本×征税时该货物或应税劳务适用的税率$$

纳税人兼营免税项目或非应税项目（不包括固定资产在建工程）而无法准确划分不得抵扣的进项税额的，按下列公式计算不得抵扣的进项税额：

$$不得抵扣的进项税额=当月全部的进项税额×（当月免税项目销售额、非应税项目营业额合计）/当月全部销售额与营业额合计$$

（四）增值税应纳税额的计算

1. 一般纳税人应纳税额的计算

一般纳税人销售货物或者提供应税劳务，应纳税额为当期销项税额抵扣当期进项税额后的余额。应纳税额计算公式为：

$$应纳税额=当期销项税额-当期进项税额$$

如果当期销项税额小于当期进项税额不足抵扣时，其不足抵扣部分可以结转到下期继续抵扣。

2. 进口货物应纳税额的计算

纳税人进口货物，按照组成计税价格和规定的增值税税率计算应纳税额，不得抵扣任何进项税额。

应纳税额计算公式为：

$$应纳税额=组成计税价格×税率$$

$$组成计税价格=关税完税价格+关税+消费税$$

3. 小规模纳税人应纳税额的计算

小规模纳税人销售货物或者提供应税劳务，按照销售额和规定的征收率，实行简易办法计算应纳税额，不得抵扣进项税额。其计算公式为：

$$应纳税额=销售额×征收率$$

五、增值税专用发票的开具范围

一般纳税人销售货物（包括视同销售货物在内）、提供应税劳务以及应当征收增值税的非应税劳务，必须向购买方开具专用发票。但下列情形不得开具增值税专用发票：

(1) 向消费者销售应税项目。
(2) 销售免税项目。
(3) 销售报关出口的货物、在境外销售应税劳务。
(4) 将货物用于非应税项目。
(5) 将货物用于集体福利或个人消费。
(6) 将货物无偿赠送他人（如果受赠人为一般纳税人，可根据受赠者要求开具专用发票）。
(7) 提供非应税劳务（应当征收增值税的除外）、转让无形资产或销售不动产。

向小规模纳税人销售应税项目，也不开增值税专用发票。

第三节 消费税法

一、消费税的概念及立法情况

消费税是对在我国境内从事生产、委托加工及进口应税消费品的单位和个人，就其消费品的销售额或销售数量征收的一种税。1993年12月13日国务院颁布了《中华人民共和国消费税暂行条例》（以下简称《消费税暂行条例》），1993年12月25日财政部发布了《中华人民共和国消费税暂行条例实施细则》，2006年3月20日财政部、国家税务总局发布了《关于调整和完善消费税政策的通知》。这些法规、规章构成了我国消费税基本法律制度。

二、消费税纳税人和征收范围

（一）消费税纳税人

消费税纳税人，是指在中华人民共和国境内生产、委托加工和进口应税消费品的单位和个人。单位是指国有企业、集体企业、私营企业、股份制企业、其他企业和行政单位、事业单位、军事单位、社会团体及其他单位。个人是指个体经营者及其他个人。在我国境内是指生产、委托加工和进口属于应当征收消费税的消费品（以下简称应税消费品）的起运地或所在地在境内。

(二) 消费税征收范围

现行消费税的征收范围主要包括烟、酒及酒精、鞭炮和焰火、化妆品、成品油、贵重首饰及珠宝玉石、高尔夫球及球具、高档手表、游艇、木制一次性筷子、实木地板、汽车轮胎、摩托车、小汽车等税目。

列入消费税征税范围的消费品可以分为以下几类：

（1）过度消费会对人的身体健康、社会秩序、生态环境等方面造成危害的特殊消费品，如烟、酒、鞭炮、焰火等。

（2）奢侈品和非生活必需品，如化妆品、贵重首饰、珠宝玉石等。

（3）高能耗及高档消费品，如游艇、小汽车等。

（4）不可再生和替代的稀缺资源的消费品，如成品油、实木地板等。

（5）具有一定财政意义的消费品，如摩托车、汽车轮胎等。

三、消费税税目、税率

消费税共有 11 个税目。消费税税率有比例税率和定额税率两种（见表 9-1）。

表 9-1　　　　　　　　　消费税税目税率（税额）表

税目	征收范围	计税单位	税率(税额)
一、烟	包括各种进口卷烟		
1. 卷烟			
定额税率		每标准箱(50 000 支)	150 元
比例税率		每标准条（200 支）对外调拨价格在 50 元(含 50 元,不含增值税)以上的	45%
		每标准条对外调拨价格在 50 元以下的	30%
2. 雪茄烟			25%
3. 烟丝			30%
二、酒及酒精			

续表

税目	征收范围	计税单位	税率(税额)
1. 粮食白酒			
定额税率		每斤(500克)	0.5元
比例税率			20%
2. 薯类白酒			
定额税率		每斤(500克)	0.5元
比例税率			20%
3. 黄酒		吨	240元
4. 啤酒		每吨出厂价格(含包装物及包装物押金)在3 000元(含3 000元,不含增值税)以上的	250元
		每吨在3 000元以下的	220元
		娱乐业和饮食业自制的每吨	250元
5. 其他酒			10%
6. 酒精			5%
三、化妆品	含成套化妆品		30%
四、贵重首饰及珠宝玉石	包括各种金、银、珠宝首饰及珠宝玉石		5%或10%
五、鞭炮、焰火			15%
六、高尔夫球及球具			10%
七、高档手表			20%
八、游艇			10%
九、木制一次性筷子			5%
十、实木地板			5%
十一、成品油			
1. 汽油(无铅)		升	0.2元

续表

税目	征收范围	计税单位	税率(税额)
2. 汽油(含铅)		升	0.28 元
3. 柴油		升	0.1 元
4. 石脑油		升	0.2 元
5. 溶剂油		升	0.2 元
6. 润滑油		升	0.2 元
7. 燃料油		升	0.1 元
8. 航空煤油		升	0.1 元
十二、汽车轮胎			3%
十三、摩托车			
1. 气缸容量在 250 毫升(含)以下的			3%
2. 气缸容量在 250 毫升(含)以上的			10%
十四、小汽车			
1. 乘用车			
(1)气缸容量(排气量,下同)在 1.5 升(含)以下的			3%
(2)气缸容量在 1.5 升至 2.0 升(含)的			5%
(3)气缸容量在 2.0 升以上至 2.5 升(含)的			9%
(4)气缸容量在 2.5 升以上至 3.0 升(含)的			12%
(5)气缸容量在 3.0 升以上至 4.0 升(含)的			15%
(6)气缸容量在 4.0 升以上的			20%
2. 中轻型商用客车			5%

四、消费税应纳税额的计算

(一) 消费税销售额和销售量的确定

1. 销售额的确定

实行从价定率征税的应税消费品,其计税依据是含消费税而不含增值税的销售额。应纳税额计算公式为:

$$应纳税额 = 销售额 \times 税率$$

消费税的应税销售额,是指纳税人销售应税消费品向购买方收取的全部价款和价外费用。价外费用是指价外收取的基金、集资费、返还利润、补贴、违约金(延期付款利息)、手续费、包装费、储备费、优质费、运输装卸费、代收款项、代垫款项以及其他各种性质的价外收费,无论其是否属于纳税人的收入,均应并入销售额计算征税。但价外费用不包括下列项目:

(1) 向购买方收取的增值税款。

(2) 同时符合下列条件的代垫运费:①承运部门的运费发票开具给购货方;②纳税人将该项发票转交给购货方。

对于消费税的销售额,《消费税暂行条例》及实施细则作了以下具体规定:

(1) 含增值税的销售额应换算为不含增值税的销售额。应税消费品的销售额中未扣除增值税税款或由于不得开具增值税专用发票,发生价款和增值税款合并收取的,在计算消费税时,应当换算为不含增值税税款的销售额。其换算公式为:

$$应税消费品的销售额 = 含增值税的销售额 / (1+增值税税率或征收率)$$

(2) 对于包装物的押金是否作为销售额,税法作了以下规定:应税消费品连同包装物销售的,无论包装物是否单独计价,也不论在会计上如何核算,均应并入应税消费品的销售额中征收消费税。如果包装物不作价随同产品销售,而是收取押金的,此项押金则不应并入应税消费品的销售额中征税。但对因逾期未收回的包装物不再退还的和已收取的一年以上的押金,应并入应税消费品的销售额,按照应税消费品的适用税率征收消费税。对酒类产品,生产企业销售酒类产品而收取的包装物押金,无论押金是否返还,会计上如何核算,均需并入酒类产品销售额中,依酒类产品的适用税率征收消费税。对既作价随同应税消费品销售,又另外收取押金并在规定的期限内未予退还的包装物押金，均应并入应税消费品的销售额，按照应税消费品的适用税率征收消费税。

（3）自产自用应税消费品销售额的确定。纳税人自产自用的应税消费品，用于连续生产应税消费品的，不纳消费税；用于其他方面的，于移送使用时纳税，其计税依据为纳税人生产的同类消费品的销售价格；没有同类消费品销售价格的，以组成计税价格为计税依据。计算公式为：

$$组成计税价格=成本+利润/（1-消费税税率）$$

$$或组成计税价格=成本×（1+成本利润率）/（1-消费税税率）$$

（4）委托加工应税消费品销售额的确定。委托加工应税消费品，按照受托方的同类消费品的销售价格计算纳税；没有同类消费品销售价格的，按照组成计税价格计算纳税。组成计税价格计算公式为：

$$组成计税价格=材料成本+加工费/（1-消费税税率）$$

（5）进口应税消费品组成计税价格的确定。进口应税消费品实行从价定率办法计算应纳税额的，按照组成计税价格计算纳税。组成计税价格计算公式为：

$$组成计税价格=关税完税价格+关税/（1-消费税税率）$$

公式中的"关税完税价格"，是指海关核定的关税计税价格。

（6）纳税人销售的应税消费品，以外汇结算销售额的，其销售额的人民币折合率可以选择结算的当天或者当月1日的国家外汇牌价（原则上为中间价）。纳税人应在事先决定采取何种折合率，确定后一年内不得变更。

（7）纳税人应税消费品的计税价格明显降低又无正当理由的，由主管税务机关核定其计税价格。

2. 销售数量的确定

具体规定为：实行从量定额征税的应税消费品，其计税依据是销售应税消费品的实际销售数量。

（1）销售应税消费品的，为应税消费品的销售数量；

（2）自产自用应税消费品，为应税消费品的移送使用数量；

（3）委托加工应税消费品，为纳税人收回的应税消费品数量；

（4）进口的应税消费品，为海关核定的应税消费品进口征税数量。

实行从量定额办法计算应纳税额的应税消费品，计量单位的换算标准规定如下：

啤酒 1 吨 = 988 升

黄酒 1 吨 = 962 升

汽油 1 吨 = 1 388 升

柴油 1 吨 = 1 176 升

(二) 应纳税额的计算

1. 实行从价定率的征收方法

在从价定率的计算方法下，应纳税额的计算取决于应税消费品的销售额和适用税率两个因素。其计算公式为：

$$应纳税额 = 销售额（或组成计税价格）\times 税率$$

2. 实行从量定额征收的计算方法

在从量定额的计算方法下，应纳税额的计算取决于应税消费品的销售量和单位税额两个因素。计算公式为：

$$应纳税额 = 销售数量 \times 单位税额$$

(三) 应税消费品已纳税款的扣除

消费税法规定，纳税人外购和委托加工收回下列应税消费品，用于连续生产应税消费品的，已缴纳的消费税税款准予从应纳的消费税税额中抵扣：

(1) 外购或委托加工收回的已税烟丝为原料生产的卷烟；

(2) 外购已税汽车轮胎（内胎和外胎）生产的汽车；

(3) 外购或委托加工收回的已税化妆品为原料生产的化妆品；

(4) 外购或委托加工收回的已税护肤护发品为原料生产的护肤护发品；

(5) 外购或委托加工收回的已税珠宝玉石为原料生产的贵重首饰及珠宝玉石；

(6) 外购或委托加工收回的已税鞭炮、焰火为原料生产的鞭炮、焰火。

(7) 外购或委托加工收回的已税摩托车生产的摩托车，等等。

当期准予扣除的外购或委托加工收回的应税消费品的已纳消费税税款，应按当期生产领用数量计算。

第四节　企业所得税法

一、企业所得税的概念

企业所得税，是指对中国境内企业或者组织生产、经营所得和其他所得依法征收的一种税。它是国家参与企业利润分配的重要手段。

二、企业所得税的征收范围和纳税人

(一) 企业所得税的征收范围

企业所得税的征收范围是在我国境内设立的除外商投资企业和外国企业以外的所有企业或组织,因生产、经营所得和其他所得,依照规定缴纳企业所得税。也就是说,企业所得税的征收对象是企业和组织取得的生产经营所得和其他所得。生产经营所得,是指从事生产、交通运输、商品流通、劳务服务以及经国务院财政部门确认的其他营利活动取得的所得。其他所得是指股息、利息、租金、转让各类资产、特许权使用费以及营业外收益等所得。

《企业所得税法》还规定,企业的生产、经营所得和其他所得,包括来源于中国境内、境外的所得。

(二) 企业所得税纳税人

根据《企业所得税法》规定,下列在中国境内,实行独立经济核算的企业和组织,为企业所得税的纳税人:

(1) 国有企业;
(2) 集体企业;
(3) 私营企业(不包括个人独资企业和合伙企业);
(4) 外商投资企业和外国企业;
(5) 联营企业;
(6) 股份制企业;
(7) 有生产、经营所得和其他所得的其他组织。

《企业所得税法》规定,企业分为居民企业和非居民企业。居民企业是指依照中国法律、法规在中国境内成立,或者实际管理机构在中国境内的企业。非居民企业是指依照外国(地区)法律、法规成立且实际管理机构不在中国境内,但在中国境内设立机构、场所的,或者在中国境内未设立机构、场所,但有来源于中国境内所得的企业。

上述独立核算的企业和组织必须同时具备在银行开设结算账户,独立建账,独立编制财务会计报表,独立计算盈亏等条件。

三、企业所得税税率

企业所得税的税率是指企业应纳税额与应纳税所得额的比率。根据《企业所得税法》的规定，企业所得税实行 25% 的比例税率；非居民企业在中国境内未设立机构、场所的，或者虽设立机构、场所但取得的所得与其所设机构、场所没有实际联系的，应当就其来源于中国境内的所得缴纳企业所得税，适用税率为 20%；企业发生的公益性捐赠支出，在年度利润总额 12% 以内的部分，准予在计算应纳税所得额时扣除。

四、企业所得税应纳税所得额

企业所得税的计税依据是应纳税所得额。应纳税所得额是指纳税人每一纳税年度的收入总额，减去不征税收入、免税收入、各项扣除以及允许弥补的以前年度亏损后的余额。其计算公式为：

应纳税所得额＝收入总额－不征税收入－免税收入－
扣除额－允许弥补的以前年度亏损

（一）收入总额的确定

纳税人的收入总额，是指纳税人在生产经营活动中以及其他活动中各项收入的总和，包括纳税人来源于中国境内、境外的生产经营收入和其他收入。纳税人收入总额包括以下内容：

（1）生产、经营收入，是指纳税人从事主营业务活动取得的收入，包括商品（产品）销售收入、劳务服务收入、营运收入、工程价款结算收入、工业性作业收入以及其他业务收入。

（2）财产转让收入，是指纳税人有偿转让各类财产取得的收入，主要包括转让固定资产、有价证券、股权以及其他财产而取得的收入。

（3）利息收入，是指纳税人购买各种债券等有价证券的利息、外单位欠款付给的利息以及其他利息收入。

（4）租赁收入，是指纳税人出租固定资产、包装物以及其他财产而取得的租金收入。

（5）特许权使用费收入，是指纳税人提供或者转让专利权、非专利技术、商标权、著作权以及其他特许权的使用权而取得的收入。

(6) 股息收入，是指纳税人对外投资入股分得的股息、红利收入。

(7) 其他收入，是指除上述各项收入之外的一切收入，主要包括固定资产盘盈收入、罚款收入、因债权人缘故确实无法支付的应付款项、物资及现金的溢余收入、教育费附加返还款、包装物押金收入以及其他收入。

(二) 准予扣除项目

准予扣除项目是指根据《企业所得税法》规定，在计算企业应纳税所得额时准予扣除的纳税人每一纳税年度发生的与取得应纳税收入有关的所必要和正常的成本、费用、税金、损失和其他支出。其内容如下：

成本是指纳税人为生产、经营商品和提供劳务等所发生的各项直接费用和各项间接费用。

费用是指纳税人为生产、经营商品和提供劳务等所发生的销售（经营）费用、管理费用和财务费用。

税金是指纳税人按规定缴纳的消费税、营业税、城市维护建设税、资源税、土地增值税、教育费附加等。

损失是指纳税人在生产、经营过程中的各项营业外支出，已发生的经营亏损和投资损失以及其他损失。

纳税人的财务、会计处理与税收规定不一致的，应依照税法规定予以调整，按税法规定允许扣除的金额，准予扣除。下列项目按照《企业所得税法》规定的范围、标准扣除：

1. 借款利息支出

纳税人在生产、经营期间，向金融机构借款的利息支出，按照实际发生数扣除；向非金融机构借款的利息支出，按照不高于金融机构同类、同期贷款利率计算的数额以内的部分，准予扣除。利息支出，是指建造、购进的固定资产竣工决算投产后发生的各项贷款利息支出。纳税人除建造、购置固定资产，开发、购置无形资产，以及筹办期间发生的利息支出以外的利息支出，允许税前扣除。

2. 工资支出

《企业所得税法》对在计算应纳税所得额时准予扣除的职工工资标准作了如下规定：

(1) 经有关部门批准实行工资总额与经济效益挂钩办法的企业，其工资发放在工资总额增长幅度低于经济效益的增长幅度，职工平均工资增长幅度低于劳动生产率增长幅度以内的，在计算应纳税所得额时准予全额扣除。

(2) 对饮食服务企业按国家规定提取的提成工资,在计算应纳税所得额时准予全额扣除。

(3) 未实行上述办法的企业,按计税工资标准扣除。计税工资是指在计算应纳税所得额时,允许扣除的工资标准,包括企业以各种形式支付给职工的基本工资、浮动工资、各类补贴、津贴、奖金等。纳税人发放的工资在计税工资标准以内的,据实扣除;超过标准的部分,在计算应纳税所得额时不得扣除。

3. 职工工会经费、职工福利费和职工教育经费

纳税人的职工工会经费、职工福利费、职工教育经费,分别按照计税工资总额的2%、14%、1.5%计算扣除。实际发放的工资高于计税工资标准的,按计税工资标准分别计算扣除;实际发放的工资低于计税工资标准的,按其实际发放的工资总额分别计算扣除。

4. 公益、救济性捐赠

公益、救济性的捐赠,是指纳税人通过中国境内非营利的社会团体、国家机关向教育、民政等公益事业和遭受自然灾害地区、贫困地区的捐赠。这里所说的社会团体,包括中国青少年发展基金会、希望工程基金会、宋庆龄基金会、减灾委员会、中国红十字会、中国残疾人联合会、全国老年基金会、老区促进会以及经民政部门批准成立的其他非营利性的公益性组织。税法规定,纳税人用于公益、救济性的捐赠,在年度利润总额10%规定的范围以内的部分准予扣除。

企业当期发生的公益、救济性捐赠低于法定扣除标准的,应当据实扣除,超过法定扣除标准的部分不得扣除。

5. 业务招待费

纳税人发生的与生产、经营有关的业务招待费,在下列规定比例范围内,可据实扣除;超过标准的部分,不得在税前扣除。全年销售(营业)净额在1 500万元及其以下的不超过销售营业净额的5‰;全年销售(营业)收入超过1 500万元的部分,不超过该部分的3‰。

6. 各类保险基金和统筹基金

纳税人按国家有关规定上交的各类保险基金和统筹基金,包括职工养老基金、待业保险基金等,经税务机关审核后在规定的比例内扣除。

7. 财产保险和运输保险费用

纳税人参加财产保险和运输保险,按照规定交纳的保险费,允许纳税人按国家规定为特殊工种职工支付的法定人身安全保险费,准予在计算应纳税所得

额时据实扣除。保险公司给予纳税人的无赔款优待,应计入当年应纳税所得额。

8. 固定资产租赁费

纳税人根据生产、经营需要租入固定资产所支付的租赁费的扣除,分别按下列规定处理:

(1) 以经营租赁方式租入固定资产而发生的租赁费,可以据实扣除;

(2) 以融资租赁发生的租赁费不得直接扣除,但可按规定提取折旧费用。

9. 住房公积金

企业按规定发放的住房补贴和住房困难补助,在企业住房周转金中开支。企业按规定交纳的住房公积金,在企业住房周转金中列支;不足部分,经主管税务机关审核后,可在税前列支。

10. 坏账损失与坏账准备金

纳税人发生的坏账损失,原则上按实际发生额扣除。经报税务机关批准,也可提取坏账准备金。纳税人提取坏账准备金后发生的坏账损失,应冲减坏账准备金;实际发生的坏账损失,超过已提取的坏账准备的部分,可在发生当期直接扣除;纳税人已核销的坏账收回时,应计入收回年度的应纳税所得额。

11. 固定资产转让费用

纳税人转让各类固定资产发生的费用,允许扣除。

12. 资产盘亏、毁损净损失

纳税人当期发生的固定资产和流动资产盘亏、毁损净损失,由其提供清查盘存资料,经主管税务机关审核后,准予扣除。

13. 汇兑损益

纳税人在生产、经营期间发生的外国货币存、借和以外国货币结算的往来款项增减变动时,由于汇率变动而与记账本位币折合发生的汇兑损益,计入当期所得或在当期扣除。

14. 支付总机构的管理费

纳税人按规定支付给总机构的与本企业生产、经营有关的管理费,须提供总机构出具的管理费汇集范围、定额、分配依据和方法等证明文件,经主管税务机关审核后准予扣除。

15. 国债利息收入

纳税人购买国债的利息收入,不计入应纳税所得额。但购买国家重点建设债券和金融债券的利息收入应照章纳税。

16. 其他项目

其他扣除项目，按照法律、行政法规和国家有关税收的规定扣除。

(三) 不得扣除的项目

根据《企业所得税法》规定，在计算应纳所得税时，下列项目不得扣除：
(1) 向投资方支付的权益性投资收益款项。
(2) 资本性支出。纳税人购置、建造固定资产，对外投资的支出，不得扣除。
(3) 无形资产受让、开发支出。无形资产是指长期使用，但没有实物形态的资产，包括工业产权、非专利技术、著作权、商誉、土地使用权。纳税人购置或自行开发无形资产发生的费用不得直接扣除，但无形资产开发支出中未形成资产的部分准予扣除。
(4) 违法经营的罚款和被没收财物的损失。纳税人生产、经营违反国家法律、法规和规章，被有关部门处以的罚款以及被没收财物的损失，不得扣除。
(5) 各项税收的滞纳金、罚金和罚款。纳税人违反税法，被税务机关处以的滞纳金和罚金，以及除前述"违法经营的罚款"之外的各项罚款，不得扣除。但纳税人逾期归还银行贷款，银行按规定加收的罚息，不属于行政性罚款，允许在税前扣除。
(6) 自然灾害或者因意外事故损失有赔偿的部分。纳税人参加财产保险后，因遭受自然灾害或意外事故而由保险公司给予的赔偿，有赔偿的部分不得扣除。
(7) 超过国家规定允许扣除的公益、救济性捐赠及非公益、救济性的捐赠不得扣除。
(8) 企业之间支付的管理费。
(9) 未经核定的准备金支出。
(10) 各种非广告性质的赞助支出不得扣除。
(11) 销售货物给购货方的回扣支出不得在税前扣除。
(12) 与取得收入无关的其他各项支出不得扣除。

(四) 企业免税项目

《企业所得税法》规定，企业的下列收入免征企业所得税：
(1) 国债利息收入。

(2) 符合条件的居民企业之间的股息、红利收入。

(3) 在中国境内设立机构、场所的非居民企业从居民企业取得与该机构、场所有实际联系的股息、红利收入。

(4) 符合条件的非营利公益组织的收入。

（五）亏损弥补

纳税人发生年度亏损的，可以用下一纳税年度的所得弥补；下一年度的所得不足弥补的，可以逐年延续弥补，但是延续弥补期最长不得超过5年。5年内不论是盈是亏，都作为实际弥补期限计算。联营企业的亏损，由联合企业就地依法进行弥补；投资方从联营企业分回的税后利润按规定应补缴所得税的企业，如果投资方企业发生亏损，其分回的利润可先用于弥补亏损，弥补亏损后仍有余额的，再按规定补交企业所得税；企业境内外之间的盈亏不得相互弥补，企业境外一个国家内的业务之间的盈亏可以互相弥补，不同国家的盈亏不能相互弥补。

五、企业所得税应纳税额的计算

企业所得税应纳税额，按纳税人应纳税所得额乘以适用税率计算。应纳税额的计算公式如下：

$$应纳税额 = 应纳税所得额 \times 税率$$

$$应纳税所得额 = 收入总额 - 不征税收入 - 免税收入 - 扣除额 - 允许弥补的以前年度亏损$$

为避免重复征税，对纳税人从境内其他企业分回的已经缴纳所得税的利润，其已缴纳的税额可以在计算企业所得税时予以调整；纳税人若有境外所得已在境外缴纳所得税款的，准予按照税法规定在汇总纳税时从其应纳税额中抵免，但抵免限额不得超过其境外所得依照我国税法计算的应纳税额。超过抵免限额的部分，当期不得抵免，但可以在以后5年内，用每年度抵免限额抵免当年应抵税额后的余额进行抵补。

六、资产的税务处理

资产的税务处理，主要是固定资产的计价和折旧、无形资产的计价和摊销及递延资产的扣除。

(一) 固定资产的计价和折旧

纳税人的固定资产,是指使用期限超过1年的房屋、建筑物、机器、运输工具以及其他与生产、经营有关的设备、器具、工具等。不属于生产、经营主要设备的物品,单位价值在2 000元以上,并且使用期限超过2年的,也应当作为固定资产。固定资产以提取折旧方式转移价值;未作为固定资产管理的工具、器具等作为低值易耗品,可以一次或分期扣除。

1. 固定资产的计价

固定资产的计价,按以下原则处理:

(1) 建设单位交来完工的固定资产,根据建设单位交付使用的财产清册中所确定的价值计价。

(2) 自制、自建的固定资产,在竣工使用时按实际发生的成本计价。

(3) 购入的固定资产,按购入价加上发生的包装费、运杂费、安装费以及缴纳的税金后的价值计价。从国外引进的设备,按设备买价加上进口环节的税金、国内运杂费、安装费后的价值计价。

(4) 以融资方式租入的固定资产,按照租赁协议或者合同确定的价款加上运输费、途中保险费、安装调试费以及投入使用前发生的利息支出和汇兑损益等后的价值计价。

(5) 接受赠与的固定资产,按发票所列金额加上由企业负担的运输费、保险费、安装调试费等确定;无所附发票的,按同类设备的市价确定。

(6) 盘盈的固定资产,按同类固定资产的重置完全价值计价。

(7) 接受投资的固定资产,应当按该资产折旧程度,以合同、协议确定的合理价格或者评估确认的价格确定。

(8) 在原有固定资产基础上进行改扩建的,按照固定资产的原价,加上改扩建发生的支出,减去改扩建过程中发生的固定资产变价收入后的余额确定。

2. 固定资产折旧处理的规定

(1) 下列固定资产应当提取折旧:房屋、建筑物;在用的机器设备、运输车辆、器具、工具;季节性停用和大修理停用的机器设备;以经营租赁方式租出的固定资产;以融资租赁方式租入的固定资产;财政部规定的应当计提折旧的其他固定资产。

(2) 下列固定资产不得提取折旧:土地;房屋、建筑物以外未使用、不需用以及封存的固定资产;以经营租赁方式租入的固定资产;以融资租赁方式租出的固定资产；已提足折旧继续使用的固定资产；按照规定提取维修费的固定资产；已在成本中一次性列支而形成的固定资产；破产、关停企业的固定资产；财政部规定的其他不得计提折旧的固定资产。提前报废的固定资产不得计提折旧。

（3）提取折旧的依据和方法。对于固定资产提取折旧的依据和方法，纳税人的固定资产，应当从投入使用月份的次月起计提折旧；停止使用的固定资产，应当从停止使用月份的次月起，停止计提折旧。固定资产在计算折旧前，应当估计残值，从固定资产原价中减除，残值比例在原价的5%以内，由企业自行确定；由于情况特殊，需调整残值比例的，应报主管税务机关备案。

（4）企业固定资产的折旧年限，按财政部制定的分行业财务制度的规定执行。对极少数城镇集体和乡镇企业由于特殊原因需要缩短折旧年限的，可由企业提出申请，报省、自治区、直辖市一级地方税务局、财政厅（局）同意后确定。但不得短于以下规定年限：房屋建筑物为20年；火车、轮船、机器和其他生产设备为10年；电子设备和火车、轮船以外的运输工具，以及与生产、经营有关的器具、工具等为5年。

(二) 无形资产的计价和摊销

无形资产是指纳税人长期使用但没有实物形态的资产，包括专利权、商标权、著作权、土地使用权、非专利技术、商誉等。

1. 无形资产的计价

无形资产按取得时的实际成本计价。《中华人民共和国企业所得税暂行条例实施细则》规定如下：

（1）投资者作为资本金或者合作条件投入的无形资产，按照评估确认或者合同、协议约定的金额计价；

（2）购入的无形资产，按照实际支付的价款计价；

（3）自行开发并且依法申请取得的无形资产，按照开发过程中的实际支出计价；

（4）接受捐赠的无形资产，按照发票账单所列金额或者同类无形资产的市价计价。

2. 无形资产的摊销

无形资产应当采取直线法摊销。受让或投资的无形资产，法律和合同或者企业申请书分别规定有效期限和受益期限的，可按法定有效期限与合同或企业申请书中规定的受益年限孰短原则摊销；法律没有规定使用年限的，按照合同或者企业申请书的受益年限摊销；法律和合同或者企业申请书没有规定使用年限的，或者自行开发的无形资产，摊销期限不得少于10年。

（三）递延资产的扣除

递延资产是指不能全部计入当年损益，应当在以后年度内分期摊销的各项费用，包括开办费、租入固定资产的改良支出等。

企业在筹建期发生的开办费，应当从开始生产、经营月份的次月起，在不短于5年的期限内分期扣除。所谓筹建期，是指企业被批准筹建之日起至开始生产、经营（包括试生产、试营业）之日起的期间。所谓开办费，是指企业在筹建期发生的费用，包括人员工资、办公费用、培训费、差旅费、印刷费、注册登记费以及不计入固定资产和无形资产成本的汇兑损益和利息支出。

七、企业所得税的征收方式

企业所得税实行按年计算，分月或分季预缴，月份或者季度终了后15日内预缴，年度终了后4个月内汇算清缴，多退少补。纳税人预缴所得税时，应当按纳税期限的实际数预缴。如按实际数预缴有困难的，可以按上一年度应纳税所得额的1/12或1/4，或经当地税务机关认可的其他方式分期预缴所得税。预缴方式一经确定，不得随意改变。

八、企业所得税的预缴与汇算清缴

纳税人应纳所得税额的计算分为预缴所得税额计算和年终汇算清缴所得税额计算两部分。

（一）企业所得税按月（季）预缴的计算

$$应纳所得税额 = 月（季）应纳税所得额 \times 25\%$$
$$= 上年应纳税所得额 \times 1/12（或1/4）\times 25\%$$

（二）企业所得税年终汇算清缴的计算

$$全年应纳所得税额 = 全年应纳税所得额 \times 25\%$$
$$多退少补所得税额 = 全年应纳所得税额 - 月（季）已预缴所得税额$$

企业所得税税款以人民币为计算单位。若所得为外国货币的，应当按照国家外汇牌价折合人民币缴纳。

【思考题】

1. 计算增值税时,税法规定的准予从销项税额中抵扣的进项税额和不得从销项税额中抵扣的进项税额包括哪些内容?
2. 计算消费税时,税法对销售额的计算有哪些具体规定?
3. 计算企业所得税应纳税额时,税法规定的允许扣除的项目和不得扣除的项目包括哪些内容?

参 考 文 献

1. 张秋华,王晓红. 经济法概论[M]. 北京:中国人民大学出版社,2017.
2. 张守文. 经济法学[M]. 北京:高等教育出版社,2017.
3. 田春苗. 经济法案例分析[M]. 北京:中国政法大学出版社,2013.
4. 吴汉东,宋晓明. 人民法院知识产权案例裁判要旨通纂[M]. 北京:北京大学出版社,2016.
5. 王永吉. 经济法基础知识习题与实训[M]. 北京:中国财政经济出版社,2016.
6. 陈小君. 合同法学[M]. 北京:中国政法大学出版社,2014.
7. 王泽鉴. 民法学说与判例研究[M]. 北京:北京大学出版社,2016.
8. 张新宝. 侵权责任法[M]. 北京:中国人民大学出版社,2016.
9. 潘铁铸. 企业所得税法实务解析[M]. 北京:法律出版社,2015.
10. 刘文华. 经济法[M]. 北京:中国人民大学出版社,2017.
11. 中国注册会计师协会. 经济法[M]. 北京:中国财政经济出版社,2018.